ECONOMIA PÓS-PANDEMIA

DESMONTANDO OS MITOS DA AUSTERIDADE FISCAL E CONSTRUINDO UM NOVO PARADIGMA ECONÔMICO

ORGANIZADO POR
ESTHER DWECK, PEDRO ROSSI
ANA LUÍZA MATOS DE OLIVEIRA

© Autonomia Literária, para a presente edição.

Coordenação editorial
Cauê Seigner Ameni, Hugo Albuquerque, Manuela Beloni

Conselho Editorial:
Carlos Sávio Gomes Teixeira (UFF), Edemilson Paraná (UFC/UnB), Esther Dweck (UFRJ), Jean Tible (USP), Leda Paulani (USP), Luiz Gonzaga Belluzzo (Unicamp/Facamp), Michel Löwy (CNRS, França), Pedro Rossi (Unicamp)

Capa e diagramação:
sobinfluencia/Rodrigo Corrêa

Dados Internacionais de Catalogação na Publicação (CIP)
(eDOC BRASIL, Belo Horizonte/MG)

E19 Economia pós-pandemia: desmontando os mitos da austeridade fiscal e construindo um novo paradigma econômico no Brasil / Organizado por Esther Dweck, Pedro Rossi, Ana Luíza Matos de Oliveira. – São Paulo, SP: Autonomia Literária, 2020.
321 p. : 14 x 21 cm

Vários autores
ISBN 978-65-87233-28-4

1. Economia – Brasil. 2. Brasil – Condições econômicas. 3. Pandemia – Aspectos econômicos. I. Dweck, Esther. II. Rossi, Pedro. III. Oliveira, Ana Luíza Matos de.

CDD 330.981

Elaborado por Maurício Amormino Júnior – CRB6/2422

Autonomia Literária
Rua Conselheiro Ramalho, 945,
CEP: 01325-001 – São Paulo - SP

autonomialiteraria.com.br

ECONOMIA PÓS-PANDEMIA

Autonomia Literária

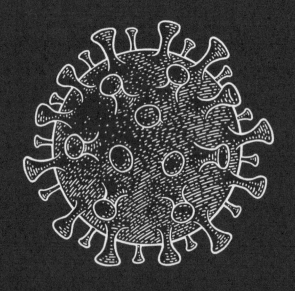

Introdução 8

PARTE I: Política fiscal, crescimento e desigualdade

1. Política fiscal, desigualdades e direitos humanos 23
Pedro Rossi, Grazielle David e Sergio Chaparro

2. Mitos fiscais, dívida pública e tamanho do Estado 39
Laura Carvalho, Pedro Rossi

3. Expansão do gasto público, tributação e crescimento 50
Carlos Pinkusfeld Bastos, Gabriel Aidar

4. A dívida pública e o complexo de Cinderela 60
Julia Braga, Franklin Serrano

5. Sobre o diagnóstico falacioso da situação fiscal brasileira 67
Esther Dweck, Pedro Rossi e Guilherme Mello

PARTE II: Os impactos sociais da política fiscal no Brasil

6. Por que é imprescindível revogar o Teto de Gastos? 83
Esther Dweck

7. Estado, desigualdade e crescimento: as falácias sobre gasto, tributação e dívida pública 98
Fernando Gaiger Silveira, Salvador Teixeira Werneck Vianna e Caroline Teixeira Jorge

8. Desmascarando *fake news* sobre o emprego público no Brasil 115
Félix Lopez e José Celso Cardoso Jr.

9. Impactos do Teto de Gastos nos municípios — 128
Vanessa Petrelli Corrêa e Esther Dweck

10. Racismo na economia e na austeridade fiscal — 142
Silvio Almeida, Waleska Miguel Batista e Pedro Rossi

11. Austeridade, pandemia e gênero — 153
Ana Luíza Matos de Oliveira, Luana Passos,
Ana Paula Guidolin, Arthur Welle e Luiza Nassif Pires

12. O Teto de Gastos faz mal à saúde — 172
Bruno Moretti, Francisco R. Funcia
e Carlos Octávio Ocké-Reis

13. Educação na pandemia: oferta e
financiamento remotos — 183
Andressa Pellanda e Daniel Cara

14. O desmonte das políticas de reforma agrária — 190
Gustavo Souto de Noronha

15. O Teto de Gastos e os Dhesca: impactos e alternativas — 198
Coalizão Direitos Valem Mais

PARTE III: Por outra agenda de política econômica

16. Redefinindo responsabilidade fiscal — 245
Pedro Rossi, Grazielle David e Esther Dweck

17. Nova economia global e o futuro da tributação — 262
Rodrigo Orair

18. O Estado de Bem-Estar Social para o século XXI — 272
Eduardo Fagnani

19. A hora e a vez do verde — 288
Camila Gramkow

20. Uma agenda econômica para todos — 304
Pedro Rossi, Marco Antonio Rocha, Esther Dweck,
Ana Luíza Matos de Oliveira e Guilherme Mello

Introdução

A pandemia atingiu o Brasil em meio à aplicação de uma agenda de reformas centrada na austeridade e na redução do papel do Estado na economia. A realidade concreta impôs uma alteração temporária do rumo da política econômica e transformou o debate fiscal no Brasil.

Em poucas semanas, o gasto público passou de suposto grande problema do Brasil para a principal solução para o enfrentamento da pandemia. Na retórica de alguns, o Estado que estava quebrado se reconfigurou e o dinheiro, que tinha acabado, reapareceu. Mitos sobre a questão fiscal caíram por terra e dogmas foram deixados de lado diante de uma realidade impositiva. Assim, a crise postergou o debate sobre as reformas e criou um "quase consenso" entre os economistas de que era preciso gastar com saúde, assistência social e apoio aos trabalhadores, às empresas e aos entes subnacionais.

No entanto, rapidamente a austeridade fiscal se recompôs como discurso e a agenda econômica dominante sinaliza novamente para a redução do gasto público e do papel do Estado, via reformas e privatizações. Diariamente, analistas econômicos subscrevem ameaças que buscam criar um clima de medo e coação em prol desta agenda: afirmam que o país está à beira da insolvência mesmo com as taxas de juros mais baixas da história; que a hiperinflação volta se aumentarmos o gasto público apesar do desemprego e da falta de demanda; e que o fim do Teto de Gastos pode levar à depressão econômica, etc. O fato é que o debate econômico brasileiro tem sido dominado por dogmas e por um "terrorismo fiscal", que é inibidor da discussão de alternativas.

Este livro busca desmontar esses argumentos e mostrar como a agenda da austeridade fiscal é anacrônica do ponto de vista macroeconômico e cruel do ponto de vista social. Anacrônica porque nega o papel da política fiscal como indutora do crescimento e do emprego em um momento de grave crise econômica, destoando do debate internacional e até de instituições como o FMI. E cruel pois agrava as desigualdades de gênero, raça e classe e representa um retrocesso na garantia de direitos humanos.

O Brasil precisa desatar suas amarras ideológicas. Não é sensato, por exemplo, reduzir o gasto público per capita como impõe o Teto de Gastos. A agenda da austeridade, no curto prazo, se contrapõe à evidente necessidade de reconstrução econômica, de proteção e promoção social e, no longo prazo, consolida privilégios e bloqueia possibilidades de construção de um país mais justo.

Mas este não é apenas um livro crítico à pauta econômica conservadora ou de denúncia de suas consequências sociais. Seu objetivo é mostrar que há alternativas. E, para isso, apresenta diagnósticos sobre o estado das finanças públicas no Brasil, sobre a importância do gasto público ao longo do ciclo econômico, sobre o papel da política fiscal na garantia dos direitos humanos, no financiamento da saúde e da educação, seu impacto nas desigualdades sociais, de gênero e raça e sua importância para preservação ambiental.

Argumenta-se que o Brasil tem plena capacidade para expandir os gastos públicos necessários ao enfretamento da crise e à construção de um novo paradigma de política econômica baseada em direitos sociais. Direcionar o desenvolvimento para a transformação social e a preservação ambiental implica distribuir renda e alocar recursos para atender as demandas sociais o que, por sua vez, permite diversificar a estrutura produtiva, aumentar produtividade, garantir empregos de qualidade e criar as condições para a própria sustentação do modelo econômico. Não há dilema entre o gasto social e o crescimento, ao contrário, há complementariedades e sinergias.

No Brasil, as hierarquias aparecem invertidas, o equilíbrio orçamentário se apresenta como finalidade e os direitos sociais devem se adequar a critérios definidos de forma tecnocrática. O debate econômico brasileiro parte de "cima para baixo" para pensar a política fiscal, ou seja, dos indicadores e regras macroeconômicas para a disponibilidade de recursos para áreas específicas. Essa relação deve ser invertida e a política fiscal deve ser pensada de "baixo para cima".

A finalidade fundamental da política fiscal deve ser a garantia dos direitos sociais e do bem estar da população. É a garantia desses direitos que deve pautar o orçamento e não o orçamento que deve condicionar a garantia dos direitos. Nesse contexto, não faz sentido definir uma regra fiscal *a priori* sem um debate democrático sobre o que a sociedade brasileira quer financiar coletivamente, o quanto se deve expandir os gastos públicos em saúde, educação e assistência social, dentre outros.

O maior problema do Teto de Gastos foi constitucionalizar uma redução do tamanho do Estado sem discussão prévia, e impor uma redução relativa dos pisos de financiamento para saúde e educação sem avaliar as necessidades de áreas tão caras à população.

O orçamento público é uma peça política e deve se adequar às demandas democráticas da sociedade. A hierarquia que deve existir entre direitos sociais e política fiscal é a hierarquia entre objetivo e instrumento, entre finalidade e meio. Nesse contexto, este livro redefine "responsabilidade fiscal". Uma política fiscal que se omite diante de um desemprego estrutural, promove retrocesso social e viola direitos humanos não é uma política fiscal responsável. A responsabilidade social não é algo externo, mas é constitutiva da responsabilidade fiscal. Uma política fiscal responsável deve respeitar os princípios de direitos humanos, buscar a estabilização do nível de emprego e de preços e orientar-se por objetivos ou missões sociais bem definidas.

O desemprego é um desperdício de recursos produtivos, além de violação do direito humano ao trabalho. As regras fiscais devem garantir a atuação estabilizadora da política fiscal ao longo do ciclo econômico, viabilizar o aumento dos investimentos públicos e garantir políticas de transferência de renda e a prestação de serviços públicos de qualidade que garantem direitos sociais. Essa atuação é absolutamente funcional para a sustentabilidade fiscal, entendida como estabilização da dívida pública. Como mostramos, crescimento econômico é essencial para que a trajetória da dívida pública em relação ao PIB seja estabilizada.

Portanto, a política fiscal praticada no Brasil é irresponsável e faz-se imprescindível substituir o nosso conjunto de regras fiscais sobrepostas e anacrônicas. Assim, propõe-se abandonar os dogmas da austeridade fiscal, as crenças de que o desenvolvimento será resultado natural do recuo das fronteiras do Estado e da eficiência do mercado e construir um novo paradigma de política fiscal e de desenvolvimento econômico, social e ambiental para o Brasil.

Estrutura do livro

Este livro se organiza em três partes. A primeira traz questões teóricas, empíricas e conceituais sobre a política fiscal e sua relação com desigualdade, direitos e crescimento econômico. Esta parte é composta por cinco capítulos.

O primeiro capítulo, de Pedro Rossi, Grazielle David e Sergio Chaparro, discute a relação entre os direitos humanos, a política fiscal e a desigualdade e mostra que é necessário pensar de maneira articulada esses temas que se condicionam mutuamente. Mostra-se como a política fiscal afeta direta e indiretamente a garantia de direitos e como os direitos humanos, frequentemente negligenciados pelos economistas, deveriam orientar a política fiscal por meio de princípios e diretrizes.

Já o segundo capítulo, de Laura Carvalho e Pedro Rossi, desmonta dogmas fiscais e o mito da austeridade expansionista que permeia o debate público brasileiro. Além disso, o capítulo discute a carga tributária no Brasil e os limites para a dívida pública para mostrar que ampliar gastos sociais e aumentar impostos que incidem sobre altas rendas e patrimônios é uma opção compatível com a sustentabilidade da dívida pública e com a própria democracia.

Carlos Pinkusfeld Bastos e Gabriel Aidar tratam, no capítulo 3, da lógica de financiamento do gasto público e de como aumentar o impacto da política fiscal sobre o crescimento. Os autores mostram como é perfeitamente possível o governo manejar os instrumentos de política econômica para estimular um maior crescimento, e assim reduzir o desemprego, melhorar aspectos distributivos, manter baixas taxa de juros e mudar a estrutura tributária.

No capítulo 4, Julia Braga e Franklin Serrano se debruçam sobre a trajetória da dívida pública e desmontam o alarmismo em torno do tamanho da dívida pública e da diferença entre taxas de juros curtas e longas. O perigo real, segundo os autores, não é o Estado gastar e se endividar demais, mas fazer de menos e manter a austeridade fiscal e o Teto de Gastos, que tornam inviável a saída da crise e a reconstrução.

O capítulo 5, de Esther Dweck, Pedro Rossi e Guilherme Mello, finaliza a parte 1 com um diagnóstico sobre as finanças públicas no Brasil. Os autores mostram como o debate público brasileiro é dominado por uma narrativa falsa, tanto no diagnóstico quanto no remédio. O principal causador do aumento da dívida não foi o aumento do gasto público e solução para o crescimento e a sustentabilidade fiscal não são os cortes de gastos. Reduzir o gasto público em áreas sociais e em investimentos públicos pode apresentar um custo econômico e social muito maior do que a suposta economia de recursos, agravando ainda mais o cenário desafiador trazido pela pandemia, seja do ponto de vista fiscal, seja do econômico e, principalmente, social.

Na parte 2, o livro se debruça sobre os impactos sociais da política fiscal em temas e setores sociais específicos, sendo composta por dez capítulos.

No capítulo 6, Esther Dweck realiza uma análise detalhada da regra do teto, revisita as suas motivações e reafirma sua inconsistência e sua incompatibilidade com os direitos previstos na nossa Constituição. O Teto de Gastos é o pilar de um projeto de redução do tamanho do Estado brasileiro, por meio da contração das despesas públicas federais, o que impossibilitará a provisão de serviços e a promoção de direitos sociais e aumentará a desigualdade no Brasil.

No capítulo 7, Fernando Gaiger Silveira, Salvador Vianna e Carolina Jorge desmontam as falácias repetidas no debate brasileiro de que: i) o Estado aumenta a desigualdade por meio do gasto público; ii) oferta pública é onerosa e de baixa qualidade; iii) a equidade deve ser buscada via o gasto "eficiente".

O funcionalismo público é discutido no capítulo 8, por Félix Lopez e José Celso Pereira Cardoso Junior. Os autores apresentam o tema em sua complexidade, que inclui a heterogeneidade de funções exercidas e remunerações, desmontam *fake news* (como as comparações internacionais e entre público e privado) e mostram que uma reforma geral, que trate todos os servidores da mesma forma, visando tão somente reduzir a despesa global com pessoal, tende a precarizar as ocupações públicas, sem com isso garantir melhora alguma no desempenho institucional agregado do setor público.

Vanessa Petrelli e Esther Dweck apresentam, no capítulo 9, a incongruência entre a crescente importância dos estados e municípios na oferta direta de serviços como saúde e educação e os limites existentes ao financiamento da ação dos entes subnacionais. As autoras apontam que a aprovação da Emenda Constitucional n.º 95/2016 (EC 95) agrava este quadro e reforça a contração na arrecadação dos municípios, como com a queda de arrecadação do imposto sobre serviços (ISS) e das Transferências da União.

O capítulo 10, de Silvio Almeida, Waleska Miguel Batista e Pedro Rossi, discute o racismo como um elemento enraizado nas estruturas econômicas e na política fiscal. Os autores mostram como a carga tributária e o Teto de Gastos, ao reforçar desigualdades sociais, reforçam também o racismo estrutural.

No capítulo 11, Ana Luíza Matos de Oliveira, Luana Passos, Ana Paula Guidolin, Arthur Welle e Luiza Nassif Pires apresentam as desigualdades de gênero da sociedade brasileira (que se relacionam a classe, raça e etnia) e apontam como, no contexto da pandemia, tais desigualdades se aprofundam. Como consequência de um desmonte de políticas sociais, em especial as com viés de gênero, nos últimos cinco anos de austeridade, as mulheres encontram-se especialmente vulneráveis aos impactos de saúde e socioeconômicos da pandemia.

O capítulo 12, assinado por Bruno Moretti, Francisco Funcia e Carlos Ocké-Reis, mostra como as políticas de austeridade fiscal estão associadas a uma piora na saúde, de que modo o Teto de Gastos retirou recursos da saúde nos últimos anos e como é necessário estabelecer um piso emergencial para o financiamento da saúde.

No capítulo 13, Andressa Pellanda e Daniel Cara demonstram que as políticas de austeridade representam a inviabilização do atual Plano Nacional de Educação (PNE). Segundo os autores, a crise gerada pela EC 95 deve ainda ser agravada pela pandemia de Covid-19, dada a perda de arrecadação e financiamento da educação, mas também pelo aumento da demanda por educação pública, dada a queda na renda das famílias e a migração das redes privadas para as públicas. Um dos caminhos possíveis para contornar todos esses efeitos devastadores na educação básica é através do novo Fundeb. No entanto, sozinho, ele não dará conta de fazer face à crise que já enfrentamos e que deverá se aprofundar a partir de 2021.

Gustavo Noronha, no capítulo 14, mostra a existência de 2 milhões de produtores rurais sem área própria ou com minifúndios. Segundo o autor, a reforma agrária ainda é uma pauta importante no país, totalmente articulada com o tema da segurança alimentar. No entanto, desde a virada para a austeridade em 2015, os recursos para qualquer política para o campo foram drenados do orçamento público: o orçamento em 2020 equivale a pouco menos que a metade daquele do ano 2000, em reais de janeiro de 2020 e em torno de um sexto do valor do pico da série em 2013.

A Coalizão Direitos Valem Mais assina o capítulo 15, que sistematiza um documento técnico, entregue ao Supremo Tribunal Federal (STF) em maio de 2020, elaborado por um conjunto de organizações, movimentos e acadêmicos que atuam na defesa dos direitos humanos. O capítulo apresenta um diagnóstico dos efeitos da EC 95 nas políticas sociais e ambiental e um conjunto de propostas para retomada da capacidade de financiamento das políticas públicas pelo Estado brasileiro. São abordados os impactos da austeridade na educação; ciência e tecnologia; alimentação, nutrição e agricultura familiar; reforma agrária e territórios quilombolas; povos indígenas; meio ambiente; assistência social; direitos da criança e do adolescente; cultura; direitos das mulheres; igualdade racial e enfrentamento do racismo; direito à cidade; pobreza e desigualdade.

A parte 3 do livro apresenta alternativas para uma nova agenda de política fiscal e reflexões para outro paradigma de desenvolvimento no Brasil.

O capítulo 16, de Pedro Rossi, Grazielle David e Esther Dweck, redefine o conceito de "responsabilidade fiscal" e argumenta que uma política fiscal de promoção dos direitos humanos deve seguir três pilares: i) respeitar os princípios de direitos humanos e considerar suas diretrizes; ii) orientar-se por missões sociais e ambientais ou objetivos sociais bem definidos; e iii) promover uma estabilidade social, que considere o emprego, a renda e a garantia do conteúdo mínimo dos direitos humanos com realização progressiva.

O capítulo 17, de Rodrigo Orair, descreve os desafios das mudanças internacionais para o futuro da tributação.

Dentre esses desafios estão a necessidade de se redesenhar os sistemas de proteção social no contexto de acirramento das desigualdades sociais e, também, os desafios da economia digital e a necessidade de orientar o sistema tributário para a preservação ambiental.

Eduardo Fagnani, no capítulo 18, discute as limitações do Estado Social brasileiro previsto na Constituição de 1988, que protege especialmente os trabalhadores do mercado formal com capacidade contributiva e tem base de financiamento muito restrita. A partir deste diagnóstico, o autor faz propostas para um Estado de Bem Estar para o século XXI.

Camila Gramkow, no capítulo 19, defende que a emergência climática e a valorização do papel do Estado a partir da pandemia de Covid-19 configuram uma circunstância única na qual o Estado encontra-se em posição privilegiada para fortalecer a agenda de proteção ambiental, tornando-a parte integral das políticas de recuperação da economia, da renda e dos empregos em bases sustentáveis no curto e no longo prazo. Se o antigo "normal" não foi capaz de resolver as grandes questões do desenvolvimento, hoje a crise apresenta-se como uma estreita janela de oportunidade para criar um novo desenvolvimento em cujo centro estejam a sustentabilidade e a igualdade.

Por fim, o capítulo 20, de Esther Dweck, Pedro Rossi, Marco Antonio Rocha, Ana Luíza Matos de Oliveira e Guilherme Mello, traz as linhas gerais para uma outra agenda de desenvolvimento, que é a antítese da agenda da austeridade: uma agenda econômica para todos, que aponte o caminho para a recuperação econômica e para transformação da sociedade brasileira rumo à igualdade. Esta propõe um modelo de desenvolvimento impulsionado por dois motores principais de crescimento econômico: i) a distribuição de renda; e ii) a expansão da infraestrutura social. Além dos dois motores do crescimento, outra característica central da proposta é a política pública orientada por missões socioambientais, que apontam para as finalidades do processo de desenvolvimento e para a solução de problemas, como o racismo estrutural, e gargalos históricos da sociedade brasileira – como mobilidade urbana, saúde, educação etc. –, mas também para uma nova lógica de organização do planejamento econômico.

Parcerias e trabalho coletivo

Esse livro dá sequência a trabalhos anteriores e é resultado de uma construção coletiva com parcerias institucionais.

Em 2016, a publicação *Austeridade e Retrocesso: Finanças públicas e política fiscal no Brasil* – organizada pelo Fórum 21, Fundação Friedrich Ebert (FES), Grupo de Trabalho de Macroeconomia da Sociedade Brasileira de Economia Política (SEP) e pela Plataforma Política Social – marca o início desta trajetória. Neste documento, apontava-se para os problemas econômicos da adoção da austeridade ainda antes da aprovação do chamado Teto de Gastos.

Entre 2016 e 2018, o grupo de organizações que se uniu para debater a política fiscal e os direitos sociais cresceu, ampliando o contato dos economistas com organizações da sociedade civil e especialistas setoriais. Este crescimento do diálogo entre áreas e atores se deve, em grande parte, ao apoio da FES em fomentar eventos no que chamamos, à época, de Observatório da Austeridade. Do diálogo entre especialistas, atores sociais e economistas, nasceram o livro *Economia para Poucos* (Editora Autonomia Literária, com apoio da FES, Associação Nacional dos Auditores Fiscais da Receita Federal do Brasil (Anfip), Centro Brasileiro de Estudos de Saúde (Cebes), Fundação Perseu

Abramo (FPA) e Instituto Tricontinental de Pesquisa Social) e a segunda versão do documento de 2016, intitulado *Austeridade e Retrocesso: Impactos da política fiscal no Brasil* (com apoio da FES, Anfip, Instituto de Estudos Socioeconômicos (Inesc), Brasil Debate, Projeto Brasil Popular, Plataforma Política Social, GT de Macro da SEP, Plataforma Dhesca, Política Econômica da Maioria (Poema), Campanha Nacional pelo Direito à Educação, Campanha Direitos Valem Mais, Associação Brasileira de Economia da Saúde (ABrES), Cebes, Tricontinental, Autonomia Literária, Instituto Justiça Fiscal e Peabiru). Ao lançamento do documento e do livro, seguiram-se diversos debates e cursos sobre austeridade e política social em todo o país.

Em 2020, apresentamos ao público este livro, novamente trazendo uma abordagem ainda pouco comum na literatura especializada, que usualmente separa a dimensão macroeconômica – orçamento público, regime e política fiscal – e a dimensão social – políticas setoriais, financiamento de programas específicos. O livro atualiza a discussão sobre austeridade fiscal e direitos sociais, apresentando também alternativas. Este livro é, portanto, resultado de um acúmulo que envolveu dezenas de pesquisadores e instituições e não seria possível sem o apoio da FES, da Coalizão Direitos Valem Mais e da parceria da Editora Autonomia Literária.

PARTE I:
Política fiscal, crescimento e desigualdade

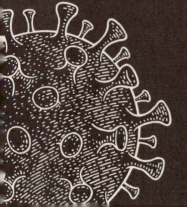

1. Política fiscal, desigualdades e direitos humanos[1]

Pedro Rossi[2], Grazielle David[3] e Sergio Chaparro[4]

A política fiscal é redistributiva por natureza uma vez que beneficia mais ou menos determinados indivíduos ou grupos. Quem taxar, para quem transferir e onde alocar recursos são questões que norteiam as decisões de política fiscal. Há poucas decisões de política fiscal com impacto neutro na distribuição, campanhas de vacinação e a segurança nacional são alguns dos raros exemplos nos quais o gasto público beneficia de maneira relativamente parecida o conjunto da população. Já um gasto em assistência social, por exemplo, tende a beneficiar um grupo menor, mas

---

[1] Esse capítulo conta com subsídios do background paper produzido pelos pesquisadores da Unicamp e do Center for Economic and Social Rights (CESR) para a Iniciativa Princípios e Diretrizes de Direitos Humanos para Política Fiscal: www.derechosypoliticafiscal.org

[2] Professor Doutor do Instituto de Economia da Unicamp e pesquisador do Centro de Estudos de Conjuntura e Política Econômica (Cecon).

[3] Doutoranda em desenvolvimento econômico na Unicamp, assessora da Red Latinoamericana de Justicia Fiscal e produtora do podcast *É da sua conta* da Tax Justice Network.

[4] Economista e mestre em direito pela Universidade Nacional da Colômbia, Oficial de Programa no Center for Economic and Social Rights (CESR).

bem mais vulnerável da sociedade. Um investimento público na construção de uma ponte beneficia especialmente as pessoas que nela circulam ou que fazem uso de bens e serviços que passem por ela. Dessa forma, as decisões de política fiscal são decisões sobre a desigualdade, devendo o orçamento público ter como uma das suas finalidades a redução das desigualdades.

Há uma importante literatura sobre o impacto da política fiscal na desigualdade social. Do lado do gasto público, Silveira (2013), Lustig (2015) e Jiménez e López (2012) mostram o papel das transferências e dos benefícios sociais na redução das desigualdades e estimam uma "renda ampliada", ao imputar valores aos serviços públicos, como saúde e educação, considerando-os como uma transferência de renda indireta. Segundo os estudos, esses serviços têm um enorme potencial de redução da desigualdade uma vez que beneficiam principalmente a parcela mais pobre da população[5].

Do lado da arrecadação, a tributação direta (sobre a renda e a riqueza) tende a reduzir a desigualdade social por meio do uso de alíquotas progressivas (Valdés, 2014). Já a tributação indireta (sobre o consumo de mercadorias, bens e serviços) tende a aumentar a desigualdade, uma vez que esses impostos são regressivos e incidem proporcionalmente mais sobre os mais pobres, como mostra Silveira (2013).

Há também o impacto da política fiscal sobre a desigualdade horizontal, isto é, entre grupos culturalmente definidos por gênero, raça, etnia, religião, região, classe

---

[5] Segundo Cepal (2015), para o ano de 2011, a redução da desigualdade por meio dos serviços públicos de saúde e educação medida na América Latina pelo índice de Gini é expressiva (de 0,48 para 0,42), mas ainda muito aquém da redução na União Europeia (de 0,30 para 0,23) e na OCDE (de 0,30 para 0,24).

etc., que pode se dar em dimensões políticas, econômicas ou sociais (Stewart, 2002). As leis tributárias quase sempre refletem ou mesmo aumentam quaisquer disparidades econômicas entre grupos de pessoas, sendo muito propensas a reproduzir desigualdades existentes – inclusive em relação às desigualdades econômicas de gênero (Lahey, 2018) e raça, como veremos nos capítulos 10 e 11. Um sistema tributário é considerado com um viés de gênero explícito quando a legislação tributária identifica e trata homens e mulheres de forma diferente. O viés implícito, por outro lado, ocorre quando as regulamentações estabelecidas no direito tributário têm consequências diferentes para homens e mulheres, como resultado da não consideração das desigualdades de gênero estruturantes que caracterizam muitas sociedades, na concepção e implementação das regulamentações (Itriago; Rodríguez, 2019).

Para além do impacto na desigualdade, a política fiscal também tem relação direta com os direitos humanos. Essa relação é mais desenvolvida no campo jurídico, que oferece estudos sobre princípios normativos e sobre o manejo do orçamento público adequado à garantia dos direitos[6]. Contudo, no campo econômico a literatura encontrada que faz uma associação direta entre direitos humanos e política fiscal é escassa e pouco sistematizada, com importantes exceções como Chaparro (2014), Balakrishnan et al. (2010) e Nolan et al. (2013). Essa escassez de estudos contrasta com a crescente literatura, teórica e empírica, sobre os impactos da política fiscal na desigualdade.

Desigualdades e direitos humanos são duas dimensões ligadas, mas diferem substantivamente. No campo econômico, os estudos acadêmicos que articulam a desigualda-

---

[6] CESR (2019), Princípios e Diretrizes (2020), Uprimny (2019), Corti (2019), Alston e Reisch (2019) e Bohoslavsky (2018), entre outros.

de e a política fiscal nem sempre dão conta de responder questões relativas aos direitos humanos. Os estudos sobre desigualdade fazem uso de mensurações relativas que comparam níveis de renda, riqueza, anos de educação, etc. Já os direitos humanos tratam de indicadores absolutos, por exemplo, ter ou não ter acesso à água potável, alimentos, saneamento básico ou um nível de renda mínimo para uma vida digna[7]. Dessa forma, a violação de um direito humano não é necessariamente captada por índices agregados.

Uma redução da desigualdade de renda não garante necessariamente os direitos humanos ou um aumento da desigualdade não os compromete necessariamente[8]. Por essa razão, os princípios de direitos humanos devem estar articulados e orientar a política de redução de desigualdades. Diante disso, este capítulo busca articular os direitos humanos com a política fiscal e destacar a importância de trazer os direitos humanos para o centro da discussão de política fiscal.

Como a política fiscal impacta nos direitos humanos?

A política fiscal é um importante instrumento para a garantia dos direitos humanos, uma vez que todos esses direitos, uns mais outros menos, exigem recursos para a sua garantia. Além disso, diversos instrumentos fiscais podem ter impacto não apenas na garantia direta dos di-

---

[7] Da mesma forma, a pobreza e a miséria são medidas por indicadores absolutos.

[8] Por exemplo, a retirada de recursos de uma política pública que beneficia pessoas de renda média para ampliar uma outra política pública que beneficia pessoas de renda baixa possivelmente irá reduzir o índice de Gini. Porém, pode ampliar direitos para pessoas de renda baixa às custas de redução de direitos de pessoas de renda média, ignorando o princípio de universalidade dos direitos humanos.

reitos, mas também podem gerar incentivos ou direcionar recursos que viabilizem essa garantia. Assim, as escolhas orçamentárias podem ser decisivas tanto para a garantia, quanto para a violação dos direitos humanos.

O impacto da política fiscal nos direitos humanos pode ser entendido com maior clareza por meio das três funções clássicas da política fiscal, conforme proposto por Musgrave e Musgrave (1973): a função alocativa, a função distributiva e a função estabilizadora.

A função alocativa da política fiscal se destina a prover necessidades públicas e decorre de um reconhecimento da ineficácia do sistema de mercado em prover determinado bens e serviços. Na economia ortodoxa, essa função se justifica na presença de "falhas de mercado" que impedem uma alocação de recursos eficiente.

Dentre as falhas de mercado estão a existência de "bens públicos", de externalidades e de monopólios naturais que justificam a atuação do Estado de acordo com o aparato metodológico neoclássico[9].

Para além das falhas de mercado, a função alocativa deve ser pensada na perspectiva dos direitos humanos. Isso porque uma alocação eficiente pode, em determinadas circunstâncias, ser compatível com a desigualdade extrema ou a violação de direitos humanos, sem que essas circunstâncias sejam consideradas uma "falha de mercado"[10]. Em outras

---

[9] O conceito econômico de bens públicos refere-se a bens e serviços cujo consumo por parte de um indivíduo não prejudica o consumo do mesmo por outros indivíduos, por exemplo, bens tangíveis – como iluminação pública, calçadas e sinais de trânsito – e bens intangíveis – como justiça, segurança e defesa nacional.

[10] Na economia ortodoxa, a existência de falhas de mercado não implica necessariamente a necessidade de intervenção governamental devido aos custos dessa intervenção e das chamadas "falhas de governos". Há também correntes econômicas que negam a existência de

palavras, a violação dos direitos humanos nessa perspectiva pode não ser considerada um problema econômico e ser ignorada na elaboração e execução da política fiscal.

O exercício da função alocativa da política fiscal pode contribuir para garantir os direitos humanos econômicos e sociais como saúde, educação, alimentação, saneamento básico, moradia, infraestrutura urbana, meio ambiente e agricultura familiar, entre outros. Os instrumentos de política fiscal podem variar desde a prestação direta de serviços públicos até incentivos setoriais, créditos subsidiados, dedução de impostos etc. Como veremos na parte final deste livro, é possível pensar uma política fiscal orientada para missões sociais, a partir de sua função alocativa.

Por sua vez, a função distributiva da política fiscal é aquela destinada a distribuir uma parte da renda da sociedade para alcançar uma distribuição desejada pela sociedade. Essa função decorre do reconhecimento da incapacidade do mercado de conduzir a sociedade a uma estrutura de distribuição de renda que seja considerada justa ou equitativa (Oliveira, 2009).

Na perspectiva dos direitos humanos, a função distributiva da política fiscal pode contribuir ou dificultar a garantia de direitos uma vez que interfere na renda das pessoas, pode reduzir ou reforçar as desigualdades de mercado e privar pessoas de condições para uma vida digna. Do lado das despesas, os instrumentos que exercem a

---

falhas de mercado, como parte da economia austríaca. E as vertentes marxistas e keynesianas usualmente rejeitam a ideia de "falhas de mercado" assim como a ideia de eficiência de mercado presente na economia neoclássica, uma vez que o próprio sistema econômico é inerentemente instável e sujeito a ciclos e crises. Uma boa parte da Economia Ecológica faz uso das falhas de mercado, em particular da necessidade de corrigir externalidades negativas do sistema produtivo, que prejudicam o meio ambiente.

função distributiva são as transferências públicas monetárias para pessoas em situação de pobreza, desemprego, idosos e pessoas sem condição de trabalho, entre outras, garantindo a essas pessoas o acesso a direitos[11].

Já do lado das receitas, a composição da carga tributária interfere diretamente na desigualdade de renda de mercado e pode ser um instrumento de redução da mesma a partir de uma estrutura progressiva em acordo aos princípios de capacidade contributiva e de igualdade material tributária. No entanto, a carga tributária também pode ser regressiva, especialmente quando focada em impostos indiretos, a ponto de aumentar a desigualdade de renda e condicionar o acesso a direitos humanos.

Os parâmetros para o exercício da função distributiva da política fiscal deveriam ser dados a partir das concepções de justiça distributiva e do que a sociedade almeja em termos de igualdade. Nesse contexto, a concepção neoclássica e o ideário neoliberal reservam um papel limitado para essa função, que pode distorcer o sistema de incentivos e reduzir a eficiência do sistema dada a alocação desigual de recursos feita pelo mercado.

Por fim, a função estabilizadora da política fiscal é aquela que busca influenciar o nível de emprego e de preços. Segundo Musgrave e Musgrave (1973), a função estabilizadora:

> difere profundamente das outras duas funções. Seu interesse principal não está na alocação de recursos entre necessidades públicas ou privadas, ou entre necessidades privadas alternativas. Pelo contrário, ela concentra seus esforços na manutenção de um alto nível de utilização de recursos e de um valor estável da moeda" (Musgrave e Musgrave, 1973, p. 45).

---

[11] Como veremos adiante, um aumento da desigualdade não necessariamente implica a violação de direitos humanos, assim como a redução da desigualdade de renda não implica garantia de direitos.

Essa função da política fiscal foi reconhecida na década de 1930, diante dos efeitos da Grande Depressão sobre o emprego e o nível de preços. De acordo com Musgrave e Musgrave (1973), a lógica dessa função é simples: quando há desemprego involuntário deve-se aumentar o nível de demanda pública até alcançar o pleno emprego. Quando há pressão inflacionária decorrente de excesso de demanda, o governo deve ajustar os seus gastos de maneira a contribuir para estabilizar os preços.

Essa função da política fiscal está no centro da contribuição de Keynes sobre o impacto da política fiscal no emprego e na renda. Ao exercer essa função, a política fiscal deve amenizar ciclos e prevenir crises, além de buscar o pleno emprego que, na perspectiva dos direitos humanos, é uma condição para a garantia plena do direito ao trabalho. E, como veremos na parte final deste livro, essa função da política fiscal pode ser pensada para além da estabilização do emprego e dos preços, mas de uma estabilização social em um sentido mais amplo.

Como os direitos humanos deve(ria)m condicionar a política fiscal?

Como apontado por Chaparro (2014), os direitos humanos têm uma relação de fundamentação para com a política fiscal. Os princípios e acordos de direitos humanos devem ser considerados como um alicerce para a elaboração, a execução, o monitoramento e a avaliação da política fiscal. Como todas as políticas públicas, a política fiscal está sujeita aos princípios dos pactos internacionais de direitos humanos[12].

Os princípios de direitos humanos correspondem a parâmetros e diretrizes aplicáveis à política fiscal, desta-

---

[12] Também servem como orientadores da política fiscal, os comentários gerais e outros pronunciamentos do Comitê DESC/ONU e os Princípios de Limburgo y Maastricht.

cando-se nessa relação os princípios de garantia do conteúdo mínimo dos direitos, uso máximo de recursos disponíveis para a realização progressiva dos direitos, o não retrocesso social, a não discriminação, a transparência, a participação social e a prestação de contas, conforme descritos a seguir[13].

De acordo com as disposições do Comitê de Direitos Econômicos, Sociais e Culturais (DESC) da ONU, os Estados devem assegurar a satisfação de, pelo menos, os níveis mínimos essenciais de cada um dos direitos. Isso implica que cada um dos direitos reconhecidos no Pacto Internacional de Direitos Econômicos, Sociais e Culturais (Pidesc) contém um mínimo de elementos que são de cumprimento imediato e obrigatório para o Estado, e que devem ser prioritários na alocação de recursos públicos. A existência da necessidade ou insatisfação dos mais básicos níveis de direitos constitui forte evidência de descumprimento das obrigações estabelecidas nos tratados[14].

Na realização progressiva de direitos, os principais tratados de direitos humanos reconhecem que, dadas as limitações de recursos, os DESC podem ser assegurados em seu nível pleno de forma progressiva, com vistas a alcançar a completa realização dos direitos previstos no Pacto. Mas também estabelecem que os Estados devem, de forma imediata, adotar todas as medidas devidas, até o máximo de recursos disponíveis e com mobilização de novas receitas

---

[13] Os Princípios e Diretrizes dos Direitos Humanos na Política Fiscal resumem as obrigações que o direito internacional dos direitos humanos estabelece para os atores estatais e não estatais em questões tributárias. Veja mais em www.derechosypolitcafiscal.org

[14] Da mesma forma, o Alto Comissariado das Nações Unidas para os Direitos Humanos observou que o cumprimento das obrigações mínimas "deve ser a primeira prioridade nas decisões orçamentárias e políticas" (CESR et al., 2015).

para chegar à plena efetividade dos direitos. Uma das bases do pilar da realização progressiva dos direitos é o conceito de não retrocesso social. Esse conceito implica que não é permitida a adoção de medidas deliberadas e injustificadas pelos Estados nacionais que impliquem em retrocesso, isto é, medidas que suponham a deterioração do nível de cumprimento de um direito (David, 2018). Dessa forma, esses princípios orientam a política fiscal para a sustentação de conquistas sociais já alcançadas e para o avanço progressivo no sentido da garantia dos direitos humanos.

O Pidesc regula o princípio de não discriminação no seu artigo 2.2 e o Comitê DESC estabelece no seu Comentário Geral n.º 20 que os Estados devem assegurar que existam – e se apliquem – planos de ação, políticas e estratégias para combater a discriminação formal e material[15] em relação aos direitos reconhecidos no Pacto, tanto no setor público quanto no privado. As políticas econômicas, como as dotações orçamentárias e as medidas destinadas a estimular o crescimento econômico, devem garantir que os direitos sejam usufruídos sem nenhum tipo de discriminação. Ainda, além de não discriminar, os Estados devem adotar medidas concretas, deliberadas e específicas para assegurar a erradicação de qualquer tipo de discriminação no exercício dos direitos reconhecidos pelo Pacto. Em muitos casos, para eliminar a discriminação material, será necessário dedicar mais recursos para políticas públicas voltadas a grupos tradicionalmente desassistidos, uma focalização dentro da garantia de um direito universal (Inesc, 2017). Nesse contexto, cabe notar que esse

---

[15] Igualdade formal é a igualdade na lei e perante a lei, e se refere a igualdade de tratamento; e igualdade material consiste na concretização da igualdade ou redução da desigualdade e está ligada a ideia de igualdade de oportunidades.

princípio aponta para a necessidade de a política fiscal contribuir para alcançar uma igualdade material entre os indivíduos e não apenas uma igualdade formal.

A natureza dos direitos implica a existência de mecanismos para exigi-los e a participação informada das pessoas em decisões que possam afetar seus direitos. Daí a importância do princípio da transparência, participação social e prestação de contas, aplicável à política fiscal. O artigo n.º 19 do Pacto Internacional sobre Direitos Civis e Políticos (PIDCP) estabelece que o direito à liberdade de expressão inclui a liberdade de pesquisar, receber e divulgar informações. Da mesma forma, o artigo 13 da Convenção Interamericana de Direitos Humanos protege o direito e a liberdade de buscar e receber informações. A jurisprudência da Corte Interamericana de Direitos Humanos (CIDH) reconhece que o acesso à informação é um direito universal e expressamente estabeleceu o direito de "buscar e receber informações" do governo. Em relação aos DESC, é essencial unir todos os esforços em nível nacional para convocar a participação de todos os setores da sociedade. A participação popular é necessária em todas as etapas do processo, incluindo a formulação, aplicação e revisão das políticas nacionais (CESR et al., 2015). Isso significa que a política tributária, tanto na arrecadação quanto na execução do orçamento público, deve ser transparente e garantir a participação social em suas etapas de formulação e monitoramento, além de contar com efetiva prestação de contas dos governos das medidas adotadas, inclusive com uma avaliação de impacto nos direitos humanos da política fiscal (Bohoslavsky, 2018).

Além disso, o orçamento público, como um espaço de disputa de interesses diversos da sociedade, também é passível de ser questionado judicialmente para o controle de constitucionalidade das decisões orçamentárias tomadas. Pelo lado das receitas, é possível questionar judicialmente sistemas tributários regressivos com base nos princípios de equidade, capacidade contributiva e igualdade material tributária, quando estes estejam presentes nas constituições. Pelo lado das despesas, é possível questionar judicialmente a proteção dos direitos frente ao que o Estado pode legalmente optar por gastar ou não. Por exemplo, em países onde o orçamento é autorizado ao invés de impositivo, o Executivo pode decidir gastar ou não o recurso público para uma ação orçamentária. Entretanto, essa discricionariedade tem limites: uma escolha de não executar recursos de uma política pública que garante o conteúdo mínimo de um direito constitucional pode ser judicialmente questionada e é importante que se possa contar com esse mecanismo de contrapeso dos poderes (Chaparro, 2014).

Por fim, esse capítulo buscou tratar da relação entre os direitos humanos, a política fiscal e a desigualdade e mostrar que é necessário pensar de maneira articulada esses temas que se condicionam mutuamente. A figura 1.1 sistematiza essa articulação.

Figura 1.1: Síntese das relações entre política fiscal, direitos humanos e desigualdade

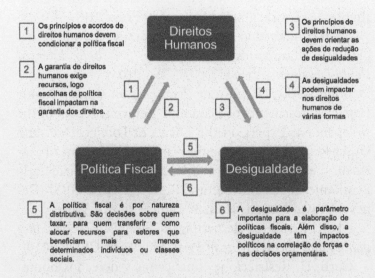

Fonte: Elaboração própria a partir de elementos de CESR (2019).

Referências:

Alston, P. Reisch, N. Tax, Inequality, and Human Rights, New York: Oxford University Press 2019.

Balakrishnan et al. Rethinking macroeconomic strategies from a human rights perspective. *Society for International Development*, 53(1), p. 27-36, 2010.

Bohoslavsky, J.P. Guiding Principles on Human Rights Impact Assessments of Economic Reforms: report of the Independent Expert on the Effects of Foreign Debt and Other Related International Financial Obligations of States on the Full Enjoyment of Human Rights, Particularly Economic, Social and Cultural Rights. A/HRC/40/57. Geneva: United Nations Human Rights Council, 2018.

CESR. *Resources Restricting Rights: Fiscal Policy, Inequality and Social Rights in Peru*. New York: CESR, 2019.

Corti, H. Restricciones financeiras y derechos humanos: uma vision global, Revista Institucional de la Defensa Pública de la Ciudad Autónoma de Buenos Aires, 2019.

Chaparro, S.R.H. *Presupuesto, derechos humanos y control judicial. Una oportunidad para la convergencia entre constitucionalismo y hacienda pública*. Dissertação de mestrado. Bogotá: Universidad Nacional de Colombia, 2014.

David, G.C. Política fiscal e direitos humanos: uma análise a partir dos acordos internacionais. In: Rossi, P.; Dweck, E.; Oliveira, A.L.M. (org.). *Economia para poucos: Impactos sociais da austeridade e alternativas para o Brasil*. São Paulo: Autonomia Literária, 2018.

Inesc. *Metodologia Orçamento e Direitos*. Brasília: Inesc, 2017.

Itriago, D.; Rodríguez, C. *Do taxes influence inequality between women and men?* Oxfam International, 2019.

Jiménez J.P.; López, I.A. ¿Disminución de la desigualdad en América Latina? El rol de la política fiscal. Working Paper Series No. 33. Berlim: desiguALdades.net/Freie Universität Berlin, 2012.

Lahey, K. Women's Human Rights and Canadian Tax Policy: From Cedaw to the Beijing Platform and Beyond. *Canadian Woman Studies*, supl. Special Issue: Women's Human Rights; 2018.

Lustig, N. Inequality and fiscal redistribution in middle income countries: Brazil, Chile, Colombia, Indonesia, Mexico, Peru and South Africa. Working paper 410. Washington: Center for Global Development, 2015.

Musgrave, R.; Musgrave, P. *Public finance in theory and practice*. Singapore: McGraw-Hill Book Co, 1973.

Nolan et al. *Human Rights and Public Finance: Budget and the Promotion of Economic and Social Rights*. Oregon: Hart Publishing, 2013.

Oliveira, F. *Economia e política das finanças públicas no Brasil*. São Paulo: Editora Hucitec, 2009.

Princípios e Diretrizes (Principios y Directrices de Derechos Humanos en la Política Fiscal) ACIJ, CELS, CESR, DEJUSTICIA, FUNDAR, INESC, RJFALC, 2020. https://derechosypoliticafiscal.org/

Silveira, F.G. *Tributação, previdência e assistência social: impactos distributivos*. Tese de doutorado. Campinas: Unicamp, 2013.

Stewart, M. Global *Trajectories of Tax Reform: Mapping Tax Reform in Developing and Transition Countries*. SSRN, 2002.

Uprimny, R. Política Fiscal y derecho internacional de los derechos humanos, Revista Institucional de la Defensa Pública de la Ciudad Autónoma de Buenos Aires, 2019.

Valdés, M.F. (2014), The Recent Inequality Reduction in Latin America: The Role of Tax Policy. Dissertação de mestrado. Berlim: School of Business and Economics of Freie Universität Berlin.

2. Mitos fiscais, dívida pública e tamanho do Estado

Laura Carvalho[16], Pedro Rossi[17]

A pandemia e os dogmas da austeridade

Diariamente entram nos lares brasileiros análises econômicas que apelam para o lugar comum. Economistas nos dizem que o governo deve colocar ordem na casa e que, assim como uma família, deve apertar o cinto nos momentos de crise. Análises que carregam uma carga moral para exaltar o comportamento associado ao rigor, à disciplina, aos sacrifícios, à parcimônia, à prudência, à sobriedade e reprimir comportamentos dispendiosos, insaciáveis, pródigos, perdulários. Discursos que não apenas simplificam o funcionamento da economia, mas falsificam: trata-se da retórica da austeridade que transpõe, sem adequadas

---

[16] Professora Associada Livre Docente do Departamento de Economia da Faculdade de Economia e Administração da Universidade de São Paulo (FEA/USP).

[17] Professor Doutor do Instituto de Economia da Unicamp e pesquisador do Centro de Estudos de Conjuntura e Política Econômica (Cecon).

mediações, supostas virtudes do indivíduo para o plano público, atribuindo características humanas ao governo.

No Brasil, o ajuste fiscal – pela via do corte de gastos públicos – vem sendo vendido há pelo menos cinco anos como a fábula da cigarra e da formiga. O argumento moral aponta que os excessos devem ser remediados com abstinência e sacrifícios. Esses excessos têm várias faces – aumentos de salário mínimo, gastos sociais, intervencionismo estatal e até a Constituição de 1988 – e o remédio tem nome: austeridade. E o país vem se tratando com esse remédio que não tem eficácia comprovada e apresenta efeitos colaterais, como uma cloroquina da economia. Argumenta-se que os cortes de gastos vão recuperar a confiança e assim o crescimento e que as reformas econômicas que reduzem o papel do Estado encurtam esse caminho. Mas as reformas são realizadas e a crise continua e, não obstante, realimenta o discurso: enquanto houver crise haverá uma reforma adicional que supostamente vai gerar crescimento.

Durante a pandemia, a ideia de austeridade fiscal entrou de quarentena, alguns mitos caíram por terra e dogmas foram deixados de lado diante de uma realidade impositiva. Em poucas semanas, o gasto público passou do grande problema do Brasil para a principal solução. Na retórica de alguns, o Estado que estava quebrado ficou solvente e o dinheiro, que tinha acabado, reapareceu por meio da maior emissão de dívida pública. Assim, durante a pandemia a crise postergou o debate sobre as reformas e criou um quase consenso entre os economistas de que é preciso gastar com saúde, assistência social e apoio às empresas e trabalhadores.

Não há dúvidas de que essa atuação atenuou os efeitos do colapso econômico trazido pela Covid-19 no ano de 2020. Ao beneficiar mais de 80 milhões de pessoas, o auxílio emergencial foi capaz de neutralizar inteiramente o aumento das desigualdades na renda do trabalho provocado por uma das maiores crises da nossa história: para os 50% mais pobres, o auxílio foi suficiente para levar a renda média para o nível habitual recebido anteriormente.

No entanto, o aumento da dívida pública resultante da atuação do Estado na pandemia é pretexto para a intensificação do discurso da austeridade a partir de uma ideia que dialoga com o senso comum: teremos que pagar a conta da pandemia. Um momento propício para o que Naomi Klein chamou de "doutrina do choque", uma filosofia de poder que sustenta que a melhor oportunidade para impor as ideias radicais é no período subsequente ao de um grande choque social.

Mais uma vez, o apelo ao senso comum é uma falsificação da realidade: a dívida pública não precisa ser reduzida imediatamente de forma que não existe uma conta da pandemia a ser paga como ocorre com as dívidas de pessoas físicas. Papéis serão pagos, outros serão emitidos. Esse é o padrão do comportamento das dívidas soberanas. Isso vale para as experiências históricas de grande endividamento público, como na Inglaterra durante a Segunda Guerra Mundial, quando a dívida pública passou de 230% do PIB. Essa dívida foi rolada e se reduziu ao longo do tempo em relação ao PIB em um ambiente de alto crescimento e juros baixos. E essa redução não passou por nenhum plano de austeridade, pelo contrário, no pós-guerra o país realizou uma ampla expansão dos gastos públicos que construiu o Estado de bem-estar social, o que também ocorreu em outros países que saíram endividados da guerra.

O Brasil precisa desbravar o seu caminho para a reconstrução e sair do atoleiro da crise, do desemprego estrutural e da piora sistemática dos indicadores sociais. Nessa direção, a austeridade é contramão. E a tentativa de forçar uma redução da dívida pública por meio de cortes de gastos pode ser tão inconsequente socialmente quanto inútil do ponto de vista fiscal. Há uma falácia de composição no argumento, o que vale para uma empresa ou família, não vale para a sociedade como um todo: se formos todos austeros ao mesmo tempo a economia desaba para todos.

O gasto público é renda do setor privado, a dívida pública é ativo para os seus detentores e o déficit público é superávit do setor privado. Ao gastar, o governo aumenta a renda do setor privado e realoca recursos. Ao se endividar, o governo pega dinheiro de quem tem riqueza sobrando e entrega um papel de dívida. Ainda que esse estoque maior de dívida tenha efeito de concentrar a renda ao longo do tempo, já que esses papéis rendem juros aos detentores de riqueza, sua redução em relação ao PIB pode ser lograda de maneiras distintas, que não envolvem tantos custos econômicos e sociais.

Quando a economia opera abaixo de sua capacidade, com desemprego, o gasto público pode melhorar a eficiência do sistema e aumentar os recursos do conjunto da sociedade. O desemprego é um desperdício de recursos sociais, além da violação do direito humano ao trabalho e de um fator de agravamento das desigualdades sociais pré-existentes. Se o mercado não garante o emprego, o Estado deve garantir a expansão por meio da política fiscal.

Portanto, a metáfora que compara o orçamento público ao familiar é dissimulada e desvirtua as responsabilidades que a política fiscal tem na economia em suas tarefas de induzir o crescimento e amortecer os impactos de crises e dos ciclos econômicos na vida das pessoas.

Mito da austeridade expansionista

O debate brasileiro é permeado pela ideia da austeridade fiscal expansionista. Essa ideia sustenta que um aperto fiscal leva ao crescimento econômico uma vez que melhora a confiança dos agentes e tem origem nos trabalhos de Alberto Alesina e outros autores[18]. Contudo, vários estudos empíricos rejeitaram a austeridade expansionista. O trabalho de Jayadev e Konczal (2010), por exemplo, mostra que os países que obtiveram sucesso com consolidação fiscal apontados por Alesina e Ardanha estavam crescendo fortemente no ano anterior e que apenas dois casos específicos de uma amostra de 107 casos históricos são condizentes com o caso de sucesso de um ajuste fiscal em momento de desaceleração econômica. Além disso, o próprio Fundo Monetário Internacional (FMI), em relatório oficial, mostra que a "contração fiscal é normalmente contracionista", gera desemprego e queda da renda (FMI, 2010).

Em trabalho recente, os autores que criaram a tese da austeridade fiscal expansionista revisitam a metodologia e concluíram que, em geral, a austeridade por meio de cortes de gastos tem efeitos negativos no crescimento. Entretanto, de forma a tentar manter parcialmente seus argumentos originais, tentam mostrar que supostamente seria melhor cortar gastos do que subir impostos (Alesina et al., 2018). Amenizam a ideia e levam a austeridade expansionista para o plano da possibilidade. No entanto, no debate público brasileiro os autores continuam sendo citados por

---

[18] Ver Alesina e Tabellini (1990) e Alesina e Perotti (1995).

seus trabalhos antigos para justificar as políticas de corte de gastos e as reformas estruturais.

Sempre usada, a ideia de que cortes de gastos gera aumento da confiança carece de aderência com a realidade. Empresários não investem porque o governo fez ajuste fiscal, mas quando há demanda por seus produtos e expectativas de lucro. Se o governo corta gastos no momento de crise contribui para a queda da demanda no sistema. Como argumentou o Prêmio Nobel de economia, Paul Krugman, a ideia de que seremos recompensados por uma "fada da confiança" diante de um suposto comportamento virtuoso do governo não passa de uma fábula[19]. Da mesma forma, é duvidosa a existência dos "bonds vigilantes" que punem os governos dispendiosos por mau comportamento.

Qual o limite para a dívida pública?

Um influente artigo de Carmen Reinhart e Kenneth Rogoff identificou um suposto limite de dívida pública de 90% do PIB, a partir do qual o crescimento econômico passaria a ser prejudicado (Reinhart; Rogoff, 2010). O estudo dos economistas de Harvard foi abraçado por analistas econômicos e políticos como uma justificativa acadêmica para a austeridade. No entanto, pesquisadores da Universidade de Massachussetts replicaram a pesquisa e descobriram erros de planilha e problemas metodológicos, invalidando os resultados (Herndon, et al., 2013). O fato é que não existe um número ideal, nem explicação técnica razoável

---

[19] O autor ainda mostra evidências de que a os países europeus que mais aplicaram a austeridade foram os que menos cresceram (Krugman, 2015). Na mesma linha, Skidelsky e Fraccaroli (2017) mostram que a confiança não é causa, mas acompanha o desempenho econômico e que austeridade não aumenta, mas diminui a confiança ao gerar recessão.

que defina um patamar ótimo ou máximo para a dívida pública. A análise da experiência internacional mostra variados patamares de relação dívida/PIB e atitudes díspares quanto ao tratamento dado ao problema.

Mas se não há um limite de endividamento pré-estabelecido, isso significa que um governo pode aumentar sua dívida indefinidamente em relação ao tamanho de sua economia? Depende. E é aí que entram perguntas muito importantes. A primeira talvez seja: de que tipo de dívida estamos falando? Trata-se de uma dívida em moeda nacional ou em moeda estrangeira?

No Brasil, atualmente, ao contrário do que ocorreu nas décadas de 1980 e 1990 ou do que ocorre ainda hoje com muitos países do hemisfério Sul (a Argentina, por exemplo), a dívida pública é remunerada basicamente em moeda nacional. Ou seja, não temos dívida em dólar relevante com bancos estrangeiros ou com o FMI (Fundo Monetário Internacional). Ao contrário, nosso país tem um volume muito maior de reservas internacionais em dólar do que de dívida pública em dólar. Isso significa, na prática, que quando o dólar sobe, sua dívida líquida externa soberana cai, já que as reservas passam a valer mais em moeda nacional. É justamente por ter chegado a essa situação mais confortável que as fortes desvalorizações do real em 2008, 2015 ou agora, em 2020, não nos levaram a uma situação de crise cambial como a de 1999 e, sobretudo, não nos impediram de continuar emitindo dívida pública.

De acordo com as projeções da Instituição Fiscal Independente (IFI) do Senado, os gastos e a perda de arrecadação associados à crise da Covid-19 vão contribuir para levar o endividamento do governo brasileiro para um patamar superior a 100% do PIB em 2026. Só as despesas com o auxílio emergencial em três meses totalizariam, de acordo com as projeções, R$ 154,5 bilhões em 2020, ou 2,1% do PIB. O déficit primário, ou seja, a diferença entre o que o governo vai gastar e arrecadar este ano, sem contar o pagamento de juros sobre a dívida acumulada, será recorde.

Para fazer frente a esses gastos, o governo está vendendo títulos públicos em valor recorde e, ainda assim, não tem tido dificuldade de conseguir compradores. Afinal, os juros caíram bastante nos últimos anos, mas ainda estão no terreno positivo. Desse modo, ainda que a forte incerteza e as desvalorizações do real tenham expulsado muitos investidores estrangeiros do país (que hoje preferem ter sua riqueza em títulos do Tesouro norte-americano, por exemplo), os investidores nacionais também se livram de ações e outros ativos de maior risco e demandam títulos do governo brasileiro.

Isso pode nos levar a transferir ainda mais renda nos próximos anos para quem já concentra muito a riqueza no país, o que deveria ser minimizado pela elevação de impostos sobre altas rendas e patrimônios no pós-pandemia. Mas mantendo o tema de hoje: não é a falta de dinheiro que está limitando um combate ainda mais efetivo dos efeitos dessa pandemia-crise.

Tamanho da carga tributária é decisão da sociedade

Quando medida em relação ao PIB, a carga tributária brasileira foi de 33,6% em 2018, um valor próximo da média dos países da OCDE (34,3%) mas superior à de outros países da América Latina. Nos EUA, essa carga é de apenas 24,3% e na Suécia, chega a 43,9%. São muitos os que utilizam esses números para argumentar que o Estado brasileiro drena os recursos da população sem oferecer muita coisa em troca. Assim, fixar um teto que reduza os gastos públicos em relação ao PIB e retire qualquer incentivo para se aumentar impostos é apresentado como uma suposta solução para acabar com o "desperdício".

Essa argumentação omite que o tamanho da carga tributária e o valor total de gastos públicos devem levar em conta o que cada sociedade optou por oferecer de serviços públicos universais e gratuitos e de rede de proteção social. Ainda que haja distorções e ineficiências na forma como o Estado brasileiro gasta seus recursos, o fato é que a decisão expressa no pacto social de 1988 requer um total de gastos públicos superior ao dos países que não optaram por oferecer um sistema público de saúde ou de previdência à sua população, por exemplo. Além disso, em relação ao tamanho da população, a carga tributária brasileira em dólares é 4,4 vezes menor do que nos países da OCDE. Não surpreende, portanto, que em termos de paridade de poder de compra (que leva em conta os custos de vida de cada país), o gasto do governo brasileiro com educação em relação ao número de alunos em idade obrigatória de estudar seja 3,8 vezes menor que nos EUA e 8,5 vezes menor que na Suécia.

Atender de forma satisfatória mais de 100 milhões de pessoas no SUS e conceder uma renda básica para dezenas de milhões de vulneráveis é uma escolha que a sociedade tem que poder fazer, mas essa decisão traz consigo a necessidade não apenas de se rever o atual Teto de Gastos, mas também de se arrecadar mais. A boa notícia é que não há nenhuma evidência sólida de que países com uma carga tributária mais alta crescem menos, o que importa é a distribuição justa e eficiente dessa carga entre setores econômicos e classes sociais. O problema da carga tributária brasileira é a sua má distribuição, e não o seu tamanho.

Em meio ao aumento das já abissais desigualdades de riqueza, de renda, raciais, de gênero e de acesso a serviços e à infraestrutura trazido pela pandemia, já passou da hora de voltarmos a debater alternativas à estratégia de política econômica montada nos últimos cinco anos em torno de um ajuste fiscal centrado na redução do tamanho do Estado na economia. Ampliar gastos sociais e aumentar a carga tributária incidente sobre altas rendas e patrimônios é uma opção compatível com a sustentabilidade da dívida pública e com a própria democracia.

Referências

Alesina, A. et al. What do we know about the effects of austerity?, NBER Working Paper n. 24246, January 2018.

Alesina, A.; Tabellini, G. A positive theory of fiscal deficits and government debt. *Review of Economic Studies*, 57, n. 3, p. 403-414, 1990.

Alesina, A.; Perotti, R. Fiscal Expansions and Fiscal Adjustments in OECD Countries, NBER Working Paper n. 5214, 1995.

FMI. *World Economic Outlook: Recovery, Risk, and Rebalancing*. Washington D.C.: IMF, 2010.

Herndon, T. et al. Does high public debt consistently stifle economic growth? A critique of Reinhart and Rogoff. *Cambridge Journal of Economics*, v. 38, issue 2, p. 257-279, March 2014.

Jayadev, A.; Konczal, M. The Boom Not The Slump: The Right Time For Austerity. In: *Economics Faculty Publication Series*, paper 26, 2010. Disponível em: http://scholarworks.umb.edu/econ_faculty_pubs/26

Krugman, P. The Austerity Delusion. *The Guardian*, 29 de abril de 2015. Disponível em: https://www.theguardian.com/politics/2015/aug/23/jeremy-corbyns-opposition-to-austerity-is-actually-mainstream-economics

Reinhart, C.; Rogoff, K. Growth in a Time of Debt. *American Economic Review*: Papers and Proceedings 100, p. 573-78, 2010.

Skidelsky, S.; Fraccaroli, N. (ed.). *Austerity vs Stimulus – The Political Future of Economic Recovery*. Londres: Palgrave Macmilan, 2017.

3. Expansão do gasto público, tributação e crescimento

Carlos Pinkusfeld Bastos[20], Gabriel Aidar[21]

A pandemia da Covid-19 causou um sério problema político ideológico para a maioria dos economistas e *policy makers* liberais brasileiros. Antes da eclosão da crise, eram recorrentes as frases como "o Brasil está quebrado" ou "o dinheiro acabou". As políticas de combate à pandemia que levaram a uma forte ampliação do gasto/déficit público[22] desnudaram o caráter ideológico de tais afirmações.

Se, por um lado, foi criado um novo contexto no qual "é liberado gastar", passados os primeiros momentos da crise da pandemia já surgiram vozes levantando a questão de "quem vai pagar a conta" dessa expansão dos gastos pú-

---

[20] Professor Adjunto da Universidade Federal do Rio de Janeiro (UFRJ).

[21] Possui graduação em Economia pela Universidade de São Paulo e mestrado em Economia pelo Instituto de Economia da Universidade Federal do Rio de Janeiro (IE/UFRJ), onde atualmente é doutorando.

[22] Somente por meio dos gastos com o Auxílio Emergencial Financeiro, Benefício de Pagamento da Folha Salarial e Auxílio Financeiro aos Estados, a União desembolsou até julho cerca de R$ 226 bilhões (3,1% do PIB). Dados obtidos em: https://www.tesourotransparente.gov.br/visualizacao/painel-de-monitoramentos-dos-gastos-com-covid-19

blicos. Nesse contexto, insere-se a questão da elevação dos tributos, muitas vezes defendida até pelos "muito ricos" do mundo, para financiar os pacotes de estímulos fiscais (Oxfam, 2020). O objetivo deste capítulo será discutir esse ponto. Inicialmente é importante afastar fantasias ideológicas que acompanham o lema/slogan "o dinheiro acabou". Para isso, reafirmamos que os tributos não financiam, no sentido estrito macroeconômico de não precederem as despesas públicas, e, também, apontamos a ausência de risco de inadimplência do Tesouro Nacional na sua dívida denominada em reais. Contudo, o financiamento do gasto público no longo prazo, seja por emissão de dívida ou maior tributação, tem efeitos de segunda ordem sobre a distribuição de renda e a demanda agregada. A escolha por maior endividamento ou maior carga tributária pode implicar em dilemas relevantes para a política econômica. Dessa forma, a restrição para que ocorra a expansão dos gastos públicos é, em geral, puramente institucional/legal, sendo a discussão do seu financiamento, propriamente dita, relevante somente na medida em que implicará nos efeitos secundários mencionados anteriormente.

De onde vem o dinheiro?

Primeiro, é importante destacar a lógica que está por trás da afirmativa de que os impostos não financiam o Estado[23]. A ideia decorre diretamente do mecanismo keynesiano no qual os gastos necessariamente determinam a renda e o nível do produto. Os gastos são, assim, necessariamente financiados pela criação de crédito ou moeda e, por uma questão lógica, determinam nível de renda agre-

---

[23] Felizmente, cada vez mais essa noção tem sido difundida para o público em geral por meio de intervenções de economistas vinculados à chamada Moderna Teoria Monetária.

gada. No caso do gasto público, este sempre é financiado inicialmente por acesso a recursos que se encontram em contas do tesouro em instituições bancárias estatais, como Banco Central, ou privadas, como os bancos comerciais, e contribui para a determinação da renda agregada, sendo a arrecadação tributária sua consequência, não podendo ela financiar algo que a precede.

Mais especificamente, para a realização de uma despesa pública pelo Tesouro Nacional, o Banco Central debita um valor da Conta Única do Tesouro Nacional e credita esse valor na conta de um banco a um agente privado (seja um funcionário público, um pensionista ou um fornecedor de bens e serviços para o governo)[24]. Esse pagamento pelo governo vai gerar uma renda inicial, que terá efeitos secundários no nível de atividade da economia através do mecanismo do multiplicador e gerará uma arrecadação fiscal a depender da carga tributária. No final desse processo, se essa receita tributária for inferior ao gasto público, haverá inicialmente um incremento da dívida pública ou mesmo um incremento da base monetária a depender do desejo dos bancos e das pessoas em reterem moeda.

Até aqui tratamos, por simplicidade, do financiamento inicial do gasto público a partir de recursos existentes na Conta Única. Esses recursos chegam à Conta Única seja por meio de arrecadações tributárias passadas (geradas a partir de um gasto e um multiplicador da renda em períodos anteriores) ou por meio da venda de títulos públicos. Nesse último caso, é fundamental o papel da autoridade monetária no financiamento do Tesouro Nacional. Se abrirmos o setor público separando Tesouro e

---

[24] Para uma descrição da relação Tesouro (autoridade monetária) e os debates de política monetária daí decorrentes ver Serrano e Pimentel (2017).

Banco Central, observa-se que esse financiamento pode ser direto, ou indireto, dependendo da institucionalidade de cada país. No financiamento direto, a autoridade monetária desconta títulos do governo e debita nova base monetária diretamente na conta do Tesouro. Em vários países, como o Brasil, esse tipo de operação é vedado por lei, então o financiamento tem que ser feito de forma indireta. No financiamento indireto, a criação inicial de crédito, ou o aumento de recursos na conta do Tesouro se origina dos depósitos feitos por um banco privado que compra diretamente os títulos públicos. Entretanto, caso seja preciso reestabelecer a quantidade de moeda no mercado interbancário de forma que a taxa de juros se encontre na meta estabelecida pelo Banco Central, este pode comprar títulos públicos na carteira dos bancos privados. Assim, a autoridade monetária financia de forma indireta o Tesouro.

Ao longo do tempo, quanto maior a carga tributária, maior será a parcela do gasto público financiada por arrecadação de impostos e menor por emissão de dívida pública e moeda. Entretanto, como a tributação retira poder de compra do setor privado, reduzindo o efeito multiplicador do gasto, menor será o impacto do gasto sobre o produto, a renda e o emprego. Por outro lado, é importante lembrar que esse efeito redutor será tanto maior quanto maior for a propensão a gastar da fonte do tributo. Como geralmente as classes sociais com menor poder aquisitivo consomem uma maior parte da sua renda recebida, uma tributação proporcionalmente mais elevada para as classes ricas será acompanhada por um maior consumo das famílias e por isso mais favorável ao crescimento econômico.

Subir impostos para superar a crise?

Um outro aspecto distributivo se relaciona ao endividamento público e os juros pagos pelo governo. Naturalmente um valor muito elevado de transferências de recursos públicos para os detentores da dívida tem impacto negativo sobre a distribuição de renda. Entretanto, temos que isolar os dois elementos centrais dessa conta: o estoque da dívida e a taxa de juros. No arcabouço teórico aqui seguido, a taxa de juros é determinada exogenamente pelo governo, seja a de curto prazo (determinada pelos comitês de política monetária), seja a de longo (determinada em leilões pelo Tesouro). Esta característica se relaciona diretamente com o fato de que não há risco de inadimplência da dívida pública, ou seja, não é necessário pagar um "prêmio de risco por sua venda". Assim, eventuais expectativas altistas da taxa juros, podem ser contornadas com a venda em leilões de dívida de mais curto prazo e/ou indexada à inflação ou ao câmbio, sem implicar em qualquer dificuldade de financiamento do Tesouro Nacional. Por sua vez, a determinação em si da taxa de juros depende de uma série de variáveis e objetivos de política econômica.

Além desses efeitos derivados da forma de financiamento do gasto, é importante também analisar as implicações distributivas da intervenção do governo no impacto indireto das políticas de austeridade sobre o nível de emprego, poder de barganha do trabalhador e determinação de salário. Um governo fiscalista, que não estimula a atividade econômica, cria, com o desemprego, uma situação de fragilidade da classe trabalhadora, que contribui diretamente para a perda de poder de barganha e para a depressão dos salários reais. A retórica da austeridade, nesse caso, auxilia na destruição de políticas de desenvolvimento e bem-estar social.

Podemos dar uma maior concretude à discussão mais abstrata desenvolvida anteriormente utilizando hipóteses numéricas e o multiplicador keynesiano numa economia fechada. Suponhamos uma economia fechada com propensão a consumir em média o equivalente a 60% da renda e a carga tributária equivalha a 15% do PIB (assumindo que exista apenas o imposto sobre a renda). Assumindo preços constantes e que os investimentos privados da economia somem inicialmente R$ 300 (e não variem no período analisado em nosso exercício), se o governo elevar seu gasto autônomo de R$ 300 para R$ 500, tudo o mais constante, a variação no nível do PIB será de cerca de R$ 408. O aumento da arrecadação tributária será de cerca de R$ 61 e o incremento do déficit público (emissão de base monetária ou aumento da dívida mobiliária) seria de R$ 139. Já se a carga tributária fosse elevada de 15% para 30%, o PIB cresceria apenas R$ 155 com a mesma expansão dos gastos públicos, pois haveria uma forte contração do consumo das famílias, mais do que compensando o aumento do gasto do governo. A arrecadação tributária, por sua vez, cresceria R$ 230, fruto da ampliação do PIB, mas principalmente do aumento da alíquota de imposto, gerando, assim, uma redução de R$ 30 do déficit público.

Nesse exemplo, como simplificadamente não estamos assumindo variação da base monetária, todo o gasto público corresponde à variação da dívida pública ou dos tributos. No primeiro exemplo em que a expansão dos gastos não é seguida por um aumento da carga tributária, há aumento de 13 pontos percentuais da relação dívida pública/PIB. Já no segundo exercício, com aumento da carga tributária, essa relação aumenta em 5 pontos percentuais do PIB (mas às custas de um aumento bem menor do PIB).

Quais as conclusões que podemos tirar desse exemplo muito simples? Bem, a conclusão óbvia é que elevação de impostos não é uma estratégia eficiente em momentos que a política econômica busca expansão da demanda agregada, do produto e do emprego. Além disso, em nosso exemplo, os demais gastos privados autônomos (investimentos) permanecem constantes. Se numa forte crise, como a de agora na qual os gastos privados continuam se contraindo, o aumento da carga tributária (para um patamar de 45% do PIB, por exemplo), mesmo que acompanhado de expansão dos gastos públicos, poderia ainda assim resultar em contração do PIB.

Entretanto, há algo mais que esse exemplo nos diz. Partimos da premissa de que uma expansão da dívida em moeda local não tem nenhum impacto sobre a "solvência do Estado", afinal esse problema não existe em um país que emite sua própria moeda, e nem no seu custo, uma vez que este acompanha a tendência da taxa de juros de curto prazo, a qual é uma variável autônoma de política econômica do governo. Entretanto, ela tem uma consequência distributiva, uma vez que, para uma dada taxa de juros, um maior estoque de dívida representará uma transferência de renda para os estratos rentistas do setor privado.

O aumento da carga tributária, por outro lado, se proveniente de tributos progressivos sobre a renda ou sobre o estoque de riqueza, pode ter um efeito redistributivo em favor dos trabalhadores em termos da renda líquida de impostos recebida pela sociedade. Contudo, está claro que, numa crise de forte queda dos gastos privados, é necessária uma expansão do gasto público para sustentar a demanda efetiva e que tal ação irá expandir o déficit e a dívida pública. Embora a elevação de carga tributária possa diminuir o efeito das transferências para a classe de rentistas por meio da dívida pública, a elevação de impostos neste momento pode causar uma redução na demanda agregada devido a seu efeito sobre a renda disponível para consumo.

Como aumentar o impacto da política fiscal no crescimento?

Algumas opções podem maximizar o impacto expansionista do governo na economia, minimizando os elementos que podem afetar negativamente a distribuição de renda. Em primeiro lugar, dadas condições – principalmente externas – favoráveis, as taxas de juros devem ser mantidas baixas de forma a minimizar a transferência de recursos para os detentores da dívida. Segundo, se no médio prazo a intervenção do governo provocar a recuperação da taxa de crescimento da economia para um nível, de preferência, acima da taxa de juros real, a relação dívida pública/PIB cairá naturalmente, reduzindo eventual impacto negativo sobre a distribuição de renda.

Como já dito antes, uma tributação progressiva pode ter um impacto mais reduzido no efeito multiplicador, sem penalizar o crescimento econômico, e também contribuir para redução de desigualdades. Entretanto, num momento de queda acentuada de gastos privados, sem contar com as dificuldades técnico-políticas que a criação de tributos apresenta, há a necessidade de uma intervenção do governo que não esteja constrangida e que se maximize o efeito distributivo de tal expansão por meio de uma reforma tributária fortemente progressiva.

Em suma, em um momento de grave crise econômica o mais importante é liberar de amarras políticas e ideológicas o único agente capaz de mover-se contraciclicamente: o Estado nacional. Enquanto se mantiver um quadro deprimido da economia e do gasto privado, continuará a ser crucial uma atuação decididamente ativa do Estado, tanto pelo lado do gasto como pelo da organização da produção em um ambiente de mudanças estruturais importantes. Como buscamos mostrar neste capítulo, é perfeitamente possível o governo manejar os instrumentos de política econômica para estimular um maior crescimento, e assim reduzir o desemprego, atenuando aspectos distributivos, mantendo baixas taxa de juros e mudando a estrutura tributária.

Referências

Oxfam. Quem paga a conta? Oxfam, 2020. Disponível em: https://www.oxfam.org.br/quem-paga-a-conta/

Serrano, F.; Pimentel, K.. Será que "Acabou o Dinheiro"? Financiamento do gasto público e taxas de juros num país de moeda soberana. *Revista de Economia Contemporânea*, 21(2), 2017.

4. A dívida pública e o complexo de Cinderela

Julia Braga[25], Franklin Serrano[26]

Analistas projetam que a razão entre a dívida bruta do setor público e o PIB deve alcançar um número próximo a 100% no final de 2020. Prever esta razão não é tarefa fácil. Diversos fatores influenciam esse indicador, incluindo a própria atuação da política monetária com as corriqueiras operações compromissadas.

De fato, em 2017 a instituição fiscal independente previa que a dívida bruta/PIB atingiria 83,9% do PIB em 2019[27]. O IPEA também estimava um número superior a 80% (Nota Técnica de 2016)[28]. Já o Tesouro Nacional superestimou o indicador, mesmo considerando o retorno dos créditos do BNDES (relatório do 3º quadrimestre de

---

[25] Professora Associada da Faculdade de Economia da Universidade Federal Fluminense (UFF).

[26] Professor Associado da Universidade Federal do Rio de Janeiro (UFRJ).

[27] https://www2.senado.leg.br/bdsf/bitstream/handle/id/531520/RAF_08_2017_pt05.pdf

[28] https://www.ipea.gov.br/portal/images/stories/PDFs/conjuntura/161201_cc32_nt_simulacoes_trajetoria_divida_bruta_governo_federal.pdf

2017)[29]. A dívida bruta fechou o ano de 2019 em 75,8%, apresentando queda em relação ao número de 2018.

O dado de junho de 2020 (85,5%) já indica uma elevação, em parte explicada pela própria queda do PIB. Mas outra parte pode ser atribuída ao aumento do déficit fiscal primário, que acaba pressionando seja a uma colocação de títulos nas operações compromissadas do Banco Central, seja a emissões primárias nos leilões do Tesouro Nacional. Além disso, há também a própria política de expansão monetária, como a diminuição do compulsório para depósitos a prazo. A expansão da liquidez liberou recursos que no final em boa parte acabaram aplicados em títulos públicos à taxa de juros vigente.

Esse aumento tem causado preocupações, mas uma análise realista deve considerar antes de tudo que, dada a crise, a elevação da dívida pública deve ser generalizada em diversos países. Em segundo lugar, que a taxa de juros nominal de curto prazo do FED[30] deve ficar próximo a zero por pelo menos até 2022. Recentemente, o presidente do FED sinalizou enfaticamente que os juros só voltarão a subir quando a economia americana se recuperar completamente e atingir altos níveis de emprego e a inflação média, como tendência, ultrapassar a meta de 2%. Jerome Powell quis deixar claro para o mercado que a mera recuperação do nível de atividade ou uma subida temporária da inflação nos EUA não levarão a aumentos na taxa básica de juros americana (Powell, 2020).

O fato da taxa de juros brasileira ter se tornado mais "selicada" (cerca de 50% formada por operações compromissadas e letras financeiras do Tesouro), com prazos

---

[29] https://sisweb.tesouro.gov.br/apex/f?p=2501:9::::9:P9_ID_PUBLICACAO:31012

[30] FED: Federal Reserve, o correspondente ao Banco Central nos EUA.

mais curtos, faz com que a reação de queda do custo real da dívida seja rápida, quando a taxa de juros real de curto prazo cai. Assim, a emissão de nova dívida já ocorre a juros baixos em termos históricos e aos poucos o custo do estoque da dívida também cai. Ademais, como nos países avançados, no Brasil a crise levou a um aumento considerável dos montantes de papel moeda em poder do público, provavelmente por conta da menor mobilidade física da população, em razão da pandemia da Covid-19, reduzir o número médio de transações por unidade de renda (e outros motivos precaucionais), o que reduziu a velocidade de circulação da moeda. Isto significa que uma parte maior da expansão monetária e do déficit primário crescente não se transformam em aumento da dívida pública e sim num passivo do setor público, a base monetária, que tem custo nominal zero para o governo.

O recente aumento da diferença entre os juros longo e curto dos títulos públicos tem levado a muita discussão sobre o suposto "risco fiscal". Mas a diferença entre os juros longo e curto da dívida pública na realidade mede basicamente o temor do mercado de que no futuro a taxa de curto prazo do Banco Central aumente, seja por qualquer motivo, que leve o Banco Central a subir esta taxa.[31]

No caso de países emergentes como o Brasil, os principais elementos que acabam reduzindo o grau de liberdade do Banco Central ao fixar suas taxas de juros ao longo do tempo são as condições externas. Estas dependem muito das taxas de juros curtas fixadas pelo FED, das taxas lon-

---

[31] Para uma crítica à noção de risco fiscal ver Serrano e Pimentel (2017). Análises teóricas e discussão recente das estimativas empíricas desta relação causal entre taxas curtas e taxas longas são encontradas em Deleide e Levrero (2019) (para os EUA) e Akram (2020) (para vários países inclusive o Brasil).

gas dos títulos do Tesouro americano (que refletem a evolução esperada pelo mercado da taxa curta), assim como da volatilidade dos preços dos ativos e algumas commodities no mercado internacional que influenciam a evolução geral dos *spreads* de risco e o montante de fluxos de capitais para os países emergentes (ver Aidar e Braga, 2020).

No Brasil, a diferença entre a taxa longa e a curta alcançou cerca de 5 pontos percentuais (considerando a taxa de anos) durante a pandemia da Covid-19. Nada que não tenha ocorrido no passado: número semelhante foi alcançado em meados de 2018, mesmo sem pandemia, como podemos observar na figura 4.1. Já no caso da diferença entre a taxa DI de 5 anos e a taxa Selic, o nível alcançado recentemente é inferior ao da crise do Subprime.

Figura 4.1 – Diferença entre juros longos (10 anos ou 5 anos) e a Selic

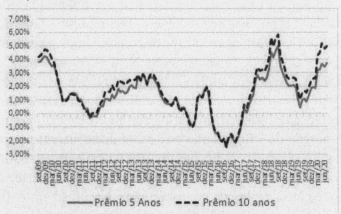

Fonte: Banco Central do Brasil. Elaboração própria.

Enquanto o déficit primário estiver aumentando (em relação ao PIB) e o Banco Central estiver aumentando a liquidez acima do que o público deseja reter de moeda à taxa de juros vigente (ou comprando títulos privados), o crescimento da razão entre dívida bruta e PIB é inevitável. Mas a mudança a um novo patamar não significa necessariamente que esta vai assumir uma trajetória explosiva ao longo do tempo.

Como foi admitido recentemente pelo próprio presidente do Banco Central, o que mede corretamente o crescimento do passivo do governo é o aumento da dívida líquida do setor público (que corresponde apenas ao déficit primário mais juros reais) e não da dívida bruta (Valor, 2020). E é também o aumento da dívida líquida que aumenta as transferências de juros reais para os detentores de dívida pública. Essas transferências foram altas e um importante elemento de concentração de renda e riqueza durante todo o período de baixa inflação no Brasil. Mas a recente redução da taxa de juros real para níveis próximos a zero mudou esse cenário.

Apesar de uma parcela do déficit ser financiada por moeda, é o público que escolhe o quanto deseja reter de moeda. Dessa forma, não se pode contar como certo, nem prever tal tipo de financiamento. Nem o Tesouro nem o Banco Central tem controle direto sobre esta parcela do déficit primário financiada por emissão monetária. Mas, mesmo que o déficit primário seja muito elevado como proporção do PIB, quando esta razão fica constante, para estabilizar a razão dívida líquida/PIB no longo prazo basta que o PIB cresça em termos reais a uma taxa superior à taxa de juros real paga por esta dívida. No Brasil em 2019 o indicador de endividamento já havia alcançado esta condição de estabilidade, no que diz respeito à razão entre juros reais e crescimento do PIB. É de se esperar que esta condição de estabilidade volte a ser atendida a partir do ano que vem, se não houver nova queda do PIB a partir do patamar deprimido de 2020. Com a recuperação do PIB, o aumento da arrecadação tenderá num prazo mais longo a estabilizar também a razão entre déficit primário e PIB.

O fato é que o Brasil tem agora uma janela de oportunidade com os juros internacionais baixos para expandir gastos públicos necessários ao enfrentamento da crise e à construção de um novo paradigma de política econômica, com o Estado atuando na proteção social e tendo os investimentos no setor de saúde, a reconversão industrial e a preservação do meio ambiente como elementos centrais. O grande perigo no momento não é, portanto, o Estado gastar e se endividar demais. Dada a gravidade da crise e a impossibilidade de os gastos do setor privado liderarem a recuperação neste momento, o perigo real é fazer de menos: sair do Estado de Emergência e manter regras fiscais restritivas como o Teto de Gastos, o que desperdiçaria essa janela de oportunidade e tornaria inviável esta reconstrução.

O ministro da Economia, no entanto, já avisou que no final deste ano a "carruagem vai virar abóbora" e em 31 de dezembro voltam a austeridade fiscal e as reformas (Beck; Lima, 2020). Isso não é surpreendente para alguém que tem "complexo de Cinderela" e diz crer que o investimento direto estrangeiro milagrosamente virá nos salvar, a despeito de nossa estagnação econômica e das políticas públicas equivocadas.

Referências

Aidar, G.; Braga, J. Country-risk premium in the periphery and the international financial cycle 1999-2019. *Investigación económica*, ISSN 0185-1667, v. 79, n. 313, p. 78-111, 2020.

Levrero, E.S.; Deleidi, M. The Causal Relationship Between Short- and Long-Term Interest Rates: an Empirical Assessment of the United States. 29/04/2019.

Serrano, F.; Pimentel, K. Será que "Acabou o Dinheiro"? Financiamento do Gasto Público e Taxas de Juros num País de Moeda Soberana. *Revista de Economia Contemporânea*. 21(2), 2017, p. 1-29. (*Journal of Contemporary Economics*) ISSN 1980-5527. Disponível em: http://dx.doi.org/10.1590/198055272123.

Akram, T. A Simple Model of the Long-Term Interest Rate by Tanweer Akram*. General Motors. Working Paper n. 951. Levy Economics Institute, April 2020.

Powell, J. New Economic Challenges and the FED's Monetary Policy Review, 27/08/2020. Disponível em: https://www.federalreserve.gov/newsevents/speech/powell20200827a.htm

Valor. BC defende dívida líquida como termômetro fiscal. 01/06/2020. Disponível em: https://valor.globo.com/brasil/noticia/2020/06/01/bc-defende-divida-liquida-como-termometro-fiscal.ghtml

Beck, M.; Lima, M.S. Pandemia faz até 'Chicago Boy' Guedes abrir cofres públicos. UOL. 16/07/2020. Disponível em: https://economia.uol.com.br/noticias/bloomberg/2020/07/16/pandemia-faz-ate-chicago-boy-guedes-abrir-cofres-publicos.htm

5. Sobre o diagnóstico falacioso da situação fiscal brasileira

Esther Dweck[32], Pedro Rossi[33] e Guilherme Mello[34]

Desde 2015, quando o cenário econômico se deteriorou e houve uma redução significativa dos resultados fiscais e ampliação da dívida pública, o diagnóstico dominante é que a culpa da crise brasileira é do gasto público e a solução passa pelo corte dos gastos e a redução do Estado. Nesse mesmo período, atravessamos um quadro de recuperação econômica mais lenta da história, altas taxas de desemprego, aumento da desigualdade e empobrecimento de parcela significativa da população. Esse quadro é semelhante ao que ocorreu no mundo desenvolvido após a crise de 2008/2009, onde o debate internacional está mais adiantado do que no Brasil.

Em setembro de 2019, publicamos um artigo na *Folha de São Paulo* com o título "Por que cortar gastos não é a

---

[32] Professora Associada do Instituto de Economia da Universidade Federal do Rio de Janeiro (IE/UFRJ), Coordenadora do Curso do Grupo de Economia do Setor Público Gesp-IE/UFRJ, Ex-Secretária do Orçamento Federal (2015-2016).

[33] Professor Doutor do Instituto de Economia da Unicamp e pesquisador do Centro de Estudos de Conjuntura e Política Econômica (Cecon).

[34] Professor Doutor do Instituto de Economia da Unicamp.

solução para o Brasil ter crescimento vigoroso?"[35], questionando o diagnóstico das autoridades e de muitos economistas de que o desequilíbrio fiscal é a raiz dos problemas econômicos e o excesso de gastos públicos é a sua causa. Procuramos mostrar que além de tal diagnóstico não ser confirmado pelos números, ele tem sido utilizado para defender uma política de ajuste fiscal, que reduziu o investimento público ao menor nível em 50 anos, reduziu gastos sociais não obteve sucesso em controlar o déficit público.

O artigo teve grande repercussão ao contrapor as ideias dogmáticas de alguns economistas e, desde então, aprofundou-se o debate sobre o papel da política fiscal na atual crise econômica e nas alternativas para superá-la. Nesse capítulo, pretendemos retomar pontos discutidos no artigo original e no artigo que se seguiu para esclarecer pontos do artigo original cujo o título era "Por que o crescimento do gasto público não explica a crise fiscal?"[36].

Em contraposição à visão de uma parcela dos economistas brasileiros e repercutindo argumentos que têm sido abordados em outros países, pretendemos discutir algumas ideias centrais sobre o gasto público no Brasil: i) o diagnóstico da situação fiscal brasileira está equivocado – o crescimento do gasto público não é o fator causador da crise econômica, tampouco foi principal responsável pelo crescimento da dívida pública até a pandemia; ii) o corte de gastos não gera crescimento, ao contrário, tende a agravar o quadro de lenta recuperação; iii) é possível estabilizar dívida pública mesmo com crescimento dos gastos públicos.

---

[35] https://www1.folha.uol.com.br/mercado/2019/09/por-que-cortar-gastos-nao-e-a-solucao-para-o-brasil-ter-crescimento-vigoroso.shtml

[36] https://www1.folha.uol.com.br/mercado/2019/10/por-que-o-crescimento-do-gasto-publico-nao-explica-a-crise-fiscal.shtml

O diagnóstico está errado: a culpa não é do gasto público

A ideia de que o governo precisa cortar gastos para voltar a crescer ganhou *status* de mantra. Argumentos falsos e mesmo um tanto infantis como "acabou o dinheiro" e "o Brasil quebrou", em conjunto com as frequentes comparações do orçamento do governo com o orçamento de uma família, têm promovido um ambiente que deixa pouco espaço para o debate qualificado.

Com a pandemia da Covid-19 ficou nítido o que economistas heterodoxos sempre argumentaram de que não, o país não quebrou e o dinheiro não vai acabar enquanto o Estado puder exercer suas funções fiscais na sua própria moeda e alocar recursos a partir das escolhas da sociedade. No entanto, é fato que o Brasil apresentava, mesmo antes da pandemia, um déficit público elevado se comparado a períodos anteriores, e houve um aumento da dívida pública desde 2014. Mas qual é a causa do aumento dessa dívida?

Entre 2007 e 2014, a dívida bruta se manteve relativamente estável em torno de 57% do PIB. Nesse período, os juros nominais contribuíram em média com 5,6 pontos percentuais (p.p.) do PIB por ano para o aumento da dívida, enquanto o crescimento do PIB nominal contribuiu em montante semelhante (5,6 p.p.) para a redução da dívida. O resultado primário, que se manteve positivo ao longo de quase todo aquele período, teve um impacto médio de 2,0 p.p. para explicar a redução da dívida, enquanto a aquisição de reservas internacionais e outras emissões representaram um efeito médio de 2,3 p.p. para a elevação da dívida. Dessa forma, o efeito das emissões líquidas ao longo desse período foi neutro para a dinâmica da dívida.

Figura 5.1: O que contribuiu para aumentar e diminuir a dívida brasileira*?

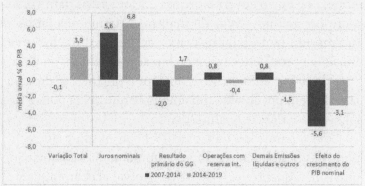

Fonte: Banco Central do Brasil. Elaboração própria. *Variação total e fatores condicionantes da evolução da Dívida Bruta Governo Geral.

Já entre 2015 e 2018, o aumento da dívida bruta se deveu a três condicionantes principais: a péssima performance do crescimento econômico, que reduziu seu efeito para redução da dívida (-3,1 p.p.) e o aumento do efeito dos juros nominais (cuja contribuição passa de 5,6 p.p. para 6,8 p.p.). Os déficits primários, por sua vez, invertem o sinal da contribuição, mas respondem por apenas 1,7 p.p. do PIB/ano do aumento da dívida bruta ao longo do período, enquanto as operações com reservas internacionais e outras emissões passam a contribuir para uma queda da dívida, mais do que compensando o efeito do resultado primário.

Sendo assim, o resultado primário não é o principal fator explicativo e os aumentos recentes da dívida pública decorrem principalmente dos gastos com juros e da queda do crescimento econômico. Ademais, o crescimento dos gastos públicos tampouco é o principal fator explicativo da evolução do superávit primário. Ao analisar o comportamento dessa variável temos que as despesas e receitas cresciam, mesmo que em desaceleração, até uma crise econômica derrubar as receitas. Ou seja, o que explica o aumento do déficit primário é a crise e a queda de receitas, não o crescimento das despesas, que desacelerou.

A taxa de crescimento real das despesas primárias do Governo Federal desacelerou de 5,2% ao ano no período de 2003 a 2010 para 3,5% no período de 2011 a 2014 e, finalmente, para 0,5% no período de 2015 a 2018. No entanto, a desaceleração das receitas nesses períodos foi maior, o que resultou na deterioração do resultado primário como discutido acima.

Figura 5.2: Taxas de crescimento da receita e despesa primárias federais (média anual)

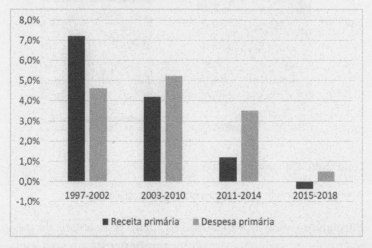

Fonte: Siafi. Cálculos de Rodrigo Orair e Sergio Gobetti (inclui subsídios do BNDES nas despesas)

Ao analisar a evolução da composição das despesas entre 2002 e 2014, apontado por alguns como o período de "gastança", não se verifica um aumento substantivo dos gastos do Governo Federal em relação ao PIB, tampouco da proporção do gasto com pessoal, que se reduz em 0,7 p.p. do PIB. As despesas que aumentam são as transferências para as famílias (0,6 p.p. do PIB), educação (0,5 p.p.), investimentos (0,3 p.p.) e despesas correntes (0,3 p.p.). Portanto, o maior aumento relativo foi dos investimentos públicos. Os investimentos cresceram em média 8,5% ao ano entre 2003 e 2010 e caíram 31% em média por ano, entre 2015 e 2018.

Figura 5.3: Composição das despesas primárias federais (% PIB)

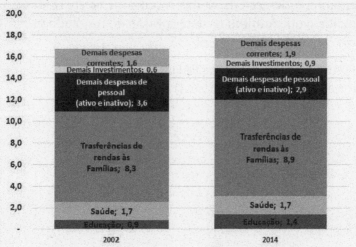

Fonte: Siafi. Elaboração própria.

O remédio está errado: corte de gastos não gera crescimento

Para além dos mitos criados em torno do excesso de gastos públicos, o debate brasileiro também está preso à ideia de que o ajuste fiscal e o corte de gastos contribuem para o crescimento econômico, a chamada tese da "contração fiscal expansionista", formulada por Alberto Alesina e outros economistas italianos na década de 1990. Essa tese passou a ser desconstruída, desde 2012, pelos fatos e por novos estudos, inclusive do FMI, demonstrando as falhas da metodologia utilizada para embasar a conclusão.

Como argumentou Paul Krugman, a austeridade é um culto em decadência e a pesquisa que lhe dava suporte foi desacreditada. Há estudos que mostram que, além do efeito recessivo, a austeridade também provoca um aumento da dívida pública e uma piora da desigualdade social. Mesmo autores como Alesina, Favero e Giavazzi (2018) reconhecem que a austeridade fiscal é contracionista no curto prazo e tem efeitos diferentes de acordo com as especificidades de cada país, como já discutido no capítulo 2 deste livro.

No Brasil, defensores da austeridade têm argumentado que somos um caso especial em que a expansão do gasto "perdeu grande parte da sua eficácia" e o multiplicador fiscal é baixo. Entretanto, os autores tropeçam nos dados e usam variáveis de resultado, como o déficit público, para ilustrar um estímulo fiscal, misturando a dinâmica das receitas e das despesas. Gobetti, Orair e Nascimento (2018) mostram que no ano de 2015, por exemplo, os elevados déficits primário e nominal são consequências do movimento das receitas. Simultaneamente, ocorreu uma forte contração de despesas, implicando um impulso fiscal negativo de 1,5% do PIB.

Diversos trabalhos empíricos têm adotado diferentes metodologias para estimar os multiplicadores fiscais, dos quais se destacam os trabalhos de Auerbach e Gorodnichenko. Essa literatura indica que esses multiplicadores são relativamente elevados, apontando para a possibilidade de que a expansão fiscal seja eficaz para estimular a demanda agregada e a produção, principalmente na situação de altíssima capacidade ociosa como existe atualmente no Brasil. Os resultados empíricos não deixam dúvida de que os multiplicadores variam ao longo do ciclo econômico. Na fase recessiva, com desemprego e capacidade ociosa, o multiplicador fiscal é maior.

Além disso algumas categorias de despesas públicas

tendem a ter um efeito sobre o gasto agregado muito maior do que outras. Para o caso brasileiro, Orair, Siqueria e Gobetti (2016), estimaram que, nas recessões, o multiplicador das despesas com investimentos, benefícios sociais e com pessoal assumem valores maiores do que 1, da ordem de 1,68, 1,51 e 1,33 respectivamente.

Diante do exposto, a interpretação de que a crise brasileira é decorrente de excessos de gastos não faz qualquer sentido, assim como cortar gastos não contribuirá para a retomada do crescimento. Não se quer com isso dizer que o desempenho macroeconômico, a partir de 2015, esteja relacionado exclusivamente ao corte das despesas públicas, pois a crise brasileira deve ser estudada a partir de suas múltiplas determinações. Entretanto, todas as evidências mostram que a virada na política econômica para a austeridade em 2015 contribuiu para o aprofundamento da recessão.

Há no Brasil, portanto, sinais de um círculo vicioso. Uma redução das despesas, em particular as de elevado multiplicador, tende a produzir um menor crescimento do PIB, gerando um impacto negativo nas receitas e nos resultados fiscais, levando a novas reduções das despesas, como ocorreu esse ano.

É possível estabilizar a dívida com crescimento das despesas públicas

Para estabilizar o indicador da dívida, é necessária uma combinação de no mínimo três variáveis: taxa de juros, crescimento do PIB e resultado primário. Os que propõem a possibilidade de que novos cortes nas despesas, numa economia em crise, irão garantir uma trajetória sustentável da dívida, assumem que esse corte não irá interferir no crescimento econômico a longo prazo. Em termos técnicos, assumem que o efeito contracionista do corte de gastos não irá comprometer o crescimento futuro. Diversos estudos recentes, como os de Larry Summers, apontam que um ajuste fiscal contracionista pode gerar uma perda permanente da capacidade de retomar um crescimento vigoroso, em linha com o que há muito é defendido na corrente heterodoxa.

Não há dúvidas de que em situações de alto desemprego e de baixíssima ocupação da capacidade produtiva, períodos em que possivelmente os multiplicadores fiscais são ainda maiores, a ampliação dos gastos públicos pode contribuir para o crescimento da economia. No entanto, em uma perspectiva de longo prazo, o próprio crescimento econômico decorrente do gasto público pode levar à expansão da capacidade produtiva e à elevação da produtividade de forma que o gasto público pode ter um papel relevante não apenas numa situação de crise, mas para manter uma taxa de crescimento econômico mais sustentada.

Como já demonstrado há mais de 70 anos, a elevação dos gastos pode ser feita inclusive de forma a manter o orçamento equilibrado e ainda assim ter efeitos positivos sobre a economia, que tendem a ser ainda maiores se houver uma melhora distributiva, decorrente da arrecadação de tributos e da destinação do gasto público, contribuindo para ampliar os multiplicadores do gasto público. Para isso, além da compensação parcial por efeitos positivos do crescimento do PIB sobre a arrecadação, pode haver uma reforma tributária progressiva que eleve a tributação, tanto por revisão de desonerações quanto pela taxação dos mais ricos conforme proposto no documento "Tributar os mais ricos para sair da crise".

Há diversos exemplos na história econômica recente de contração da dívida com a combinação de juros baixos, reforma tributária progressiva e ampliação dos gastos públicos no PIB para a formação de Estado de Bem-Estar Social. Na figura 5.4, apresentamos uma série longa da razão dívida/PIB e da participação dos gastos públicos no PIB para EUA e Reino Unido. Como pode ser visto, durante a II Guerra Mundial, houve uma forte elevação dessa razão, comum a períodos de guerra que exigem forte expansão dos gastos e há contração da atividade econômica. No entanto, pós-II Guerra Mundial até o final da década de 1970, período de consolidação dos Estados de Bem-Estar Social, ainda que parcial nos EUA, o gasto público passa de 11,5% para 31,5% do PIB nos EUA e de 27,4% para 44,4% do PIB no Reino Unido. Nesse mesmo período, a dívida pública passa de mais de 90% para 34,3% do PIB nos EUA e de mais de 200% para 30,4% no Reino Unido. Esse é o período conhecido como a Era de Ouro do Capitalismo e há diversos estudos que associam a fase áurea do capitalismo com a expansão dos gastos nas potências centrais.

Figura 5.4: Razão dívida/PIB e participação dos gastos no PIB para países selecionados

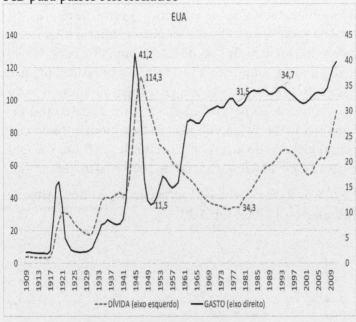

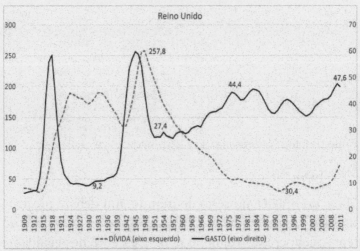

Fonte: FMI. Elaboração própria.

77

Mesmo no Brasil, nos anos 2000, quando começamos a consolidar o nosso Estado de Bem-Estar Social, tivemos trajetória parecida, ainda que sem a "perna" da reforma tributária progressiva. O gasto público primário total (todos os entes da federação) sai de 30,2% em 2002 para 34% do PIB em 2014, enquanto a dívida bruta retrai de 76% para 61,6% do PIB (pela metodologia antiga) no mesmo período. Assim como no gráfico dos EUA e Inglaterra, o forte aumento da dívida está associado a momentos de crise econômica, como a crise financeira de 2008, no caso dos países desenvolvidos, e a crise de 2015 e 2016, no Brasil.

Figura 5: Razão dívida/PIB e participação dos gastos no PIB do Brasil (2002-jul/2020)

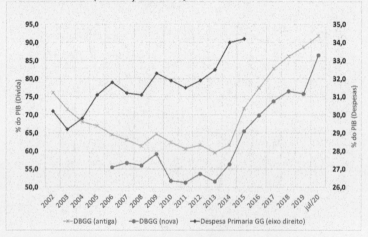

Fonte: Tesouro Nacional. Elaboração própria.

Considerações finais

Já há, no Brasil e no resto do mundo, um debate construtivo em torno de ideias capazes de reverter o cenário de lenta recuperação mundial com crescente desigualdade. É fundamental atualizar o debate econômico brasileiro e superar as visões mais dogmáticas que ainda persistem.

Do ponto de vista social, faz pouco sentido a prestação de serviços públicos ficar sujeita aos ciclos econômicos. A garantia de direitos humanos, por exemplo, depende de recursos do orçamento público que são mais necessários (e não menos) em momentos de crise. Não é por acaso que junto com a crise e a austeridade fiscal, tivemos um aumento da mortalidade infantil, da miséria e do desmatamento na Amazônia legal.

Assim como no pós-II Guerra Mundial, muitos economistas apontam o aumento do endividamento durante a crise como um motivo para a volta das políticas de austeridade. Devemos recuperar aqui os ensinamentos do pós-guerra, quando se conseguiu unir uma grande maioria em defesa do pleno emprego, como o foco central dos governos. Aos que se preocupavam exclusivamente com o aumento do endividamento, Domar (1944) apelou a que todas as pessoas e organizações que "trabalham e estudam, escrevem artigos e fazem discursos, se preocupam e passam noites sem dormir – tudo por medo da dívida" gastassem até metade dos seus esforços tentando encontrar formas de recuperar a atividade econômica, assim contribuiriam de forma imensurável para o benefício e bem-estar da humanidade e para a própria solução do problema da dívida.

Melhorar a qualidade da atuação do Estado brasileiro, aumentando a sua eficácia e progressividade, deve sempre ser objeto do nosso debate. Porém, diante do quadro econômico atual, reduzir o gasto público em áreas sociais e em investimentos públicos pode apresentar um custo econômico e social muito maior do que a suposta economia de recursos, agravando ainda mais o cenário desafiador trazido pela pandemia, seja do ponto de vista fiscal, seja do ponto de vista econômico e, principalmente, social.

Referências

Alesina, A. et al. What do we know about the effects of austerity? NBER Working Paper n. 24246, jan. 2018.

Domar, E. The "Burden" of the Debt and the National Income. The American Economic Review, v. 34, n. 4, p. 798-827, dez. 1944.

Gobetti, S.; Orair, R.; Nascimento. Resultado Estrutural e Impulso Fiscal: aprimoramentos metodológicos. Texto para discussão IPEA. TD 2405, 2018.

Orair, R.; Gobetti, S.; Siqueira, F. Política Fiscal e ciclo econômico: uma análise baseada em multiplicadores do gasto público, Finanças Públicas – XXI Prêmio Tesouro Nacional. 2016.

PARTE II:
Os impactos sociais da política fiscal no Brasil

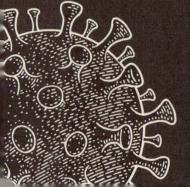

6. Por que é imprescindível revogar o Teto de Gastos?

Esther Dweck[37]

O grande objetivo do Teto de Gastos aprovado na Emenda Constitucional n.º 95/2016 (EC 95) é reduzir o tamanho do Estado brasileiro, por meio da contração das despesas públicas federais, o que impossibilitará a provisão de serviços e a promoção de direitos sociais e aumentará a desigualdade no Brasil, como já destacamos em outras publicações[38]. O não crescimento real das despesas primárias do Governo Federal resultará em uma redução do gasto público tanto em relação ao PIB, ou seja, a tudo que é produzido na economia, quanto em relação à população. Isso significa que, anualmente, o Teto de Gastos reduz o quanto o Governo Federal despende por cidadão, em um país cujo gasto per capita ainda é muito baixo frente aos serviços prestados pelo Estado.

Nos 20 anos anteriores à EC 95, no período de 1997 a 2016, o gasto primário do governo central cresceu de 14%

---

[37] Professora Associada do Instituto de Economia da Universidade Federal do Rio de Janeiro (IE/UFRJ), Coordenadora do Curso do Grupo de Economia do Setor Público (Gesp-IE/UFRJ), Ex-Secretária do Orçamento Federal (2015-2016).

[38] Dweck et al. (2018), Rossi et al. (2018).

para 19% do PIB. Esse crescimento refletiu a regulamentação dos direitos sociais pactuados na Constituição Federal (CF88). No entanto, para os seus 20 anos de duração, de 2017 a 2036, a EC 95 propõe retroceder tudo o que o país avançou nos 20 anos anteriores em termos de consolidação dos direitos sociais. Mesmo com a queda do PIB em 2020, estima-se que o gasto primário do Governo Federal retorne para a casa de 13,2% do PIB em 2036[39], como mostra a Figura 6.1.

Mesmo com a Reforma da Previdência aprovada em 2019 e com os mínimos constitucionais de saúde e educação reduzidos pela própria EC 95, todas as demais despesas federais precisarão encolher de 7,2% do PIB em 2017 para 4,1% do PIB em 2026 e para 0,7% do PIB em 2036.

Inicialmente, a EC 95 tem comprimido as despesas não obrigatórias (discricionárias), conforme demonstrado na Figura 6.1, destinadas ao custeio de todas as áreas, incluindo parte da saúde e da educação, e os investimentos do Governo Federal. No entanto, para manter o teto, será necessário a revisão das demais despesas obrigatórias que incluem todos os demais benefícios sociais, como abono e seguro-desemprego, Bolsa Família; o pagamento de servidores de todas as áreas (exceto parcialmente educação e saúde), o que significa uma contração na prestação de serviços públicos.

Claramente, essa emenda já afetou o funcionamento da máquina pública e o financiamento de atividades esta-

---

[39] Considerando a projeção de crescimento do PIB estimada pelo Governo Federal apresentada no Projeto de Lei de Diretrizes Orçamentárias (PLDO) 2021 de 2022 a 2036, que apresenta uma média próxima a 2,0% ao ano (aa.) e a expectativa de queda do PIB de 2020 e crescimento de 2021 de acordo com o Boletim Focus do Banco Central de 17/07/2020.

tais básicas e esse quadro tende a se agravar nos próximos anos como procuraremos demonstrar nesse livro.

Como pode ser visto na Figura 6.1, o espaço para despesas discricionárias no Projeto de Lei Orçamentária Anual (PLOA) 2021 já é irrisório. Não por acaso, na proposta encaminhada ao Congresso há cortes significativos em diversas áreas, com forte destaque para educação e C,T&I e para os investimentos federais. Essa situação compromete a prestação de serviços públicos e os investimentos públicos federais, além de obrigar o encerramento de diversos programas sociais. Para 2022, o limite para essas despesas será praticamente zerado.

Figura 6.1: Simulação do impacto da EC 95 nas despesas primárias do Governo Federal

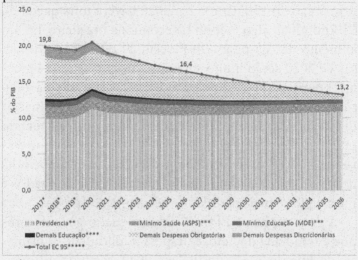

Fonte: Elaboração própria com base em dados do Tesouro Nacional. Atualiza cálculos apresentados em Dweck, Silveira e Rossi (2018). A simulação fez uso da estimativa de crescimento real do PIB e inflação do Governo Federal apresentadas nos Anexos da PLDO 2021 e do Boletim Focus de 17/07 para o ano de 2020. *Para os anos de 2017 a 2019 os valores apresentados são os valores efetivamente executados conforme dados da STN. ** Os gastos com a previdência somam o RGPS, RPPS Civil e Pensão Militar, para o ano de 2020 foram utilizadas as dotações orçamentárias constantes na LOA 2020 e as projeções para 2021 a 2036 são aquelas apresentadas em anexos específicos no PLDO 2021. ***Dados do RREO de fevereiro de 2020, Mínimo da Educação e Mínimo da Saúde foram calculados de acordo com a EC 95. *** são os demais pagamentos da função educação que contam para o Teto de Gastos, de acordo com relatório do Tesouro Nacional. **** Teto de Gastos de acordo com o Relatórios Bimestrais de Avaliação de Receitas e Despesas de vários anos e projeções com base nas projeções de inflação e crescimento real do PIB constantes do PLDO 2021. Para 2020 não estão incluídos os créditos extraordinários que serão utilizados para o combate à pandemia, pois não estão sujeitos ao Teto.

O efeito da crise econômica em 2020 sobre o Teto de Gastos gera uma distorção nos dados quando comparados como proporção do PIB. Como em 2020 haverá uma queda do PIB nominal, algo inédito na economia brasileira, há um aumento das despesas em percentual do PIB. As despesas de 2020 serão muito superiores ao previsto na Figura 6.1, pois as despesas diretamente ligadas à pandemia estão sendo executadas por meio de créditos extraordinários diante da situação de calamidade pública, que está fora do teto. A maior despesa que está sendo executada por essa rubrica refere-se ao auxílio emergencial, mas também há despesas para a área de saúde, transferências a estados e municípios e mais parcelas do seguro-desemprego.

A encaminhar o PLOA 2021, no qual o governo propõe a retomada do Teto, a despesa pública federal primária declina de 27,6% do PIB em 2020, segundo estimativas apresentadas no Relatório Bimestral do 4º bimestre, para 19,8% em 2021, uma contração jamais vista na história brasileira. Em um estudo inédito, a Coalizão Direitos Valem Mais publicou uma nota técnica[40] apontando os efeitos desse corte abrupto nas áreas de saúde, educação, assistência e segurança alimentar e nutricional. De acordo com o estudo, os valores propostos para essas quatro áreas deveriam passar de R$ 374,5 bilhões para R$ 665 bilhões, o que seria o piso mínimo emergencial para a garantir direitos essenciais, diante das necessidades urgentes ampliadas pela pandemia.

Portanto, uma melhor dimensão dos impactos da EC 95 é olhar o seu efeito sobre o gasto público per capita real decorrente das despesas primárias sujeitas ao Teto de Gastos. Como pode ser visto na Figura 6.2, o impacto da EC 95 é um corte permanente nas despesas primárias federais por cidadão (per capita). O pico em 2020 decorre de uma queda muito forte da inflação nesse ano em relação ao ano anterior, o que provocou um crescimento real do gasto superior ao crescimento populacional, o que não tende a se repetir nos anos posteriores. Essa contração das despesas per capita é o efeito mais grave da EC 95, pois o Brasil ainda apresenta um gasto por cidadão muito baixo, quando comparado a países com atuação do Estado semelhante, com um SUS, educação pública, mecanismos de transferências de renda, etc. O Brasil gasta por cidadão menos da metade da média da OCDE, sendo até três vezes menor do que países com Estados de Bem Estar Social desenvolvidos.

---

[40] Coalizão Direitos Valem Mais (2020).

Figura 6.2: Efeito do teto no gasto primário per capita do Governo Federal (R$ 2019)

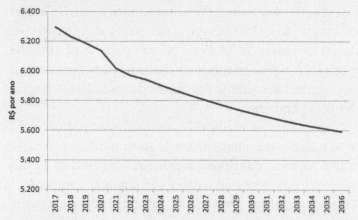

Fonte: Elaboração própria com base nos dados das LOAs 2017, 2018, 2019 e 2020; PLOA 2021; BCB- Boletim Focus de 20/11/2020; e IBGE.

Como pode ser visto na Tabela 6.1, que apresenta os dados das ações orçamentárias sujeitas ao contingenciamento[41], a contração real dessas despesas foi de 3,3% ao ano desde o início da EC 95 (2016-2019). Essa contração foi puxada pelas despesas discricionárias, que tiveram uma queda de 6,3% a.a. nesse mesmo período. As despesas apresentadas na Tabela 6.1 já tinham apresentado uma queda real no período de desaceleração e crise da economia brasileira,

---

[41] Até 2016, os Relatórios de Avaliação de Receitas e Despesas (relatórios bimestrais) e os respectivos decretos de programação orçamentária e financeira apresentavam um conceito de despesas "discricionárias" que não correspondia exatamente às despesas que poderiam ser efetivamente contingenciadas ao longo do ano. A partir de 2017, os relatórios passaram a chamar essas despesas de "despesas com controle de fluxo" que inclui tanto as discricionárias propriamente ditas, como as obrigatórias com controle de fluxo. As despesas efetivamente discricionárias são aquelas passíveis de corte, e estão marcadas no orçamento com indicador de resultado primário (RP) igual a 2, 3, 6, 7, 8 ou 9.

fruto do efeito pró-cíclico da regra de resultado primário. Ou seja, quando a economia brasileira desacelerou e a arrecadação também foi contraída, o governo realizou cortes nas despesas discricionárias ou impediu a ampliação das despesas obrigatórias sujeitas ao controle fiscal[42] como o Bolsa Família. Não por acaso, no momento de uma das maiores crises da economia brasileira, com aumento da população na extrema pobreza, o número de famílias atendidas pelo Programa Bolsa Família foi reduzido. Para a maior parte das áreas apresentadas, a contração dos gastos foi ainda maior pós-Teto de Gastos, quando as duas regras fiscais passaram a coexistir, numa situação em que vale sempre a regra mais austera. Aqui cabe um destaque para a área de ciência e tecnologia com uma queda real de quase 15% a.a. no período de vigência da EC 95 e uma queda acumulada no período de 38%.

---

[42] Obrigatórias com controle de fluxo – despesas que apesar de decorrerem de determinação legal ou constitucional, possuem características tais que permitem um controle/acompanhamento pelos mecanismos estabelecidos no Decreto de Programação Orçamentária e Financeira. No caso do Bolsa Família, não havendo previsão orçamentária, o governo pode decidir não incorporar novas famílias, mesmo aquelas que se enquadram nos critérios, não reajustar os benefícios, etc. O mesmo não ocorre por exemplo com benefícios previdenciários que são direitos garantidos a todos que atendem os critérios e que tem a regra de garantia de valor real constitucionalmente definida.

Tabela 6.1: Despesas primárias do Governo Federal sujeitas à programação financeira 2010, 2016-2019 (R$ milhões valores jan/2020 – IPCA)

Discriminação	2010	2016	2017	2018	2019*	Var. % a.a. 2010-2016	2016-2019
Despesas Sujeitas à Programação Financeira	332.351	307.450	264.022	281.682	277.774	-1,3%	-3,3%
Obrigatórias com Controle de Fluxo	113.300	147.058	136.388	145.431	145.883	4,4%	-0,3%
Benefícios a servidores públicos	7.690	14.944	14.356	13.961	14.064	11,7%	-2,0%
Bolsa Família	23.150	32.734	31.075	32.199	33.639	5,9%	0,9%
Saúde	72.777	90.567	82.513	87.259	87.930	3,7%	-1,0%
Educação	7.589	6.695	6.803	6.831	5.848	-2,1%	-4,4%
Demais	2.094	2.118	1.641	5.181	4.402	0,2%	27,6%
Discricionárias	219.051	160.392	127.634	136.251	131.891	-5,1%	-6,3%
Saúde	14.660	22.681	25.288	31.097	29.754	7,5%	9,5%
Educação	22.661	32.586	25.919	26.522	22.268	6,2%	-11,9%
Defesa	18.152	16.265	13.792	16.173	19.741	-1,8%	6,7%
Transporte	24.128	14.670	11.911	11.381	9.432	-8,0%	-13,7%
Administração	10.027	6.147	6.407	8.327	6.919	-7,8%	4,0%
Ciência e Tecnologia	7.450	6.419	4.518	4.501	3.961	-2,5%	-14,9%
Segurança Pública	4.073	2.992	3.332	3.720	3.568	-5,0%	6,0%
Assistência Social	5.145	5.222	4.399	3.517	3.905	0,2%	-9,2%
Demais	112.756	53.411	32.070	31.012	32.344	-11,7%	-15,4%

Fonte: Relatório do Tesouro Nacional. *Para o ano de 2019 foi retirado o aporte feito na Eletrobrás de R$ 34,0 bilhões fora do teto da EC 95

Conforme apresentado na Tabela 6.1, as demais despesas discricionárias apresentaram a maior queda, 15,4% a.a., entre 2016 e 2019. Portanto, se olharmos em mais detalhes apenas para as despesas discricionárias (exceto saúde e educação) no período de vigência da EC 95, como pode ser visto na Figura 6.3, as áreas mais afetadas, apresentadas por função, foram: direito da cidadania, organização agrária, desporto e lazer, habitação, encargos especiais e ciência e tecnologia, com quedas superiores a 30% em três anos, seguidos pela cultura, uma área cujo orçamento já vinha em queda acentuada desde 2015.

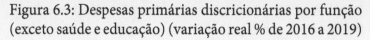

Figura 6.3: Despesas primárias discricionárias por função (exceto saúde e educação) (variação real % de 2016 a 2019)

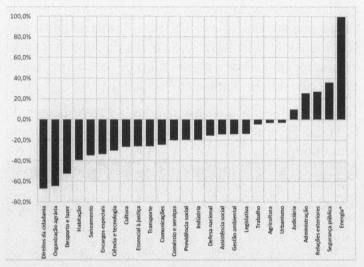

Fonte: Elaboração própria a partir de dados do Relatório da EC 95/2016 da Secretaria do Tesouro Nacional (STN). Para função energia, em 2019, houve uma execução atípica de R$ 326,0 milhões na "ação orçamentária 2.482 – Fabricação do combustível nuclear".

No caso específico dos investimentos federais, conforme apresentado na Tabela 6.2, a queda observada de 2010 a 2016, de 5% a.a., foi ampliada com a EC 95 passando para uma queda de 12% a.a. nos três anos iniciais de vigência da emenda. Diversos economistas[43] apontam que o valor atual dos investimentos federais não é suficiente nem mesmo para garantir a manutenção dos ativos existentes e impedem qualquer ampliação do estoque de capital público. Portanto, a EC 95 leva à deterioração do patrimônio público e à incapacidade do Governo Federal de ampliar

---

[43] https://valor.globo.com/brasil/noticia/2018/08/06/investimento-e-
-insuficiente-para-repor-depreciacao-do-capital.ghtml

e melhorar a infraestrutura econômica e social brasileira. Na abertura pelas principais áreas, nota-se que a maior queda ocorreu nos investimentos do atual Ministério da Cidadania, que incorporou o antigo Ministério do Desenvolvimento Social e Agrário. Um dos projetos dessa área descontinuados nesse período foi o projeto de implantação de cisternas no semiárido brasileiro.

Tabela 6.2: Despesas discricionárias – investimentos do Governo Federal (GND 4) (2010, 2016-2019) (apurado pelo valor pago)

Ministérios	R$ Milhões (valores 2019)					Part. %	Var (%) aa	
	2010	2016	2017	2018	2019	2019	2010-2016	2016-2019
Infraestrutura	22.021,0	11.663,5	10.123,6	9.515,4	7.837,4	21,7%	-10%	-12%
Defesa	11.530,8	9.922,0	8.506,3	8.231,9	7.370,1	20,4%	-2%	-9%
Desenvolvimento Regional	15.253,1	9.406,4	6.973,2	6.450,2	6.932,4	19,2%	-8%	-10%
Saúde	3.851,0	5.422,7	3.158,5	6.301,2	3.723,8	10,3%	6%	-12%
Educação	8.910,4	6.058,0	4.505,9	4.552,1	3.439,8	9,5%	-6%	-17%
Cidadania	2.058,9	2.738,6	1.093,3	995,0	1.076,7	3,0%	5%	-27%
Demais	10.044,4	7.318,2	5.575,6	5.400,7	5.820,1	16,1%	-5%	-7%
Total	73.669,6	52.529,4	39.936,3	41.446,5	36.200,4	100,0%	-5%	-12%

Fonte: Elaboração própria a partir de dados do SIAFI.

A queda nos investimentos federais se reflete, em parte, na redução das transferências voluntárias a estados e municípios. A queda só não foi maior durante a vigência da EC 95, porque a diminuição nos repasses do executivo federal foi compensada, no caso dos municípios, por ampliação das emendas individuais, que passaram a ter execução obrigatória, por determinação constitucional, a partir de 2016.

Conforme demonstrado até aqui, as primeiras despesas federais mais impactadas pela EC 95, até o momento, foram as despesas discricionárias, que já sofriam com a queda da arrecadação e os efeitos da regra de resultado primário da LRF, com seu caráter pró-cíclico, e foram fortemente contraídas nos primeiros anos da vigência da emenda. Além disso, como discutido acima, o espaço para execução dessas despesas tende a acabar nos próximos anos. Os defensores da EC 95 argumentam que essa compressão das despesas discricionárias é fruto de um excesso de despesas obrigatórias.

Em linha com esse argumento, em novembro de 2019, o Governo Federal apresentou o Plano Mais Brasil, um pacote de três propostas de emenda à Constituição (PEC) com o objetivo de reduzir gastos obrigatórios, revisar fundos públicos e alterar as regras do Pacto Federativo. Essas propostas pretendem aprofundar os impactos da EC 95, ao permitir a redução da jornada com redução de remuneração dos servidores, a redução de repasses a estados e municípios, permitir a compensação dos mínimos de saúde e educação, entre outras medidas.

No entanto, as despesas obrigatórias, que são muitas vezes consideradas as "culpadas" por essa queda nas despesas discricionárias, representam grande parte da atuação do governo e seu caráter obrigatório decorre da decisão da sociedade de garantir a sua execução. Em 2019, as transferências de renda às famílias, na forma dos principais benefícios sociais, representavam 60% das despesas obrigatórias. As despesas com servidores civis e militares, ativos e inativos, representaram mais 25% das despesas obrigatórias. Cabe lembrar, como será discutido no capítulo 8 deste livro, que no âmbito federal mais de 50% dos servidores civis são da área da educação e, somados aos servidores das áreas de economia e saúde, representam mais de 80% do total de servidores ativos civis. Dos 15% restantes das despesas obrigatórias, mais da metade é para saúde e educação, sendo quase 7% referente a outras despesas (exceto pessoal) da área de saúde e 1,6% da educação. Portanto, qualquer contração nas despesas obrigatórias passa necessariamente por rever o papel do Estado brasileiro.

Tabela 6.3: Despesas primárias do Governo Federal obrigatórias 2010, 2016 e 2019 (valores pagos)

	% do PIB 2010	% do PIB 2016	% do PIB 2019	Part. % 2019	Var (p.p.) 2010-2016	Var (p.p.) 2016-2019
I. Pessoal e Encargos Sociais + Benefícios	4,5%	4,3%	4,5%	25,5%	-0,18	0,17
I.1 Ativo Civil	2,0%	1,9%	1,9%	10,7%	-0,11	0,03
I.2 Ativo Militar	0,4%	0,4%	0,4%	2,3%	-0,03	0,01
I.3 Aposentadorias e pensões civis	1,2%	1,1%	1,2%	6,9%	-0,10	0,09
I.4 Reformas e pensões militares	0,7%	0,6%	0,7%	4,0%	-0,04	0,08
I.5 Outros	0,1%	0,1%	0,1%	0,5%	0,00	-0,03
I.6 Benefícios a servidores públicos	0,1%	0,2%	0,2%	1,1%	0,09	-0,01
II. TRANSF. ÀS FAMÍLIAS	8,3%	10,5%	10,7%	60,7%	2,20	0,23
II.1 Benefícios Previdenciários	6,6%	8,3%	8,6%	49,0%	1,75	0,32
II.2 Abono e seguro desemprego	0,8%	0,9%	0,8%	4,4%	0,14	-0,13
II.3 Benefícios de Legislação Especial e Indenizações	0,0%	0,0%	0,0%	0,1%	0,00	0,00
II.4 Benefícios de Prestação Continuada da LOAS/RMV	0,6%	0,8%	0,8%	4,7%	0,22	0,03
II.5 Bolsa Família	0,3%	0,4%	0,5%	2,6%	0,10	0,01
III. DEMAIS DESPESAS OBRIGATÓRIAS (sem controle de fluxo)	1,0%	1,7%	1,1%	6,2%	0,73	-0,62
III.1 Fundef/Fundeb - Complementação da União	0,2%	0,2%	0,2%	1,2%	0,07	0,00
III.2 Legislativo, Judiciário, MPU e DPU (Custeio e Capital)	0,2%	0,2%	0,2%	1,0%	0,03	-0,04
III.3 Subsídios, Subvenções e Proagro	0,1%	0,4%	0,2%	0,9%	0,26	-0,22
III.4 Demais	0,6%	0,9%	0,6%	3,2%	0,36	-0,36
IV. Demais Obrigatórias (com controle de Fluxo)	1,2%	1,4%	1,3%	7,5%	0,12	-0,04
IV.1 Saúde	1,1%	1,2%	1,2%	6,8%	0,15	-0,06
IV.2 Educação	0,1%	0,1%	0,1%	0,4%	-0,02	-0,01
IV.3 Demais	0,0%	0,0%	0,1%	0,3%	0,00	0,03
TOTAL	15,0%	17,9%	17,6%	100,0%	2,87	-0,26

Fonte: Elaboração própria a partir de dados do Resultado do Tesouro Nacional.

Quando aprovada, a EC 95 apresentava duas falácias, conforme apontado por Dweck (2016). Em primeiro lugar, do ponto de vista macroeconômico, afirmava que a sua aprovação levaria a um crescimento econômico acelerado e a uma redução da dívida pública. Apesar de todos os impactos da contração nas despesas primárias, não houve uma ampliação robusta do resultado fiscal no país. A dívida líquida do setor público passou de 46,1% em dezembro de 2016 para 55,7% em dezembro de 2019 e, nesse mesmo período, a dívida bruta passou de 69,8% para 75,8%. Isso se deve a dois fatores fundamentais: por um lado, o pagamento de juros que se manteve em patamar elevado, apesar da queda expressiva da taxa básica de juros; por outro lado, houve uma contração da arrecadação decorrente do fraco desempenho econômico e de uma redução na formalização do mercado de trabalho no período de vigência da emenda.

Esse resultado não é surpreendente. Desde 2010, quando os países europeus e os EUA retomaram as políticas de austeridade, após um breve período de expansão dos gastos ou de políticas fiscais mais expansivas durante a crise de 2008, há na literatura econômica diversas críticas à decisão desses países. Cada vez mais, há textos que discutem as consequências de um ajuste fiscal autodestrutivo, destacando os impactos da política de austeridade sobre a desaceleração da atividade econômica e sobre o aumento da desigualdade e gerando uma piora nos próprios indicadores fiscais.

A outra falácia, conforme tentamos demonstrar nessa seção, é a ideia de que a EC 95 não levaria a cortes sucessivos das despesas primárias federais, mas imporia apenas um "congelamento". Conforme destacam Dweck e Rossi (2018), a aprovação da EC 95:

> interferiu de forma direta num tênue balanço entre as responsabilidades fiscais e sociais. As propostas apresentadas na LRF de contingenciamento automático diante de queda de arrecadação sempre encontraram como contraponto certas obrigações sociais presentes na Constituição. (...) A aprovação da EC 95/2016 alterou de forma decisiva esse contrapeso entre LRF e Constituição, em detrimento das responsabilidades sociais. (Dweck; Rossi, 2018, p. 52)

Precisamos, urgentemente, rever as regras fiscais brasileiras, em especial, revogar o Teto de Gastos, para evitar a drástica redução da participação do Estado na economia. A manutenção da EC 95 irá impor um outro projeto de país. Trata-se de um novo pacto social, que reduz substancialmente os recursos públicos para garantia dos direitos sociais, como saúde, educação, previdência e assistência social. Nesse novo pacto social, transfere-se a responsabilidade para o mercado no fornecimento de bens sociais. Trata-se de um processo que transforma direitos sociais em mercadorias e agrava a brutal desigualdade da sociedade brasileira.

Referências

Coalizão Direitos Valem Mais. LDO/LOA 2021 E PEC 188: Piso mínimo emergencial para serviços essenciais, desmonte do estado pela PEC do pacto federativo e necessidade de mudanças urgentes nas regras fiscais. Nota Técnica. 2020. Disponível em: https://direitosvalemmais.org.br/wp-content/uploads/2020/09/NOTATECNICA_DVM_LOALDOPEC188.pdf.pdf

Dweck, E. A PEC 55 é o desmonte das conquistas sociais. *Revista Princípios*, 20 dez. 2016

Dweck, E.; Rossi, P.L. Política fiscal para o desenvolvimento inclusivo. In: Mattoso, J.; Carneiro, R. (org.). *O Brasil de amanhã*. 1a ed. São Paulo: Editora Fundação Perseu Abramo, v. 1, 2018, p. 51-94.

Dweck, E.; Silveira, F.G.; Rossi, P.L. Austeridade e desigualdade social no Brasil. In: Rossi, P.; Dweck, E.; Oliveira, A.L.M. (org.). *Economia para poucos: impactos sociais da austeridade e alternativas para o Brasil*. 1a ed. São Paulo: Autonomia Literária, v. 1, 2018, p. 32-56.

Dweck, E.; Oliveira, A.L.M.; Rossi, P. *Austeridade e retrocesso: impactos sociais da política fiscal no Brasil*. São Paulo: Brasil Debate; Fundação Friedrich Ebert, 2018.

Rossi, P.L.; Dweck, E.; Oliveira., A.L.M. (ed.). *Economia para poucos: impactos sociais da austeridade e alternativas para o Brasil*. São Paulo: Autonomia Literária, 2018.

7. Estado, desigualdade e crescimento: as falácias sobre gasto, tributação e dívida pública

Fernando Gaiger Silveira[44], Salvador Teixeira Werneck Vianna[45] e Caroline Teixeira Jorge[46]

Um dos fundamentos da abordagem econômica ortodoxa é a ideia segundo a qual os agentes econômicos são racionalmente organizados em suas atividades privadas e naturalmente imbuídos de uma propensão a realizar trocas uns com os outros para maximizarem suas funções-objetivo em direção ao pleno emprego, mas têm suas trajetórias perturbadas pela ação do Estado, que retira recursos da sociedade para suas ações e políticas (à custa de um "peso morto").

Para além de uma impropriedade do ponto de vista macroeconômico (as decisões de gasto público antecedem

---

[44] Pesquisador do Instituto de Pesquisa Econômica Aplicada – RJ. Professor da Unieuro e Professor Colaborador no PPGE/UFF.

[45] Possui graduação, mestrado e doutorado em Ciências Econômicas pelo Instituto de Economia/UFRJ. É pesquisador do Instituto de Pesquisa Econômica Aplicada desde 1998.

[46] Possui graduação em Economia pela Unicamp. É mestra e doutoranda em Economia da Indústria e da Tecnologia na Universidade Federal do Rio de Janeiro (UFRJ). Atualmente trabalha na Assessoria Técnica da Liderança da Minoria da Câmara dos Deputados.

cronológica e logicamente a arrecadação de tributos, como demonstra a Teoria Moderna Monetária), pode-se classificar essa perspectiva como uma impostura epistemológica.

A questão central é que as sociedades de mercado não surgem espontânea ou naturalmente, e o Estado não é um mero gerador de externalidades, negativas ou positivas. A rigor, os mercados como instituições reguladoras da vida social são uma criação dos Estados nacionais, como evidencia a experiência histórica – o argumento clássico é de Karl Polanyi, em *A Grande Transformação: as origens da nossa época*.

No atual contexto, em que o papel fundamental do Estado em uma economia de mercado vem sendo objeto de pesados ataques, o presente artigo identifica e critica alguns argumentos falaciosos que vêm sendo empregados, a saber: i) o Estado é regressivo por meio de suas políticas sociais; ii) o Estado é caro e oferta serviços de baixa qualidade; iii) a equidade deve ser buscada via o gasto "eficiente"; e iv) para que possamos crescer e distribuir a variável central é o equilíbrio das contas públicas. Mostraremos que são falsas verdades que obscurecem e confundem a sociedade a respeito do papel do Estado e de seus instrumentos de política para atuar sobre a desigualdade, e balizam incorretamente visões do senso comum em relação a supostas virtudes de um "Estado mínimo".

Gasto social e desigualdade

Vêm de longa data as análises de que o gasto social no Brasil apresenta desvios regressivos em sua distribuição. Para saná-los, são apresentadas propostas centradas na criação de programas focalizados e medidas que reduzam a concentração de benefícios no quinto superior da renda. Vale notar que a disjuntiva idosos x crianças quanto às transferências monetárias implica em considerar somente a inatividade, não considerando sua inserção na família e suas demandas por políticas públicas. Além disso, o gasto social que se destina às crianças pobres contempla uma gama de ações em serviços e provisão pública nunca considerados nesse balanço entre idosos e crianças. Entre esses encontram-se a educação pública – beneficiando diretamente crianças e jovens –, a saúde – em cujo gasto as crianças estão sobrerrepresentadas – e porque não as políticas de trabalho e renda para seus pais – onde se inscrevem tanto a previdência como a assistência social.

A Secretaria de Política Econômica, em 2003, apresentou um texto muito crítico à distribuição do gasto social, inclusive o não monetário, mas pecava em não observar que a chamada má focalização dos gastos previdenciários e laborais (seguro desemprego e abono) se deve, principalmente, à má focalização dos rendimentos do trabalho. Não se deseja, com essa crítica, negar a possiblidade de tornar o gasto social mais progressivo, notadamente, o previdenciário, o que se assistiu nos últimos anos devido à valorização do salário mínimo e às várias alterações na previdência (à exceção da reforma recentemente aprovada, que não deve resultar em efeitos redistributivos no curto e médio prazo, como se depreende da análise desenvolvida por Souza et al. (2018) para a emenda aglutinativa de 2019 para a reforma, cujas mudanças pouco diferem da aprovada).

Quanto às políticas de educação e saúde públicas, as estimativas mostram o alto poder redistributivo que apresentam e, para o período recente (2005 a 2015), esses ganhos cresceram devido ao aumento real do gasto nessas áreas, notadamente na educação. Nesta área, ademais, o perfil da incidência do gasto tornou-se bem mais progressivo devido à redução do gap entre o investimento público na educação fundamental e na educação superior e aos avanços na ampliação do acesso a essa última.

A despeito de todos os ganhos distributivos na política social que se assistiu recentemente, em 2017 o Banco Mundial publica relatório com o mesmo teor, concentrado na análise das políticas na distribuição de seus gastos por estratos de renda. Como dito, esquecem que várias políticas estão relacionadas com distribuições prévias: do emprego formal (logo, das contribuições previdenciárias), das oportunidades educacionais e territoriais/regionais.

A análise da distribuição do gasto segundo estratos de renda não permite afirmar se a política é progressiva ou regressiva, uma vez que incide sobre uma distribuição prévia da renda. As transferências previdenciárias e o Benefício de Prestação Continuada (BPC) se concentram nos estratos medianos (5º a 7º décimos de renda) apresentando efeitos redistributivos relativamente significativos, dado que sua concentração é inferior ao índice de Gini. Portanto, a forma mais adequada de se avaliar o impacto de um gasto é apurar a contribuição marginal à desigualdade. Isso é ainda mais importante pois a concessão de um benefício a uma família pode deslocá-la na distribuição da renda, com a possibilidade de uma transferência a uma família pobre – progressiva – ter seus efeitos distributivos mitigados por esse reordenamento na distribuição da família.

Os dados abaixo mostram os coeficientes de concentração das transferências monetárias públicas, a participação delas na renda e suas contribuições marginais ao índice de Gini da renda domiciliar per capita, segundo a Pesquisa de Orçamento Familiar (POF) 2017-2018. Fica evidente que as aposentadorias do Regime Geral de Previdência

Social (RGPS) e, em segundo plano, o Bolsa Família e o BPC têm contribuições marginais negativas ao índice de Gini, com os benefícios do Regime Próprio de Previdência Social (RPPS) apresentando o maior impacto concentrador entre as transferências. As outras transferências, seja pela concentração semelhante ao índice de Gini, seja pela baixa participação na renda, têm contribuições marginais muito reduzidas. Vale notar que a renda primária e as rendas não monetárias, pelo peso que exibem na renda total inicial, são as fontes com as contribuições marginais mais expressivas, com as não monetárias mostrando-se muito redistributivas. Considerando tão somente a renda primária monetária e a renda inicial monetária, o índice de Gini se reduz de 0,640 para 0,567, ou seja, as transferências monetárias reduzem o índice de Gini em 11,4%, logo, diminuem a desigualdade. Na comparação entre a renda primária total (monetária e não monetária) e a renda inicial total, o índice de Gini varia de 0,577 para 0,535, mostrando que a inclusão das rendas não monetárias mitiga os efeitos redistributivos das transferências previdenciárias, assistenciais e laborais.

Tabela 7.1: Decomposição da desigualdade (índice de Gini) da renda total inicial por fontes selecionadas de renda. Brasil, 2017-2018

Rendas e transferências	Coeficiente de Concentração	% na renda	% Gini	Contribuição marginal
Renda primária monetária	0,5815	66,7	72,5	0,031
RGPS	0,4333	10,7	8,7	-0,011
RPPS	0,8216	5,0	7,7	0,014
Bolsa Família	-0,5398	0,5	-0,5	-0,005
Auxílios públicos	0,1610	0,5	0,2	-0,002
Auxílios mistos	0,5132	1,2	1,1	0,000
BPC	-0,0833	0,6	-0,1	-0,004
Bolsa de estudo	0,5649	0,1	0,1	0,000
Seguro desemprego	0,2131	0,2	0,1	-0,001
Renda não monetária	0,3794	14,5	10,3	-0,023
Renda total inicial	0,5349	100,0	100,0	

Fonte: microdados POF 2017-2018 – IBGE. Elaboração própria.

A Figura 7.1 mostra o índice de Gini da renda domiciliar per capita e da renda incorporando o investimento público em educação básica, evidenciando o efeito redistributivo que a educação pública apresenta. Efetivamente, em 2015, o índice de Gini se reduz de 0,515 para 0,447 quando se incorpora à renda o investimento público em educação básica. E, como se pode notar, o impacto redistributivo se preserva mesmo com a queda na desigualdade da renda inicial, tendo, inclusive, se aprofundado a partir de 2011.

Figura 7.1: Evolução do índice de Gini da renda domiciliar per capita original (ou anterior) e com ensino básico (ou posterior), Brasil, 2001-2015

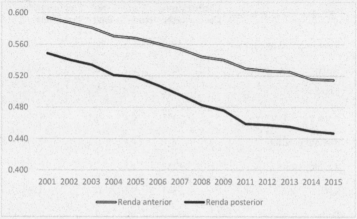

Fonte: PNAD 2001-2015. Elaboração própria.

Esses dados denotam a extrema importância que a oferta pública em educação, assim como em saúde e previdência, tem para a desigualdade de renda. Não se trata de focalização, mas sim de compromisso com valores de solidariedade e desenvolvimento, que somente o Estado pode levar a cabo em uma sociedade.

Provisão pública: onerosa e ruim

A ideia de que a provisão pública é onerosa e ruim é outra falsa verdade muito presente nos debates. Antes de se apresentar os argumentos que a balizam, vale ter presente que a ausência de avaliações mais robustas sobre a eficiência do setor público na gestão de políticas sociais, notadamente a provisão em educação e saúde é generalizada, ou seja, independentemente da afiliação teórica, é muito escassa a produção de estudos sobre eficiência e/ou qualidade da oferta pública. Por outro lado, houve um crescimento dos esforços em mensurar os impactos das políticas em relação a seus objetivos iniciais e, quando é o caso, de seus efeitos redistributivos.

Considera-se como dado que o setor público apresenta problemas de eficiência na oferta da provisão pública em saúde e educação. Esta seria ainda mais aguda pelo custo da máquina pública. Nessa análise do custo da provisão e sua qualidade, é recorrente lançar mão dos indicadores de gasto em relação ao PIB e os resultados desse gasto ao se realizar para comparações internacionais. Grosso modo, afirma-se que com carga tributária semelhante ao da média dos países da OCDE temos desempenho pífio em indicadores educacionais, de mobilidade urbana, das condições de habitação e de saúde. É raro o uso do indicador per capita dos gastos e, com ele, análises dos resultados da política. Ora, nossos gastos públicos por aluno, no caso da educação, e por habitante, no caso da saúde, são muito inferiores aos dos países centrais.

Cabe, assim, citar alguns resultados de pesquisas que mostram ser controversa a discussão acerca da qualidade da oferta pública vis-à-vis o que se despende com essas políticas. No caso da educação, o trabalho de Sergei Soares (2017) mostra que o valor da educação pública mensurada por meio do emprego de método de valoração da educação pública pelos preços praticados pela educação privada (controlando por qualidade) situa-se em patamar semelhante ao do valor do gasto orçamentário com educação por aluno. Ou seja, por esta métrica – o patamar de gasto por aluno na educação privada – o gasto público em educação no Brasil aparentemente é adequado.

No que se refere à saúde, tem-se uma situação bastante interessante na avaliação da qualidade do serviço segundo a opinião da população. Em 2011, o IPEA realizou várias pesquisas de percepção da população – Sistema de Indicadores de Percepção Social (SIPS) –, uma das quais sobre serviços públicos de saúde. Observou-se que, entre os usuários do SUS, o percentual daqueles que o consideram ruim ou muito ruim era de 27,6%, com 30,4% avaliando como bom ou muito bom. Entre os que não utilizavam o SUS, tais participações eram de 34,3% e 19,2%, respectivamente (Piola et al., 2011). Parece-nos que a má avaliação da qualidade da oferta de saúde pública por parte de alguns analistas não guarda relação com o sentimento da população de fato usuária.

Considera-se que o principal responsável pelo Estado brasileiro ser oneroso é o custo do funcionalismo, devido à presença de prêmios salariais não decorrentes dos melhores atributos do servidor e/ou de seu posto. A questão é que a discriminação salarial positiva dos funcionários públicos não é generalizada, concentrando-se no nível federal e nas chamadas carreiras de estado, sendo, ademais, pouco expressiva nos níveis estaduais e municipais. Nessas esferas é onde se localiza a maior parte dos servidores da educação e da saúde, o que aponta para os riscos de se realizar medidas de mitigação do prêmio salarial. Isso porque, de um lado, as carreiras efetivamente beneficiadas contam com força política e, de outro, pode-se levar à precarização das condições de trabalho daqueles que respondem pela educação, saúde e segurança públicas. Nesse sentido, chama a atenção o fato apontado por Costa et al. (2020) de que cerca de um terço dos funcionários públicos são informais, segundo a PNAD, situação mais presente em municípios.

Eficiência versus equidade

A terceira falácia, de cunho teórico, se refere à existência de um dilema entre eficiência e equidade no desenho de políticas públicas, em particular o sistema tributário.

Na abordagem ortodoxa, a ideia de eficiência está inserida na própria temática geral da ciência econômica. Segundo a definição ortodoxa, estabelecida há quase um século, a economia é a ciência que estuda as formas de comportamento humano diante da relação existente entre desejos e necessidades ilimitadas a satisfazer e os recursos escassos que se prestam a usos alternativos[47]. Caberia ao economista, nesta perspectiva, identificar as alocações ótimas desses recursos escassos, de maneira a satisfazer da maneira mais eficiente possível os desejos e necessidades humanas, e isto seria particularmente válido para as políticas públicas.

Assim é que, por muito tempo, prevaleceu na academia e no debate público em geral a ideia de que a intervenção com fins redistributivos do Estado deveria se dar pela via do gasto, mediante políticas sociais compensatórias, preferencialmente "focalizadas". Nessa linha de pensamento, o sistema tributário idealmente deveria ser neutro do ponto de vista distributivo; sistemas progressivos tenderiam a gerar distorções alocativas, levando a resultados agregados (PIB, Receitas do Governo etc.) subótimos.

Como suporte a essa ideia, a suposta existência do citado dilema entre eficiência e equidade deveria orientar as escolhas dos formuladores e gestores de políticas públicas. A lógica subjacente, portanto, era a de que seria mais producente, tanto da perspectiva da eficiência econômi-

---

[47] "The economist studies the disposal of scarce means. He is interested in the way different degrees of scarcity of different goods give rise to different ratios of valuation between them, and he is interested in the way in which changes in conditions of scarcity, whether coming from changes in ends or changes in means – from the demand side or the supply side – affect these ratios. Economics is the science which studies human behaviour as a relationship between ends and scarce means which have alternative uses" (Robbins, 1932, p. 15).

ca quanto da eficácia das políticas públicas, concentrar a ação redistributiva do Estado na dimensão do gasto.

O ponto importante a se destacar é que, a se considerar o debate contemporâneo, aparentemente essa visão monolítica vem apresentando uma série de fissuras. Nos últimos anos, um conjunto expressivo de estudos empíricos (de autores como Branko Milanovic, Emmanuel Saez, Gabriel Zucman, Thomas Piketty) tem evidenciado um acirramento da desigualdade intrapaíses, em particular após a Grande Recessão de 2008-09. Mais ainda, mesmo organismos multilaterais historicamente vinculados à ortodoxia (e, portanto, à abordagem da tributação ótima), como o Fundo Monetário Internacional (FMI), têm promovido uma revisão de seus posicionamentos, publicando relatórios e textos para discussão (como exemplos, Dabla-Norris et al., 2015; Aiyar; Ebeke, 2019) que enfatizam efeitos negativos da desigualdade para a estabilidade macroeconômica e para o crescimento econômico de longo prazo – isto é, evidências que refutam o *tradeoff* entre equidade e eficiência e embasam a defesa da adoção de políticas tributárias progressivas para enfrentar de maneira efetiva a questão da desigualdade.

No debate público brasileiro não tem sido diferente: o tema da desigualdade vem adquirindo centralidade crescente, e estudos recentes têm explorado a relação entre a extrema desigualdade e a estrutura tributária, e a possibilidade de adoção de políticas capazes de tornar o sistema tributário efetivamente progressivo[48]. O Brasil, como se sabe, tem um sistema tributário bastante regressivo, com

---

[48] Gobetti e Orair (2016); Fernandes, Campolina e Silveira (2019); Medeiros e Souza (2013); Orair e Gobetti (2018); e Silveira, Passos e Guedes (2018) são exemplos de trabalhos que analisam mudanças tributárias com objetivos distributivos.

incidência predominante sobre o consumo, e que vem sendo objeto de propostas para que se tribute mais a renda e o patrimônio[49].

Por muito tempo, este tema – a relação entre desigualdade e incidência tributária – foi negligenciado no debate brasileiro, e a correlação de forças no "mercado de ideias" sempre foi desfavorável para autores a ele dedicados. Ironicamente, um exemplo significativo de uma visão ortodoxa que se desvia ligeiramente dessa tendência reside na contribuição ao debate do economista e ex-presidente do Banco Central do Brasil, Arminio Fraga, em artigo intitulado "Estado, Desigualdade e Crescimento no Brasil" (Fraga, 2019). A ironia está no fato de que esse artigo é um almanaque a reunir todas as falácias discutidas no presente texto.

O equilíbrio das contas públicas é fundamental para o crescimento econômico: razões taumatúrgicas (mágicas)

A quarta e última falácia deste artigo se refere à ideia de que, para crescer e distribuir renda, a variável central numa economia é o equilíbrio das contas públicas. Como já mencionado, se os agentes econômicos são maximizadores e fazem escolhas ótimas que levam ao pleno emprego, então do ponto de vista macroeconômico intervenções do Estado só geram distorções – no caso, aumento de preços e de juros.

O aumento de preços seria decorrente da pressão do gasto público sobre a oferta de bens e serviços: em uma economia que já opera perto do pleno emprego por meio das forças de mercado, o aumento da demanda provocado pelo gasto público só pode se traduzir em elevação de preços. Já

---

[49] Ver Gobetti e Orair (2018).

o aumento de juros seria resultado da pressão do endividamento público sobre o mercado de fundos emprestáveis, isto é, a demanda do governo por poupança desloca a taxa de juros do seu ponto de equilíbrio, elevando-a.

Além disso, se as falácias mencionadas nas seções anteriores são verdades – o gasto público é regressivo, oneroso e de baixa qualidade – então esta última ideia apenas se reforçaria. O Estado deveria ser mínimo, intervir apenas para corrigir distorções, como mencionado, e deste modo, manter as contas equilibradas e a dívida pública em patamar ótimo em relação ao PIB.

Embora ainda muito presente nos debates, sobretudo no senso comum, a ideia vem perdendo força mesmo entre economistas de cunho ortodoxo[50], exatamente como apresentado no caso das falácias anteriores. E por que equilíbrio fiscal não é uma prerrogativa para crescimento e distribuição de renda? Vejamos.

A crise de 2008, que aliás conduziu a autocríticas da visão liberal, mostrou que as forças de mercado não são capazes de manter o pleno emprego e, mais do que isso, que o Estado é o único agente capaz de resgatar famílias e empresas de um caos econômico e social em que todos retraem gastos. A crise na qual estamos inseridos, decorrente da abrupta interrupção da atividade econômica em função do isolamento social necessário para conter o coronavírus, reforçou ainda mais o papel do Estado ao redor de todo o mundo.

Ora, se o setor externo e o setor privado doméstico estão retraídos, isto é, famílias gastam menos do que suas rendas, empresários não investem e o comércio internacional não é pujante (exportações estagnadas ou diminuindo em

---

[50] Por exemplo, Blanchard, que já em 2010 questionou diversas dessas ideias macroeconômicas em *Rethinking Macroeconomic Policy*.

relação a importações), o único setor capaz de promover uma compensação na geração renda é o setor público.[51]

O crescimento econômico no Brasil sempre foi caracterizado pela dinâmica "stop and go", ou seja, o país nunca conseguiu entrar em uma trajetória sustentada de crescimento econômico, mesmo com as "contas equilibradas" refletidas em superávits primários ao longo dos anos 2000. Entre 2010 e 2011, por exemplo, o superávit primário saltou de R$ 78,7 para R$ 93 bilhões, enquanto a taxa de crescimento real do PIB despencou de 7,5% para 3,9%, evidenciando a falácia de que contas públicas equilibradas geram crescimento. Pelo contrário, a queda da demanda provocada pela política fiscal contracionista resultou em menor crescimento econômico. Do lado da dívida pública, o argumento de que a geração de superávits primários é necessária para levá-la a um patamar "adequado" carece de respaldo nos dados. Primeiramente porque nenhum estudo foi capaz de definir um patamar ótimo para a relação dívida/PIB, justamente porque ele não existe. E na atualidade estamos diante de dívidas públicas crescentes e taxas de juros em seus menores níveis ao redor do globo. No Brasil não é diferente. Desde 2015, tanto a dívida líquida quanto a bruta, em percentual do PIB, seguem trajetórias crescentes. Em relação ao PIB, a dívida líquida saltou de 37,9% em dezembro daquele ano para 67,5% em junho de 2020. Já a dívida bruta saltou de 65,5% para 85,5% no mesmo período. Enquanto isso, os juros despencaram, de 14,15% em dezembro de 2015 para sua mínima histórica de 2,58% em junho de 2020. O equilíbrio das contas pú-

---

[51] A Teoria Monetária Moderna evidencia esse argumento graficamente, mostrando que o déficit externo dos Estados Unidos necessariamente "espelha" a soma dos resultados do setor privado doméstico e do setor público. Ver Wray (2012).

blicas não é prerrogativa para crescer e distribuir renda, pelo contrário, as finanças públicas – gasto, tributação e dívida pública – devem ser funcionais ao desenvolvimento econômico com distribuição de renda, e não mero instrumento "corretor" de falhas de mercado.

Conclusão

O presente artigo buscou esclarecer quatro falácias sobre o Estado: i) políticas sociais são regressivas; ii) a oferta pública é onerosa e de baixa qualidade; iii) a equidade deve ser buscada via o gasto "eficiente"; e iv) para que possamos crescer e distribuir a variável central é o equilíbrio das contas públicas.

De tanto repetidas, essas falácias se tornam mantras, escondendo a verdadeira dinâmica da economia capitalista e do enorme conflito distributivo a ela subjacente. Mas os números não mentem, e desatam os nós da visão que impede o Estado de cumprir seu verdadeiro papel no desenvolvimento econômico e social.

Referências

Blanchard, O.; Ariccia, G.; Mauro, P. *Rethinking Macroeconomic Policy*. IMF Staff Position Note, February, 2010.

Costa, Joana Simões et al. Heterogeneidade do diferencial salarial público-privado. *Boletim Mercado de Trabalho*, Brasília, IPEA, n. 68, abr. 2020. Disponível em: http://repositorio.ipea.gov.br/bitstream/11058/9991/1/bmt_68_Heterogeneidade_jornada.pdf.

Dabla-Norris, Era et al. *Causes and Consequences of Income Inequality: A Global Perspective*. Washington, DC: IMF Strategy, Policy, and Review Department, 2015.

Fernandes, Rodrigo Cardoso; Diniz, Bernardo Palhares Campolina; Silveira, Fernando Gaiger. Imposto de renda e distribuição de renda no Brasil. Texto para discussão, n. 2.449. Brasília/Rio de Janeiro: IPEA, 2019.

Fraga Neto, Arminio. Estado, desigualdade e crescimento no Brasil. *Novos Estudos Cebrap*, São Paulo, n. 115, set.-dez. 2019, p. 613-34.

Gobetti, Sérgio; Orair, Rodrigo. Progressividade tributária: a agenda negligenciada. Texto para discussão, n. 2.190. Rio de Janeiro: IPEA, 2016.

Gobetti, Sérgio; Orair, Rodrigo. Reforma Tributária no Brasil: Princípios norteadores e propostas em debate. *Novos estudos Cebrap*, Cebrap, v. 37, n. 2, p. 213-244, maio-agosto 2018.

Medeiros, Marcelo; Souza, Pedro Herculano G.F. Gasto público, tributos e desigualdade de renda no Brasil. Texto para discussão, n. 1.844. Brasília: IPEA, jun. 2013.

Piola, Sérgio Francisco et al. Sips Saúde: percepção social sobre a saúde no Brasil. In: Schiavinatto, Fábio (org.). *Sistema de Indicadores de Percepção Social* (Sips). Brasília: IPEA, 2011.

Robbins, Lionel. *An Essay on the Nature and Significance of Economic Science*. Londres: MacMillan and Co., 1932. Disponível em https://cdn.mises.org/Essay%20on%20the%20Nature%20and%20Significance%20of%20Economic%20Science_2.pdf

Silveira, Fernado Gaiger; Passos, Luana; Guedes, Dyeggo Rocha. Reforma tributária no Brasil: por onde começar? *Saúde em Debate*, Rio de Janeiro, n. 42, p. 212-25, 2018.

Soares, Sergei Suarez Dillon. O valor de mercado da educação pública. Texto para discussão, n. 2.324. Brasília: IPEA, 2017.

Souza, Pedro Herculano G.F.; Paiva, Luis Henrique; Vaz, Fabio Monteiro. Efeitos redistributivos da Reforma da Previdência. Texto para discussão, n. 2.424. Brasília: IPEA, out. 2018.

Banco Mundial. Um ajuste justo: análise da eficiência e equidade do gasto público no Brasil. Washington, DC: Banco Mundial, 2017.

Wray, R. *Imbalances? What Imbalances? A Dissenting View*. Working Paper n. 704, Levy Economics Institute of Bard College, NY, January 2012.

8. Desmascarando *fake news* sobre o emprego público no Brasil

Félix Lopez[52] e José Celso Cardoso Jr.[53]

Há vários aspectos distorcidos ou negligenciados no debate sobre ocupação, escolarização e remunerações no setor público brasileiro. Isso torna indispensável prover insumos para uma discussão mais transparente e qualificada sobre essa parcela da força de trabalho a mando do Estado e a serviço da sociedade[54].

Em primeiro lugar, é enganoso presumir ser o "funcionalismo público" um todo homogêneo e indiferenciado. Os funcionalismos municipal, estadual e federal apresentam perfis – de inserção e atuação setorial e territorial, de escolarização e de remuneração, dentre outros aspectos

---

[52] Doutor em Sociologia pelo IFCS/UFRJ e desde 2009 é Técnico de Planejamento e Pesquisa do IPEA. As opiniões aqui emitidas são de responsabilidade dos autores.

[53] Doutor em Desenvolvimento pelo IE-Unicamp, desde 1997 é Técnico de Planejamento e Pesquisa do IPEA. Atualmente, exerce a função de Presidente da Afipea-Sindical e nessa condição escreve esse texto.

[54] Este texto é uma versão resumida de Lopez e Cardoso Jr. (2020). Os autores agradecem comentários e sugestões feitos por colegas do IPEA, isentando-os pelos erros e omissões ainda presentes no texto.

importantes – que desautorizam, na maioria das vezes, afirmações genéricas. O mesmo se aplica aos três poderes da República: Executivo, Judiciário e Legislativo.

Por consequência, as despesas com pessoal nos três níveis federativos e nos três poderes não têm os mesmos determinantes, a mesma dinâmica e composição, portanto, as mesmas implicações para a atuação do setor público. Reformas que almejam, verdadeiramente, qualificar a ação estatal e as capacidades da burocracia devem tratar separadamente as especificidades e as despesas por subgrupos demográficos e setoriais, como servidores ativos e inativos, administrativos e finalísticos etc.

Da mesma maneira, a evolução quantitativa de trabalhadores no setor público responde a aspectos estruturais e determinantes que não são facilmente comparáveis. Uma vez mais, a complexidade do tema desaconselha tratamentos uniformes, generalizantes ou aparentemente rápidos e fáceis sobre o assunto. Assim sendo, comparações internacionais e com o setor privado, que não levem em consideração essas e outras advertências metodológicas, prestam o desserviço de construir diagnósticos distorcidos e prognósticos equivocados. Tentemos, portanto, jogar luz e razão sobre algumas dessas dimensões[55].

O emprego privado é dominante e cresce muito mais, em termos absolutos, que o emprego público no Brasil

Entre 1985 e 2018, o total de vínculos formais de trabalho no país – incluídos os setores público e privado – au-

---

[55] Para informações e argumentos mais amplos e detalhados, inclusive números comparativos internacionais, ver em especial os seguintes trabalhos: Frente Parlamentar Mista em Defesa do Serviço Público (2019 e 2020), além de Cardoso Jr. e Cerqueira (2019), Cardoso Jr. (2020) e Lopez e Guedes (2020).

mentou 130%: de aproximadamente 29 milhões para 66 milhões. O ápice ocorreu em 2014, com o registro de 76 milhões de vínculos, 164% superior ao total de 1985. No entanto, as crises econômica e política deflagradas em 2015 produziram imensa retração e precarização no mercado de trabalho nacional, com perda da ordem de 10 milhões de vínculos no setor privado.

Figura 8.1: Evolução do total de vínculos formais no mercado de trabalho (1985-2018)

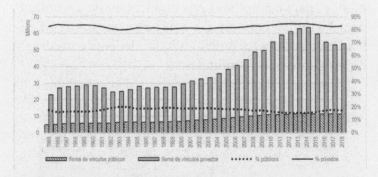

Fonte: Atlas do Estado Brasileiro. Elaboração dos autores. Exclusive empresas públicas e de capital misto.

Pela Figura 8.1 vê-se claramente que o emprego privado é dominante e cresce muito mais que o emprego público no Brasil. O total de vínculos no setor público aumentou de 4,8 milhões para 11,2 milhões no período 1985-2018, isso sem incluir as empresas públicas, cujo contingente total de trabalhadores declinou ao longo do tempo. A expansão global no setor público foi, portanto, de 131% no período, e o crescimento médio de apenas 2,5% ao ano, desautorizando interpretações que insistem em falar em movimento explosivo do emprego público no país. Já no que tange ao setor privado formal, o percentual subiu de 20,2% para 25,5% em relação ao total da população, com auge de 32% em 2011.

Em síntese: em 1985, 3,6% da população ocupavam vínculos públicos e 17% vínculos privados. Em 2018, os valores eram, respectivamente, de 5,6% e 26%. Tendência alguma, portanto, nem de estatização do emprego nem de explosão ou inchaço do emprego público como proporção da população ativa ou população total[56].

Peso e papel do emprego público em estados e municípios pelo Brasil.

Entre 1985 e 2018, os vínculos públicos passaram de 1,6 milhões para 6,5 milhões nos municípios; de 2,4 milhões para 3,6 milhões nos estados e de pouco menos de 0,9 milhão para apenas 1,1 milhão no nível federal, considerando servidores civis e militares.

Figura 8.2: Número de vínculos e percentual em relação ao total, por nível federativo (1985-2018)

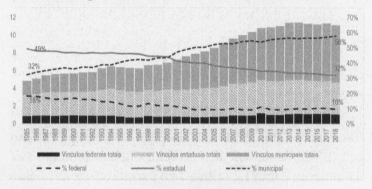

Fonte: Atlas do Estado Brasileiro. Elaboração dos autores.

---

[56] Mesmo o Banco Mundial, em sua proposta de "um ajuste justo", aponta não haver número excessivo de servidores públicos no Brasil, menos ainda na esfera federal, que hoje representa apenas 10% do funcionalismo nacional, de modo que a razão entre a quantidade de funcionários públicos do país e a sua população é de apenas 5,6%, levemente superior à média de 4,4% observada na América Latina, mas muito inferior à média de aproximadamente 12% da OCDE.

Conforme a Figura 8.2, tem-se que cerca de 60% dos vínculos totais no setor público são municipais, grande parte dos quais – algo como 40% do total municipal – atrelada ao atendimento populacional direto em áreas tais como serviços de segurança pública (guardas municipais), saúde, assistência social e ensino fundamental. Razão suficiente para desaconselhar qualquer reforma administrativa que objetive reduzir ou precarizar essas ocupações – vale dizer: as condições e relações de trabalho – no âmbito do emprego estruturado formal brasileiro.

Ainda que parte desse emprego em nível municipal esteja ligada à ampliação do número de municípios e das respectivas burocracias municipais, o fato é que o alargamento do atendimento populacional no espaço territorial teria que acontecer de toda sorte. Ao menos era – e deveria continuar sendo – o que se espera do processo histórico de ampliação da cobertura social por parte de governos organizados e informados pelos princípios da Constituição Federal de 1988, e posterior desenvolvimento institucional de importantes políticas públicas direcionadas ao atendimento direto da população.

Notável aumento da escolaridade média dentro do setor público brasileiro

Ademais, os dados mostram que a força de trabalho ocupada no setor público brasileiro se escolarizou e se profissionalizou para o desempenho de suas funções. Esses dados servem para desmistificar afirmações infundadas sobre eficiência, eficácia e desempenho estatal na implementação de políticas públicas e na prestação de serviços e entregas à população[57].

---

[57] Ver, acerca dos temas produtividade e desempenho individual e institucional no setor público brasileiro, os Cadernos da Reforma Administrativa publicados pelo Fonacate – Fórum Nacional das Carreiras de Estado, em

Pois a qualidade das políticas públicas, bem como os graus de institucionalização e profissionalização do Estado em cada área de atuação governamental, é tributária da escolarização que os servidores trazem consigo ao ingressarem no setor público e daquela obtida ao longo de seu ciclo laboral. Embora outros fatores influenciem o sucesso e a qualidade das políticas, tais como a disponibilidade de recursos, as regras institucionais etc., sabe-se que recrutar pessoas com maior e melhor formação é desejável, e indicativo de aprimoramento dos quadros que manejam a entrega de bens e serviços aos cidadãos.

Segundo dados do Atlas do Estado Brasileiro[58], a expansão, em termos absolutos e relativos, ocorreu com vínculos públicos que possuem nível superior completo de formação, que passaram de pouco mais de 900 mil para 5,3 milhões, de 1986 a 2017. Percentualmente, este nível saltou de 19% do contingente de vínculos em 1986 para 47% em 2017.

Nos municípios, a tendência de aumento de escolarização dos vínculos públicos foi também bastante acentuada. A escolaridade superior completa aumentou de 10% para 40% entre 1986 e 2017. A do ensino médio completo ou superior incompleto aumentou de 22% para 39% no mesmo período. Já a escolaridade de nível médio incompleto e nível fundamental caíram, respetivamente, de 14% para 10% e 53% para 9% do total.

Diferenciais de remunerações entre setores público e privado, entes federados e três poderes

No que toca às remunerações no setor público, em particular frente às do setor privado, é importante considerar,

---

particular os Cadernos n. 6 (Neiva, 2020) e n. 7 (Cardoso Jr. e Pires, 2020).
[58] https://www.ipea.gov.br/atlasestado/

visando comparações adequadas, as variáveis de controle estatístico tradicionais, tais como os atributos pessoais (sexo, faixa etária, cor e escolarização) e os atributos específicos, tais como os territoriais e setoriais (local de residência e ocupação principal no setor de atividade). Ao fazer isso, algumas coisas ficam mais claras, por exemplo[59]:

> Há perfis ocupacionais não comparáveis entre setores público e privado, com destaque para os ocupados com a defesa nacional, com o funcionamento do Judiciário e do Legislativo, com a segurança pública, bem como os ligados à produção de ciência básica e à geração de informações primárias e administrativas, todas funções públicas para as quais simplesmente não há correspondência, com vistas à comparação salarial, no setor privado;

> Os trabalhadores de nível médio no serviço público não são mais bem remunerados que trabalhadores de mesmo perfil no setor privado; eles apenas são trabalhadores não tão precarizados como aqueles. Mas mesmo no setor público já há um processo de precarização em curso, com o crescimento dos trabalhadores à margem do Regime Jurídico Único (RJU) e sem carteira no seio do funcionalismo, mormente em âmbito municipal, fenômeno provavelmente associado a estratégias de ocupação (via cooperativas, terceirizações e pejotização) cujo registro possa escapar das regras fiscais (despesas com pessoal) impostas pela Lei de Responsabilidade Fiscal (LRF);

> Já para aquela parte das ocupações que pode ser considerada comparável entre setores público e privado, são os servidores da esfera federal, pela ordem dos poderes Judiciário, Legislativo e Executivo, os com maior escolaridade (nível superior completo) e aqueles em ocupações associadas à gestão pública e à área jurídica, os que apresentam maior prêmio salarial, comparados aos trabalhadores do setor privado com características sociodemográficas similares.

---

[59] Veja-se a respeito os seguintes textos: Carvalho (2020) e Costa, Silveira, Azevedo, Carvalho e Barbosa (2020).

Muito importante é notar que, quando comparadas as remunerações do Poder Executivo Municipal com as remunerações do setor privado nacional, constata-se que setores público e privado apresentam remunerações próximas ou equivalentes. De acordo com dados da PNAD-Contínua do IBGE, a remuneração média do trabalho principal no setor privado nacional foi da ordem de R$ 2,1 mil em 2018. Enquanto as remunerações no setor público municipal das regiões Sudeste e Sul estão ligeiramente acima das remunerações no setor privado nacional (respectivamente, R$ 2,5 mil e R$ 2,2 mil), ocorre o inverso quando se olham os valores das regiões Centro-Oeste, Norte e Nordeste (médias de R$ 1,8 mil; R$ 1,6 mil e R$ 1,3 mil, respectivamente).

Isso significa que estão metodologicamente equivocadas as comparações genéricas, recorrentemente feitas por organismos internacionais, grande mídia e até mesmo pela área econômica do Governo Federal, acerca dos diferenciais de remuneração entre setores público e privado, bem como entre níveis federativos (federal, estadual e municipal) e entre os três poderes (Executivo, Legislativo e Judiciário).

Não por outro motivo, a própria despesa global com o funcionalismo público no Brasil é baixa e está estável como proporção do PIB já há vários anos (Figura 8.3). Se a despesa tem aumentado como proporção da receita líquida, não o faz de modo explosivo e a origem do fenômeno é uma economia que não cresce e não arrecada, somada a uma confusão intencional que inclui a despesa previdenciária junto com a despesa dos servidores ativos.

Figura 8.3: Despesa anual com servidores ativos e percentual em relação ao PIB (2006-2017)

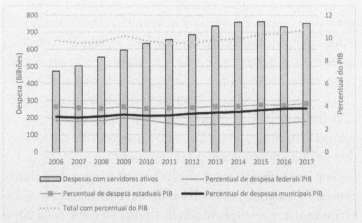

Fonte: Orair e Gobetti (2017) e Atlas do Estado Brasileiro. Dados atualizados para valores de 2019 (IPCA/IBGE)

Isso significa que é o crescimento econômico sustentado ao longo do tempo e a correspondente arrecadação tributária que garantem as condições de incorporação, custeio e profissionalização de novos servidores à máquina pública, e não o corte quantitativo indiscriminado de funcionários, ou a precarização de suas condições e relações de trabalho, que estimularão o desenvolvimento com equidade num país ainda tão heterogêneo e desigual como o Brasil.

Nesse sentido, uma reforma geral, que trate todos os servidores da mesma forma, visando tão somente reduzir a despesa global com pessoal, tende a precarizar as ocupações públicas, sem com isso garantir melhora alguma do desempenho institucional agregado do setor público.

À guisa de conclusão: recomendações para enfrentar o problema. Tudo somado, há sim que se promover mudanças no sentido da diminuição dos hiatos salariais entre setores público e privado, mas para tanto, as conclusões dos estudos aqui citados apontam em duas direções complementares.

Em primeiro lugar, é fundamental recuperar e reativar uma perspectiva (governamental, empresarial e sindical) e políticas públicas de maior e melhor regulação e reestruturação dos mercados privados de trabalho, no sentido de buscar menores taxas de desemprego e informalidade, assim como maiores taxas de produtividade e recomposição salarial, inscritas em trajetórias de recuperação do crescimento econômico em bases mais sustentáveis dos pontos de vista produtivo, ambiental e humano.

Por seu turno, é fundamental realizar ajustes remuneratórios no setor público, levando em consideração os determinantes e as especificidades presentes em cada nível federativo de governo (federal, estadual e municipal), bem como atentando para as situações discrepantes em cada poder da União (Judiciário, Legislativo e Executivo). Por exemplo: a maioria dos problemas remuneratórios discrepantes poderia ser resolvido simplesmente aplicando-se, sem exceções, o teto remuneratório do setor público a cada nível da federação e poder da República. Além disso, é preciso eliminar ou diminuir drasticamente os adicionais de remuneração que muitas vezes se tornam permanentes em vários casos, distorcendo para cima os valores efetivamente pagos a uma minoria de servidores e funções privilegiadas.

Isso para dizer que os problemas de remuneração, alardeados pela atual área econômica do governo por meio da grande mídia e base parlamentar, são a exceção e não a regra dentro do funcionalismo público, em qualquer recorte analítico que se queira utilizar.

Em suma: deve-se ter presente as particularidades e, em grande medida, a insubstituibilidade do emprego público pelo emprego privado na grande maioria das situações e ocupações que envolvem a formulação, implementação, gestão, regulação, fiscalização, controle etc. das políticas públicas. Daí que a própria estabilidade funcional dos servidores públicos, por exemplo, presente em boa parte das democracias no mundo, assegura a independência dos funcionários frente à pressão política, garante a continuidade intergeracional na prestação dos serviços e permite o planejamento das carreiras públicas e seu aprimoramento permanente ao longo do tempo.

Referências

Cardoso Jr., J.C. Mitos Liberais sobre o Estado Brasileiro e Diretrizes para uma Reforma Administrativa Republicana, Democrática e Desenvolvimentista. Belo Horizonte: *RFDFE (Revista Fórum de Direito Financeiro e Econômico)*, ano 9, n. 16, 2020.

Cardoso Jr. J.C.; Cerqueira, B.S. Reforma Administrativa, Mitos Liberais e o Desmonte do Estado Brasileiro: riscos e desafios ao desenvolvimento nacional. *RBPO – Revista Brasileira de Planejamento e Orçamento*, Brasília, v. 9, n. 2, 2019.

Cardoso Jr., J.C.; Pires, R.R. Gestão de Pessoas e Avaliação de Desempenho no Setor Público Brasileiro: crítica à proposta fiscal-gerencialista da reforma administrativa e diretrizes para um modelo de Estado orientado à reflexividade, inovação e efetividade. *Cadernos da Reforma Administrativa*, Brasília, Fonacate, n. 7, 2020.

Carvalho, S.S. Qualificando o debate sobre os diferenciais de remuneração entre setores público e privado no Brasil. *Cadernos da Reforma Administrativa*, Brasília, Fonacate, n. 5, 2020. Disponível em: https://fonacate.org.br/wp-content/uploads/2020/07/Reforma-administrativa_Caderno5_v1.pdf

Costa, J.S., Silveira, F.G., Azevedo, B.S., Carvalho, S.S. Heterogeneidade do Diferencial Salarial Público-Privado. *Boletim do Mercado de Trabalho: conjuntura e análise*, Rio de Janeiro, IPEA, n. 86, abril 2020. Disponível em: https://www.ipea.gov.br/portal/images/stories/PDFs/mercadodetrabalho/200519_bmt68_nota_tecnica_a1.pdf

Frente Parlamentar Mista em Defesa do Serviço Público. Reforma administrativa do Governo Federal: contornos, mitos e alternativas. Brasília: Fonacate, 2019. Disponível em: http://afipeasindical.org.br/content/uploads/2019/10/

Reforma-Administrativa-do-Governo-Federal-celular--contornos-mitos-e-alternativas-Frente-em-Defesa-do--Servi%C3%A7o-P%C3%BAblico-2019-10-1.pdf

Frente Parlamentar Mista em Defesa do Serviço Público. O lugar do funcionalismo estadual e municipal no setor público nacional: 1986 a 2017. Brasília: Fonacate, 2020. Disponível em: http://afipeasindical.org.br/content/uploads/2020/01/Servi%C3%A7o-P%C3%BAblico-em--Estados-e-Munic%C3%ADpios.pdf

Lopez, F.; Cardoso Jr., J.C. A verdade sobre os números do emprego público e o diferencial de remunerações frente ao setor privado no Brasil. *Cadernos da Reforma Administrativa*, Brasília, Fonacate, n. 4, 2020. Disponível em: https://fonacate.org.br/wp-content/uploads/2020/07/Caderno-4_.pdf

Lopez, F.; Guedes, E. *Três Décadas de Funcionalismo Brasileiro: 1986 a 2017*. Rio de Janeiro: IPEA, 2020. Disponível em: https://www.ipea.gov.br/atlasestado/download/154/tres-decadas-de-funcionalismo-brasileiro-1986-2017.

Neiva, E. R. Gestão e Avaliação de Desempenho no Setor Público Brasileiro: aspectos críticos e discussão sobre as práticas correntes. *Cadernos da Reforma Administrativa*, Brasília, Fonacate, n. 6, 2020.

9. Impactos do Teto de Gastos nos municípios

Vanessa Petrelli Corrêa[60] e Esther Dweck[61]

O Brasil é um Estado federativo caracterizado por expressivas desigualdades estruturais, onde a capacidade fiscal e administrativa das unidades locais de governo influencia muito o processo de descentralização da prestação de serviços públicos desenhada na Constituição Federal (Arretche, 1999). Em especial, as mudanças no federalismo fiscal brasileiro desde a década de 1990 afetaram a capacidade de atuação dos entes subnacionais (Lopreato, 2013).

A crescente importância dos estados e municípios na oferta direta de serviços contrasta com os limites existentes à ação dos entes subnacionais. Na estrutura federativa brasileira, o governo central possui instrumentos importantes, típicos de Estados nacionais que emitem dívida soberana, que lhe permite ampliar suas despesas independentemente da sua capacidade efetiva de arrecadação. O

---

[60] Professora Titular do Instituto de Economia e Relações Internacionais da Universidade Federal de Uberlândia (IERI/UFU).

[61] Professora Associada do Instituto de Economia da Universidade Federal do Rio de Janeiro (IE/UFRJ), Coordenadora do Curso do Grupo de Economia do Setor Público Gesp-IE/UFRJ, Ex-Secretária do Orçamento Federal (2015-2016).

Governo Federal é o emissor da moeda nacional e de títulos de dívida pública de ampla aceitação. No entanto, o mesmo não é possível para unidades subnacionais. Conforme discutido em Dweck et al. (2020), os entes subnacionais não emitem sua "própria" moeda e nem têm uma dívida pública lastreando todo o mercado. Portanto, a capacidade de atuação dos entes subnacionais está diretamente relacionada às suas receitas tributárias, próprias e de transferências dos demais entes, contando com um arsenal praticamente nulo de instrumentos anticíclicos. Frente à queda de receitas próprias ou de transferências, o federalismo fiscal brasileiro impõe às unidades subnacionais uma única alternativa: o corte de despesas – o que afeta a capacidade de prestação de serviços públicos à população, com impactos locais e regionais.

A aprovação da Emenda Constitucional n.º 95/2016, também chamada de Teto de Gastos do Governo Federal, ocorreu em meio a uma forte crise econômica que acarretava forte contração na arrecadação impondo resultados fiscais negativos, com déficits primários crescentes e ampliação dos indicadores de endividamento público (dívida sobre PIB). Essa situação afetava todos os entes da federação, o que levou à aprovação de uma nova rodada de renegociação de dívida dos entes federados em 2017, afetando novamente a estrutura do federalismo fiscal brasileiro, já radicalmente alterada pela aprovação da Lei de Responsabilidade Fiscal (LRF).

Além disso, de forma a permitir a contração de gastos no âmbito federal, mesmo em áreas protegidas constitucionalmente, como saúde e educação, a EC 95 altera também, durante o período de sua vigência (20 anos), as obrigações mínimas federais para essas áreas. Desde 2018, o piso federal deixou de estar vinculado diretamente à arrecadação ou à variação nominal do PIB (regra vigente para a saúde até 2015) e passou a ser corrigido apenas pela inflação do ano anterior. Com essa mudança, a realidade de subfinanciamento da saúde e da educação converteu-se em desfinanciamento nos anos de 2018, 2019 e 2020.

Essas mudanças vão de encontro às diretrizes constitucionais de descentralização da estrutura organizacional do Sistema de Proteção Social Brasileiro. Na saúde, assim como em outras áreas, desde a promulgação da Constituição um conjunto significativo de atribuições de gestão foram aos poucos sendo transferidas para os níveis estadual e municipal de governo (Affonso, 1995; Arretche, 1999; Lucchese, 2003). No entanto, o financiamento sempre foi partilhado entre todos os entes da federação. Grande parte dos recursos federais para área de saúde é, na verdade, transferência para os demais entes. No caso da educação, além da complementação do Fundeb, que está fora do Teto de Gastos, o Governo Federal transfere importantes recursos aos demais entes para alimentação escolar e transporte escolar, para o programa Dinheiro Direto na Escola, para construção de creches e escolas e garante a aquisição dos materiais didáticos, entre outras coisas. Todos esses gastos da área de educação básica e infantil, exceto Fundeb, estão sujeitos ao Teto de Gastos e afetam diretamente a capacidade dos demais entes de prover os serviços públicos.

Para analisarmos o impacto sobre os municípios da política de ajuste fiscal e do Teto de Gastos adotados pelos últimos dois governos brasileiros, é preciso entender a composição das receitas municipais, como também o fato de que o perfil da arrecadação é diferente a depender do porte e do dinamismo econômico do município em questão. Isso é importante porque, quando tratamos de municípios, há grande heterogeneidade envolvida, não sendo possível tratá-los como uma "unidade".

Em primeiro lugar, as receitas são compostas por receitas correntes, de capital e intraorçamentárias, sendo que as primeiras são responsáveis por mais de 90% da arrecadação. Dessa forma, nos centraremos nelas para as análises que seguem.

As "receitas correntes" são formadas por oito componentes, sendo que o maior deles são as "receitas tributárias". Por sua vez, no caso dessas últimas, elas são compostas pela arrecadação própria de impostos municipais e por "transferências correntes", que são recursos transferidos aos municípios. No que se refere à arrecadação própria, é importante comentar que os tributos arrecadados diretamente pelos municípios são fortemente relacionados com atividades urbanas, sendo que o Imposto sobre Serviços (ISS) é o principal deles. A partir daí, por conta do perfil desses tributos, os municípios menores têm baixa capacidade arrecadatória.

Mesmo considerando a importância da arrecadação própria, é preciso comentar que as "transferências correntes" representam a maior parte das receitas correntes descritas acima. Quanto menor o município, maior esse peso, sendo que, em alguns casos, essas transferências chegam a representar 90% das receitas correntes. Destaque-se adicionalmente que, mesmo em municípios maiores, as transferências correntes são muito relevantes.

Agora, destrinchando as "transferências correntes", observa-se que o seu componente mais importante são as "transferências intergovernamentais" (da União, dos estados, dos municípios e multigovernamentais), que representam quase a totalidade das primeiras. No caso do presente estudo, nos centraremos nas "transferências da

União", na medida em que estamos tratando do impacto do Teto de Gastos que se aplica às despesas da União. Assim, considerando as transferências da União, elas estão compostas pelos elementos apresentados no Quadro 1.

Quadro 9.1: Transferências correntes: composição do subelemento transferências da União (TU)

Repartição da Receita da União	Transferências da Compensação Financeira pela Exploração de Recursos Naturais	Transferências SUS	Transferências FNAS	Transferências FNDE	Transferências ICMS L.C. N° 87/96	Transferências a Consórcios Públicos	Outras

Fonte: Finbra. Elaboração própria.

Dentre esses componentes listados acima, a "repartição da receita da União" é formada basicamente pelo Fundo de Participação dos Municípios (FPM) (transferência para os municípios de uma parte do Imposto de Renda (IR) e do Imposto sobre Produtos Industrializados (IPI) arrecadados pela União) que é um dos componentes principais de recursos para os municípios de menor porte. Outro componente para o qual queremos chamar a atenção são as "transferências do SUS", que iremos comentar mais adiante.

Esclarecidos esses conceitos, no bojo do debate da implantação do Teto de Gastos, um dos argumentos arrolados foi o de que os entes subnacionais, especialmente os municípios, estariam relativamente protegidos da regulação do referido teto, uma vez que algumas transferências da União não estavam contabilizadas no cálculo o limite dos gastos. Ademais, outro argumento era o de que as transferências da União afetadas pelo Teto de Gastos correspondiam apenas a uma pequena parte do total das receitas (entre 10% e 20%), e isso ocorria para o caso de mais de 50% dos municípios brasileiros. Considerando esses números, o argumento era o de que a maioria dos municípios do país apresentaria um "baixo esforço fiscal" para se adequar à contenção

desses gastos. Somava-se a esse argumento a alegação de que eventual perda de arrecadação seria "compensada" pelo crescimento econômico que viria com a implantação das medidas de austeridade fiscal, via crescimento da "confiança" (para esses argumentos vide Freitas, 2016).
Não parece ter sido isso que ocorreu.
Em primeiro lugar, vejamos quais transferências não seriam afetadas pelo Teto de Gastos, segundo seus defensores (Quadro 2).

Quadro 9.2: Transferências não afetadas pelo Teto de Gastos

1- A repartição das receitas tributárias, relacionadas ao IR e IPI para constituição do FPE, FPM, Fundos Constitucionais (FNE, FCO e FNO) e também a repartição da CIDE;
2- as cotas estaduais e municipais da contribuição da arrecadação da contribuição social do salário-educação;
3- transferências referentes ao IOF-Ouro;
4- repartição dos impostos estaduais e municipais arrecadados pelo Simples Nacional;
5- Fundo Constitucional do Distrito Federal;
6- as complementações do Fundeb.

Fonte: Freitas (2016).

A partir daí, segundo seus defensores, o possível impacto financeiro do Teto de Gastos para os municípios se daria "apenas" sobre as demais transferências da União. Para o caso dos municípios de menor porte, o FPM compõe a maior parte das receitas da União, sendo que as mesmas dominam as transferências correntes e essas últimas são o principal elemento arrecadador para esses municípios. A partir daí, como o FPM não é afetado pelo Teto de Gastos, isso pareceria corroborar com a tese acima.

Situação diferente é apresentada pelos municípios de maior porte, que agregam a maioria da população brasileira. Para a compreensão do perfil da arrecadação desses municípios e, mais especificamente, das transferências da União, apresentamos os dados de estudo que analisa essa dinâmica para municípios selecionados brasileiros com população entre 500 mil e 1 milhão de habitantes e que não são capitais[62] para o período 2005-2017. Sua análise é interessante para os nossos propósitos, pois o perfil de suas arrecadações segue a mesma linha dos municípios de maior porte em geral (acima de 500 mil habitantes), que junto com os municípios selecionados, concentram a maioria da população e do PIB brasileiros.

Corroborando com essa observação, pela análise da evolução das receitas dos municípios selecionados e que passaremos a analisar, destaca-se que a participação das transferências da União no total das transferências intergovernamentais é bem menor do que no caso dos municípios de menor porte, mas é também relevante. Em 2017, essa participação variou de 20% a 49% conforme pode ser observado na Tabela 9.1(b). Isto posto, vejamos a trajetória das transferências da União para os municípios sob análise.

---

[62] Estamos aqui utilizando os dados desse estudo (Corrêa e Carvalho, 2020), destacando ainda que dentre os municípios selecionados foram retiradas as capitais dos estados da federação e os municípios contíguos a essas capitais, como é o caso de Contagem, por exemplo.

Tabela 9.1: Transferências intergovernamentais, transferências da União e transferências do SUS

	(a)Part. Das Transferências Intergovernamentais nas Transferências Correntes			(b)Part. Das Transferências da União nas Transf. Intergovernamentais			(c)Part. Das Transf. Do SUS nas Transf. Da União		
	2005	2010	2017	2005	2010	2017	2005	2010	2017
Uberlândia	98,88	98,59	99,93	23,34	27,87	26,94	47,6	59,9	61,4
Caxias do Sul	99,12	99,9	99,39	30,72	29,1	28,53	61,7	64,6	62,4
Feira de Santana	97,11	98,97	99,21	54,97	33,59	39,95	32,8	50,7	57,2
Joinville	97,99	99,36	98,83	33,21	25,41	25,58	66,9	66,9	62,7
Juiz de Fora	99,56	99,9	99,41	44,68	49,26	49,41	71,2	77,3	76,4
Londrina	99,19	99,9	99,7	52,31	56,92	46,32	71,9	78,8	75,9
Ribeirão Preto	97,74	99,13	98,34	28,47	23,24	26,44	63,4	62,4	64,4
São José dos Campos	99,01	98,36	98,09	16,32	18,29	20,09	49,0	61,5	52,6
Sorocaba	99,02	98,57	98,21	32,02	26,7	23,97	65,9	64,4	58,9

Fonte: Corrêa e Carvalho (2020), considerando dados do Finbra.

A constatação é a de que a participação das transferências da União nas transferências intergovernamentais não é dominante (Tabela 9.1). Para o caso desse perfil de municípios as transferências dos estados (especialmente as vinculadas ao ICMS) são mais importantes do que as transferências da União. Então, será que isso quer dizer que nos municípios que têm mais de 500 mil habitantes a contenção de recursos dirigidos pela União não gerou (e não gerará) impactos profundos, por sua participação nas transferências intergovernamentais e, portanto, nas transferências correntes ser mais baixa?

A falácia do argumento se desnuda quando analisamos a composição das transferências da União para o caso dos municípios de maior porte, como também seu volume. Conforme se pode perceber pela Tabela 9.1 as transferências do SUS são o principal componente das transferências da União nesses municípios e, no caso deles, essa participação varia de 52% a 76%. Ou seja: as transferências da União para esses municípios estão fortemente associadas à área da saúde, sendo que essas transferências estão sujeitas ao Teto de Gastos e foram diretamente afetadas pela redução do mínimo constitucional da área da saúde, envolvendo volumes consideráveis de recursos. Conforme demonstram Moretti et al. (2020), sem contar os recursos extras diretamente associados à pandemia da Covid-19, a área da saúde perdeu R$ 22,5 bilhões de 2018-2020, período de vigência do novo piso federal para área de saúde. Indicar que o esforço fiscal relacionado à contenção desses recursos seria moderado porque a participação dos mesmos sobre o total da arrecadação desses municípios é mais baixa é uma análise equivocada, na medida em que não analisa qual é o perfil dos recursos.

Para se ter ideia dos movimentos recentes, vimos que as transferências de recursos do SUS dominam as transferências da União no caso dos municípios selecionados e a Figura 9.1 mostra a trajetória dessas últimas desde 2005, sendo possível detectar que o crescimento desses gastos arrefece, especialmente, após 2015. Esse movimento foi, em grande parte, puxado pelo comportamento das transferências fundo a fundo do SUS (Figura 9.2), para o caso dos municípios selecionados, tendo em vista o peso dessa rubrica sobre as transferências da União. Isso se confirma pela análise das taxas médias anuais de crescimento das transferências do SUS em períodos selecionados (Tabela 9.2), que nos mostra o fato de que no interregno 2015-2017 houve uma queda dessa taxa para praticamente todos os municípios sob estudo, à exceção de Feira de Santana.

Figura 9.1: Receitas correntes – transferências da União liq. – municípios selecionados com população entre 500 mil e 1 milhão de habitantes em R$ milhões

Figura 9.2: Transferências da União – SUS fundo a fundo liq. – municípios selecionados com população entre 500 mil e 1 milhão de habitantes em R$ milhões

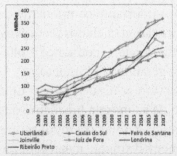
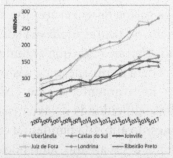

Fonte: Corrêa e Carvalho (2020), com dados do Finbra.

Fonte: Corrêa e Carvalho (2020), Com dados do Finbra.

Tabela 9.2: Taxa de crescimento anual média das transferências do SUS fundo a fundo (considerando valores correntes) em %

	2005-2008	2009	2010-2014	2015-2017
Uberlândia	20,50	22,00	14,40	5,00
Caxias do Sul	11,75	16,00	8,40	2,30
Feira de Santana	33,75	13,00	5,40	8,66
Joinville	12,50	-1,00	9,60	2,00
Juiz de Fora	14,25	26,00	6,20	9,00
Londrina	12,50	19,00	7,40	6,00
Ribeirão Preto	14,50	6,00	10,80	8,00
São José dos Campos	14,50	31,00	4,40	7,33
Sorocaba	9,00	21,00	5,40	2,00

Fonte: Corrêa e Carvalho (2020).

Ora, esse é um impacto fundamental, sentido pela população que reside nesses municípios, sendo essa a lógica da transferência de recursos observada nos municípios de maior porte em geral (inclusive as capitais e os municípios com população acima de 1 milhão de habitantes).

Outro comentário importante é o de que o Teto de Gastos afeta, ademais, a dinâmica da arrecadação em geral, na medida em que impacta na própria dinâmica da economia. Os gastos de governo são um importante componente da demanda agregada e sua contenção gera efeitos recessivos, ao contrário dos que argumentam que a "confiança" voltaria com a contenção de gastos, gerando crescimento.

Efetivamente, o que observamos desde 2015 é uma forte dificuldade de expansão da economia brasileira, que mesmo antes da pandemia crescia a uma taxa módica próxima a 1% ao ano, afetando negativamente a arrecadação dos entes da federação, dentre eles os municípios, com suas particularidades de captação de recursos.

Em primeiro lugar, a própria captação do FPM, não contemplado no Teto de Gastos e tão importante especialmente para os municípios de menor porte, sofre influência direta do baixo dinamismo econômico da economia, por estar atrelado ao IPI e ao IR. Assim, o FPM é afetado pelo Teto de Gastos, pelos impactos na atividade econômica.

Além disso, todos os demais componentes de arrecadação que têm relação com o ciclo econômico são também diretamente impactados. Destacamos, por um lado, as arrecadações tributárias, como a vinculada ao ISS, que tem forte ligação com o ciclo econômico. Em segundo lugar, o baixo crescimento afeta a arrecadação da União, o que afeta suas transferências (dentre elas o já citado FPM), e em terceiro lugar afeta a arrecadação de tributos estaduais, com o destaque para o ICMS que é a base principal das transferências estaduais aos municípios.

Nesses termos, o Teto de Gastos afeta profundamente os municípios, não só por limitar transferências fundamentais, como o citado caso das transferências do SUS, mas porque, ao gerar efeitos desaceleradores, afeta a arrecadação em geral.

Tabela 9.3: Despesas discricionárias – transferências e execução orçamentária delegada a entes subnacionais (apuradas pelo critério de "valor pago")

Transferências e Execução Orçamentária delegada		R$ Milhões (valores 2019)					Var (%) aa	
		2010	2016	2017	2018	2019	2010-2016	2016-2019
Demais	Estados	18.259,0	9.574,9	7.573,5	4.400,6	4.519,6	-10,2%	-22,1%
	Municípios	17.086,4	14.849,7	11.494,9	14.507,7	13.411,4	-2,3%	-3,3%
	Consórcios e Multigovernamentais	5,8	111,3	51,8	25,9	19,9	63,8%	-43,6%
Emendas Impositivas	Estados		612,8	960,3	1.647,7	1.705,6		40,7%
	Municípios		4.060,5	3.589,1	7.503,9	6.804,0		18,8%
	Consórcios e Multigovernamentais		6,0	16,2	5,8	6,7		3,6%
Total		35.353,2	29.215,2	23.685,7	28.091,6	26.467,0	-3,1%	-3,2%

Fonte: Siafi. Elaboração própria.

Um comentário adicional é o de que, para além da redução nas transferências obrigatórias e da redução das despesas com a área de educação (exceto Fundeb), a queda nos investimentos federais trazida pela EC 95 também se refletiu, em parte, na redução das transferências voluntárias a estados e municípios, como apresentado na Tabela 9.3. A queda só não foi maior durante os três primeiros anos de vigência da EC 95 porque a diminuição nos repasses do Executivo federal foi compensada, no caso dos municípios, por ampliação das emendas individuais que passaram a ter execução obrigatória, por determinação constitucional, a partir de 2016. Para os estados, mesmo com as emendas impositivas de bancada, houve uma queda expressiva nos repasses federais totais (incluindo as emendas impositivas).

Esse artigo procurou mostrar que a EC 95, ao impor uma política de contração de gastos públicos, afeta profundamente a disponibilidade de recursos municipal.

Isso ocorre tanto diretamente, pela redução de repasse de áreas centrais como saúde, educação, investimentos, por meio de redução de transferências obrigatórias (SUS) e voluntárias, quanto indiretamente, ao afetar o ritmo de crescimento da atividade econômica e consequentemente a arrecadação tributária própria e a repartida por estados e a União. Essa situação mostra a sua gravidade quando observamos a relevância dos municípios na prestação de serviços públicos essenciais como nas áreas de saúde e educação básica.

Referências

Affonso, R.B.A.; Silva, P.L.B. (orgs.). *A Federação em Perspectiva, Ensaios Selecionados*. São Paulo: Fundap, 1995, p. 399-416.

Arretche, M.T.S. Políticas sociais no Brasil: descentralização em um estado federativo. *Revista brasileira de ciências sociais*, v. 14, n. 40, p. 111-141, 1999.

Corrêa, V.P.; Carvalho, N.S. A dinâmica da arrecadação dos municípios entre 500.000 e 1 milhão de habitantes não capitais nos anos 2000 e a relação com o ciclo econômico. Texto para Discussão do Núcleo de Desenvolvimento do IERI/UFU – julho 2020.

Dweck, E.; Bastos, C.P.; Aranha, A.; Ligiero, F.; Bustamante, J. Por que estados e municípios precisam de auxílio em meio à pandemia da Covid-19? Nota de Política Econômica do Grupo de Economia do Setor Público do IE-UFRJ. 2020.

Freitas, P.S. A PEC 55, de 2016, e seus impactos sobre a federação, gastos primários e endividamento público. *Boletim Legislativo do Senado Federal*, Brasília, n. 57, novembro 2016.

Lopreato, F.L.C. *Caminhos da política fiscal do Brasil*. São Paulo: Editora Unesp, 2013.

Lucchese, Patrícia T.R. Equidade na gestão descentralizada do SUS: desafios para a redução de desigualdades em saúde. *Ciência & Saúde Coletiva*, v. 8, p. 439-448, 2003.

Moretti, B. et al. Mudar a política econômica e fortalecer o SUS para evitar o caos. 20 mar. 2020. Disponível em: https://www.abrasco.org.br/site/noticias/mudar-a-politica-economica-e-fortalecer-o-sus-para-evitar-o-caos/46220/. Acesso em 5 jul. 2020

10. Racismo na economia e na austeridade fiscal[63]

Silvio Almeida[64], Waleska Miguel Batista[65] e Pedro Rossi[66]

Racismo e economia

Racismo e economia são temas intrinsecamente ligados. A economia é uma condicionante do racismo e o racismo, por sua vez, impacta na organização econômica. E essa constatação não é recente: a história do pensamento econômico mostra que grandes economistas, de diversas matrizes teóricas e posições ideológicas, preocuparam-se com a relação entre racismo e economia.

No debate econômico há duas posições distintas sobre o racismo: a primeira é a abordagem predominante, presente nos principais manuais e na maioria das escolas de

---

[63] Esse capítulo faz uso de trechos do artigo de Silvio Almeida e Pedro Rossi publicado na Folha de São Paulo em 16 de agosto de 2020, intitulado "Racismo precisa ser tratado como tema fundamental da economia".

[64] Professor da Fundação Getúlio Vargas e da Universidade Presbiteriana Mackenzie.

[65] Doutoranda em Direito Político e Econômico pela Universidade Presbiteriana Mackenzie.

[66] Professor do Instituto de Economia da Unicamp.

economia, que vê o racismo como um problema comportamental, atinente ao indivíduo. Do ponto de vista político, a economia ortodoxa reforça a ideia do racismo como um problema individual que pode ser resolvido por meio de um sistema penal "eficiente" que puna condutas desviantes, com projetos educacionais que reformem o indivíduo moralmente e, no limite, com algumas políticas de ação afirmativa. Gary Becker e Milton Friedman, ganhadores de prêmio Nobel de economia, são referências para essa abordagem.

Para Becker, em seu livro *Economics of Discrimination*, a discriminação racial se manifesta, por exemplo, quando um empregador não contrata um negro, seja por ignorância ou preconceito. Segundo esta visão, as atitudes discriminatórias são exógenas ao sistema econômico e, no longo prazo, a busca pelo autointeresse econômico em um ambiente de livre mercado eliminaria comportamentos preconceituosos: os indivíduos discriminados que têm salários menores seriam contratados até o ponto em que a discriminação salarial fosse zero. Consoante essa concepção, o racismo – sintomaticamente tratado como "preconceito" – é uma "falha de mercado", uma "desutilidade".

Na mesma linha, Milton Friedman reduz o fenômeno a uma questão de gosto ou preferência pessoal que implica em custo para quem o pratica. Para ele o capitalismo traz fortes incentivos para a não-discriminação racial e, a partir dessa visão idealizada, o autor nega a alternativa da intervenção estatal para tratar do tema, uma vez que essas interfeririam na liberdade dos indivíduos.

A linha interpretativa de Becker e Friedman pode explicar a existência da discriminação racial, e mesmo justificar políticas afirmativas decorrentes, por exemplo, de falhas de mercado ou informação imperfeita. No entanto, o racismo, ou a discriminação, se limita a um fenômeno decorrente das escolhas de indivíduos e é, portanto, exógeno à operação do sistema capitalista.

Já a segunda abordagem parte de concepções teóricas que não se limitam às lentes da economia neoclássica e entende o racismo como um problema sistêmico, ou seja, como uma consequência do funcionamento "normal" e regular das instituições e das estruturas sociais que conformam a ação dos indivíduos. Por exemplo, autores como Gunnar Myrdal (*An American Dilemma*) e Arthur Lewis[67] (*Racial Conflict and Economic Development*) – também prêmios Nobel – apontam que o racismo não está restrito a comportamentos individuais e nem pode ser tido como uma distorção passível de ser corrigida pelo mercado.

O racismo é a prática sistemática de discriminação com fundamento na raça, de forma consciente ou inconsciente (Almeida, 2018, p. 25). A naturalização e normalização da desigualdade contribui para consolidar o racismo e mitigar a luta antirracista. Quando analisadas as disparidades econômicas entre a população branca e negra, ainda é comum o argumento de que essa é resultado da meritocracia ou esforço pessoal – para brancos – e, do outro lado, da preguiça ou incapacidade – para negros –, culpabilizando o grupo inferiorizado pela sua condição. O racismo é constitutivo do sistema, está enraizado nas estruturas da sociedade e normalizado pelo próprio funcionamento das instituições, e por isso o mercado, assim como outras instituições sociais, não está imune ao racismo.

---

[67] Arthur Lewis (1915-1991) "a superação do subdesenvolvimento implica que os diversos setores devem crescer simultaneamente, levando à expansão as ilhas de modernidade, o que permitiria absorver o excesso de mão de obra de maneira produtiva, superando o mar de atraso" (Cardoso, 2019).

O racismo do ponto de vista econômico-estrutural se manifesta de forma objetiva, "quando políticas econômicas estabelecem privilégios para o grupo racial dominante ou prejudicam as minorias" (Almeida, 2018, p. 134), e de forma subjetiva quando se incorpora no imaginário popular que o lugar dos negros é na pobreza, logo, com baixos salários.

Mas o racismo também é extraeconômico, quer dizer, não precisa levar em conta a classe de pertencimento para se manifestar, porque as discriminações se fundamentam no sentido de negatividade atribuído a tudo relacionado à África, independente da classe. Isso evidencia a especificidade do racismo no Brasil. Nos países europeus, os fatores discriminatórios são determinados em razão da figura do estrangeiro e do imigrante, independentemente do nível econômico e da classe, enquanto no Brasil é o pertencimento ao grupo negro e pardo.

Nesse contexto, a análise das classes sociais é necessária, mas absolutamente insuficiente para entender o fenômeno da discriminação. "São indivíduos concretos que compõem as classes à medida que se constituem concomitantemente como classe e como *minoria* nas condições estruturais do capitalismo" (Almeida, 2018, p. 145)[68]. O pensamento pós-colonial não pode deixar de evidenciar o "véu sombrio da cor", em que negros são enclausurados, estigmatizados e mortos por terem a pele negra (Mbembe, 2019, p. 80-81).

Uma forma contraditória de combate ao racismo é buscar o empoderamento da população negra com empreen-

---

[68] A minoria e a maioria não são, como sabemos, entidades naturais; eles são construções. Às vezes você pode ser um grupo maior do que o dominante, mas sua história ou a identidade do grupo é qualificada com menor representatividade para acesso a bens, serviços públicos e direitos fundamentais (Chakrabarty, 2000, p. 100).

dedorismo, também conhecido como "*black money*", uma vez que isso insere o negro em uma lógica de mercado, do individualismo e da competição, mas não altera a estrutura que mantém os negros na subalternidade social e econômica.[69]

Por fim, pensar a economia de forma antirracista é mirar a transformação das estruturas que reproduzem o racismo e é também construir um projeto de desenvolvimento que incorpore o combate ao racismo como objetivo central, o que implica pensar cada política pública e cada instituição pública a partir da perspectiva do racismo estrutural[70]. Nesse contexto, os economistas brasileiros – em sua esmagadora maioria brancos – poderiam refletir sobre como o racismo está presente nas instituições econômicas e na forma como a política econômica é pensada. Dentre essas, a política fiscal é uma dimensão fundamental do racismo.

Austeridade é racista

Como fenômeno estrutural, o racismo está presente e naturalizado nas instituições econômicas. Na política fiscal isso pode ser identificado a partir de seu impacto sobre a desigualdade social, medida tanto pela renda quanto pelo acesso a serviços públicos, exercidos pelo lado da tributação e do gasto público. A política fiscal pode reduzir ou aumentar as desigualdades raciais, pode contribuir para a garantia de direitos ou para violação dos mesmos. No Brasil, a política fiscal contribui para o aumento das desigualdades pelo lado

---

[69] O empreendedorismo pode ser visto como uma forma de legitimar a supressão de direitos trabalhistas e o desmonte de proteções sociais.

[70] Como afirma Alberto Guerreiro Ramos (1957), sem um compromisso político com o desmantelamento do racismo, será impossível a construção de uma nação.

da tributação e para redução dessas desigualdades pelo lado do gasto público, especialmente os gastos sociais. Não obstante, o programa de austeridade não visa transformações pelo lado da arrecadação, mas busca reduzir justamente o lado que contribui para a redução das desigualdades e que beneficia proporcionalmente mais a população negra.

A carga tributária penaliza mulheres negras, que pagam proporcionalmente mais impostos do que os homens brancos, como mostra o estudo de Evilásio Salvador (2017). As injustiças acontecem porque a carga tributária brasileira é extremamente concentrada em impostos sobre o consumo, que são regressivos, uma vez que não diferenciam a renda das pessoas, quem tem menos paga relativamente mais. Além disso, os impostos indiretos prejudicam mais quem usa uma parcela maior da sua renda em consumo e, ao contrário dos ricos que poupam uma parcela maior da renda, os pobres tendem a gastar a sua totalidade. Além disso,

> O Sistema Tributário não é simplesmente injusto porque tem uma tributação forte indireta, ele também é injusto porque não tributa renda e patrimônio de maneira adequada e, mesmo quando tem a tributação sobre a renda, esta é, basicamente, restrita e limitada ao trabalhador assalariado e aos servidores públicos (Salvador, 2017, s/p).

Com isso, o modelo de financiamento do Estado e das políticas públicas beneficia as classes mais abastadas e prejudica os mais pobres, a população negra e em particular as mulheres negras em relação aos demais contribuintes.

Há, portanto, uma relação estrutural entre classe, raça e gênero, que é reforçada pelo funcionamento regular do sistema tributário e é naturalizada – assim como naturalizamos a violência direta contra pessoas negras nas periferias –, a ponto de o Congresso Nacional discutir uma reforma tributária com foco na eficiência, deixando de lado o problema da desigualdade.

Do lado do gasto público, a Emenda Constitucional n.º 95/2016 reforça o racismo estrutural ao constranger gastos que beneficiam proporcionalmente mais a população negra e indígena, como os gastos com saúde, educação e assistência social. Além disso, como aponta o estudo de Bova, Kinda e Woo (2018), os ajustes fiscais, especialmente aqueles baseados nos cortes de gastos, tendem a aumentar a desigualdade e o desemprego. No mercado de trabalho, os impactos de ajustes recessivos prejudicam proporcionalmente mais a população negra que já está associada a uma taxa de desemprego e uma informalidade maior do que os brancos. Como mostra Teixeira (2018), de 2015 até 2017, a população negra foi fortemente afetada pelo desemprego e a informalidade aumentou mais entre as mulheres, especialmente entre as mulheres negras, cuja taxa de informalidade supera 50%.

Harries et al. (2020) mostra como a austeridade pode enfraquecer a luta antirracista a partir da dissolução dos laços de solidariedade e do incentivo para que organizações e ativistas atuem como empreendedores e confrontem uns aos outros como concorrentes, ao invés de aliados em uma luta política. Esses autores analisam o caso do Reino Unido e identificam que a austeridade afetou o financiamento público para organizações que representam grupos marginalizados, contribuindo para a "invisibilização" da raça.

Enquanto a austeridade força uma agenda de corte de gastos, as escolhas orçamentárias também reforçam o racismo estrutural:

> O Orçamento Temático da Igualdade Racial, realizado até 2016, demonstrava o flagrante racismo institucional do Gover-

no Federal na distribuição de recursos – as verbas destinadas à promoção da igualdade racial representavam somente 0,08% do Orçamento Geral da União (OGU), considerando ações de saúde, educação, regularização fundiária de territórios quilombolas e as da SEPPIR (Zigoni, 2020, p. 55).

Ainda, das emendas parlamentares apresentadas entre 2015 e 2019 é nítido o descaso com ações voltadas para o enfrentamento das disparidades sociais,[71] o que contraria os objetivos da República Federativa do Brasil, como o de garantir o desenvolvimento nacional (art. 3º, inciso II, da CF) e promover o bem de todos, sem preconceitos de origem, raça, sexo, cor, idade e quaisquer outras formas de discriminação (art. 3º, inciso IV, da CF). Vale também apontar para a desconstrução das políticas de proteção e inclusão da população negra, que culmina em 2015, com a extinção da Secretaria de Políticas de Promoção da Igualdade Racial (SEPPIR)[72].

---

[71] "Das 34.683 emendas apresentadas por deputados federais no período de 2015 a 2019, totalizando R$ 39.494.296.133,00 em recursos autorizados, 132 foram especificamente para comunidades quilombolas (0,37% do total); e 62 explicitamente voltadas para promoção da igualdade racial e enfrentamento ao racismo (0,17%). Das 132 emendas voltadas para comunidades quilombolas, que totalizaram R$ 185.966.644, mas efetivamente pago somente R$ 15.668.149; e das 62 voltadas para igualdade racial, R$ 9.897.787,00, geralmente para fortalecimento institucional para órgãos similares à SEPPIR em estados e municípios – o valor efetivamente pago, destas emendas, foi de R$ 3.882.436. Das emendas de senadores, somente uma foi para comunidade quilombola, no valor de R$ 300 mil, o recurso foi empenhado, mas somente R$ 2.925 foi pago. Para igualdade racial foram 7 emendas em 5 anos, no valor de R$ 1.051.317: deste recurso, R$ 868.356 foi empenhado e R$ 426.651 foi pago" (Zigoni, 2020, p. 83).

[72] Foi realizado em 2018 um estudo sobre os impactos da EC 95 pelo INESC, CESR e OXFAM BRASIL – considerando três políticas públicas: Programa Farmácia Popular, Programa de Aquisição de Alimentos (PAA) e a Política para as Mulheres –, que comprovou que as mu-

Como um fator central no Brasil, a raça deveria ser um critério importante de análise, transversal a toda política pública, no entanto o Estado e a academia têm sido omissos quanto à avaliação de impactos das políticas públicas sobre a desigualdade e quanto a estudos específicos, por exemplo, sobre o impacto da regressividade dos tributos nas desigualdades de gênero e raça (Salvador, 2014). Não sejamos ingênuos, a omissão dessa informação faz sentido com as políticas de desmonte, e com a tentativa de negar a existência do racismo, porque se não há informações, tampouco há desigualdade. Porém, se houvesse preocupação com a busca de igualdade e ações efetivas de combate ao racismo, essas informações seriam priorizadas.

---

lheres negras foram penalizadas com cortes de até 70% na Secretaria para as mulheres, considerando os três anos anteriores (2014, 2015 e 2016) (Zigoni, 2020, p. 54).

Referências

Almeida, Silvio Luiz de. *O que é racismo estrutural?* Belo Horizonte: Letramento, 2018.

Bova, E.; Kinda, T.; Woo, J. Austerity and inequality: The size and composition of fiscal adjustment matter. Vox CEPR Policy Portal, 2018.

Cardoso, Fernanda. Lewis: Oferta ilimitada de mão de obra e a dualidade estrutural. In: *Nove clássicos do desenvolvimento econômico*. 1a ed. Jundiaí: Paco, 2019.

Chakrabarty, Dipesh. *Provincializing Europe*: postcolonial thought and historical difference. Princeton University Press, 2000.

Dweck, Esther; Silveira, Fernando Gaiger; Rossi, Pedro. Austeridade e desigualdade social no Brasil. In: Rossi, Pedro; Dweck, Esther; Oliveira, Ana Luiza Matos de. *Economia para poucos: impactos sociais de austeridade e alternativas para o Brasil*. São Paulo: Autonomia Literária, 2018, p. 32-56.

Harries, Bethan, et al. Divide and conquer: Anti-racist and community organizing under austerity. *Ethnic and Racial Studies*, v. 43, n. 16, p. 20-38, 2020. Disponível em: https://doi.org/10.1080/01419870.2019.1682176.

IBGE. Instituto Brasileiro de Geografia e Estatística: Desemprego, 2020. Disponível em: https://meet.google.com/atc-rzjt-tan. Acesso em: 15 set. 2020.

Mbembe, Achille. *Sair da Grande Noite*: Ensaio sobre a África descolonizada. Tradução de Fábio Ribeiro. Petrópolis, RJ: Vozes, 2019.

Ramos, Alberto Guerreiro. *Introdução crítica à sociologia brasileira*. Rio de Janeiro: Andes, 1957.

Salvador, Evilasio. Perfil da desigualdade e da injustiça tributária: com base nas declarações do Imposto de Renda no Brasil 2007-2013. Brasília: Inesc, 2016. Disponível em:

https://www.ceapetce.org.br/uploads/documentos/587e-0c439bbf33.59808206.pdf. Acesso em: 15 set. 2020.

Salvador, Evilasio. Entrevistado por Patrícia Fachin Ricardo Machado. *Revista Instituto Humanitas Unisinos* (online), 2017. Disponível em: http://www.ihu.unisinos.br/159-noticias/entrevistas/563575-a-premissa-do-sistema-tributario-e-cobrar-impostos-dos-trabalhadores-entrevista-especial-com-evilasio-salvador. Acesso em: 15 set. 2020.

Salvador, Evilasio. As implicações do Sistema Tributário Brasileiro nas Desigualdades de Renda. Brasília: Inesc, 2014. Disponível em: https://www.inesc.org.br/wp-content/uploads/2019/04/Sistema_tributario_e_desigualdades_evilasio.pdf. Acesso em: 15 set. 2020.

Teixeira, M. A crise econômica e as políticas de austeridade: efeitos sobre as mulheres. In: Rossi, Pedro; Dweck, Esther; Oliveira, Ana Luiza Matos de. *Economia para poucos: impactos sociais de austeridade e alternativas para o Brasil*. São Paulo: Autonomia Literária, 2018, p. 32-56

Zigoni, Carmela. A questão do racismo no orçamento público. In: Xavier, Elaine de Melo (org.). *Gênero e raça no orçamento público brasileiro*. 1a ed. Brasília: Assecor, 2020, p. 51-87. Disponível em: https://www.assecor.org.br/files/1815/9802/7678/Genero_e_Raca_no_Orcamento_Publico_Brasileiro_-_Org._Elaine_de_Melo__Xavier.pdf. Acesso em: 15 set. 2020.

11. Austeridade, pandemia e gênero

Ana Luíza Matos de Oliveira[73], Luana Passos[74],
Ana Paula Guidolin[75], Arthur Welle[76] e Luiza Nassif Pires[77]

O propósito deste capítulo é apresentar as desigualdades de gênero da sociedade brasileira, discutir a insuficiência de políticas capazes de mitigar vulnerabilidades históricas e apontar como, no contexto da pandemia da Covid-19, tais desigualdades estão se aprofundando. Como consequência de um desmonte de políticas de gênero, resultado dos últimos cinco anos de políticas de austeridade,

---

[73] Economista formada pela UFMG, mestra e doutora em Desenvolvimento Econômico pela Unicamp. Professora visitante da FLACSO – Brasil.

[74] Economista formada pela UEFS, mestra e doutora em Economia pela UFF. Pesquisadora do departamento de Ciência da Computação da UFMG e do Gefam.

[75] Economista formada pela Unicamp, mestranda em teoria econômica na Unicamp.

[76] Antropólogo e economista formado pela Unicamp, mestre em Relações Internacionais e doutorando em Teoria Econômica pela Unicamp.

[77] Economista formada pela UFRJ, mestra em Economia pela UFRJ e New School for Social Research, doutora em Economia pela New School for Social Research, também é pesquisadora no Levy Economics Institute.

as mulheres encontram-se especialmente vulneráveis aos impactos de saúde e socioeconômicos da pandemia. Ademais, considera-se que relações assimétricas entre os sexos estruturam a sociedade brasileira, relegando às mulheres um espaço subalternizado que se soma ao racismo e classicismo.

O termo gênero é uma categoria reivindicada pelo movimento feminista para explicar que a desigualdade entre homens e mulheres é fruto de construção histórica (Federici, 2019) e social (Butler, 1988) e não de determinismos biológicos (Delphy, 2012). Essa construção social tem consequências materiais e modela uma divisão sexual do trabalho (Hirata; Kergoat, 2007) na qual as mulheres são historicamente vinculadas aos trabalhos domésticos e de cuidados, sendo estes desvalorizados na sociedade capitalista. Como o Estado brasileiro fornece pouco apoio à provisão de cuidados (como creches, ILPI – Instituições de Longa Permanência para Idosos etc.), o trabalho feminino gratuito é o que garante a manutenção da sociedade capitalista. Tal questão traz diversas implicações para as mulheres: menor e pior participação econômica do que a dos homens; menor renda; e sobrecarga de trabalho ao somar o tempo de trabalho remunerado ao trabalho doméstico não remunerado (Gibb; Oliveira, 2015). Além dos prejuízos no mundo laboral, as relações patriarcais tornam as mulheres mais suscetíveis à violência doméstica, o feminicídio e o preconceito.

Em nossa sociedade, manifestam-se também outras dimensões da desigualdade, o que faz com que a experiência das mulheres seja diversificada. Por exemplo, mulheres de maior poder aquisitivo podem "terceirizar" parte das atividades domésticas para trabalhadoras domésticas – que representam, em 2018, cerca de 6 milhões de mulheres no Brasil, quase 15% das trabalhadoras ocupadas no país (10% das brancas e 18,6% das negras (categoria que reúne pretas e pardas) (Pinheiro; Tokarski; Vasconcelos, 2020)) – e assim têm mais oportunidades de desenvolvimento profissional, criando uma trajetória de desigualdades em relação às mulheres pobres (Oxfam, 2017).

Questões raciais também devem ser consideradas, pois ainda hoje as mulheres negras ocupam a base da pirâmide social. Como fruto de um passado escravocrata, as mulheres negras têm menores oportunidades de se escolarizar e, por consequência, enfrentam uma inserção laboral mais precária e com menor renda, com uma trajetória marcada por vulnerabilidade. Por isso, o feminismo negro advoga o debate sobre interseccionalidade, que põe em xeque a ideia de um sujeito universal feminino (Passos; Souza, 2019). As mulheres negras e indígenas, ao contrário das brancas, sempre estiveram presentes no mercado de trabalho desde o início da colonização e nos 388 anos de escravidão no Brasil, de modo que sobre elas pesa ainda mais a dupla jornada. Dados do primeiro trimestre de 2020, segundo a Pesquisa Nacional por Amostras de Domicílios (PNAD) Contínua, mostram que 21,2% das mulheres brancas tinham concluído educação superior, contra 9,79% das negras e 10,3% das indígenas.

As mulheres indígenas também sofrem de alta vulnerabilidade e invisibilização. Contra os indígenas, que somam 896 mil no Brasil segundo o Censo de 2010, pesa uma discriminação histórica que os torna mais vulneráveis: têm renda mais baixa e níveis mais baixos de escolaridade, com impactos na saúde (OPAS, 2020). Também enfrentam vulnerabilidades no acesso a direitos, agravadas pelo desmonte da Fundação Nacional do Índio (Funai) (Direitos Valem Mais, 2020).

Outro recorte necessário nessa análise é o da população LGBTQI+, que desafia estereótipos de gênero. O número de homicídios da população LGBT cresceu 13 vezes mais se comparado aos casos da população geral entre os períodos de 2002-2006 e 2012-2016 sendo que 36,1% dos homicídios ocorreram nas residências das vítimas, situação que pode ser agravada com a pandemia (Mendes; Silva, 2020).

Ou seja, há várias realidades de gênero, sendo contraproducente pensar políticas públicas sem considerar essa heterogeneidade.

O impacto da austeridade na questão de gênero no Brasil

Desde 2015, o Brasil tem sabotado seu incipiente Estado de Bem-Estar Social, com um desmonte de diversas políticas que contribuíam para a redução da desigualdade de gênero. No mundo da economia e da política fiscal, dominada por homens, não houve preocupação com o fato de que a austeridade ampliaria desigualdades de gênero (Oliveira; Guidolin; Rossi, 2018).

Um exemplo ocorre no caso de cortes ao programa Bolsa Família, que reduz a pobreza (inclusive intergeracional), melhora as condições de saúde das crianças e, ao dar preferência para que mulheres sejam titulares do benefício, amplia possibilidades de escolha feminina. O programa teve expansão rápida de 2004 a 2012, queda substancial da cobertura entre outubro de 2016 e julho de 2017, bem como de maio de 2019 a março de 2020. Por outro lado, se a pobreza (medida em quantidade de pessoas que vivem com menos de US$ 5,5 paridade do poder de compra (PPC) 2011 ao dia) caiu constantemente no Brasil de 2003 a 2014, de 2014 a 2018 este percentual subiu de 22,8% para 25,3% da população (Banco Mundial,

2019). A população pobre, e em especial mulheres pobres, entra, portanto, na pandemia em situação de maior vulnerabilidade econômica devido à redução da cobertura do Bolsa Família.

Sobre orçamento para políticas de gênero, o Programa 2016[78], que englobava diversas ações relativas a políticas para mulheres, sofreu um esvaziamento orçamentário, como mostra a Figura 11.1. A dotação anual do programa atingiu seu pico em 2015, porém o valor empenhado teve seu pico em 2013 e o valor liquidado em 2014. Os dados revelam ainda, para além dos impactos da Emenda Constitucional n.º 95/2016, a dificuldade em gastar recursos voltados para a área, refletidos na baixa execução orçamentária.

---

[78] O programa 2016 ("Políticas para as mulheres") contém as seguintes ações: Ampliação e consolidação da rede de serviços de atendimento às mulheres em situação de violência; Construção da casa da mulher brasileira; Políticas culturais de incentivo à igualdade de gênero; Promoção de políticas de igualdade e de direitos das mulheres; Atendimento às mulheres em situação de violência; Publicidade de utilidade pública; Produção e divulgação de informações, estudos e pesquisas sobre as mulheres; Capacitação de profissionais para o enfrentamento à violência contra as mulheres; Central de atendimento à mulher - ligue 180; Apoio a iniciativas de fortalecimento dos direitos das mulheres em situação de prisão; Apoio a iniciativas de referência nos eixos temáticos do plano nacional de políticas para as mulheres; Incorporação da perspectiva de gênero nas políticas educacionais e culturais; Apoio à criação e ao fortalecimento de organismos de promoção e defesa dos direitos da mulher; Incentivo a políticas de autonomia das mulheres; Fortalecimento da participação de mulheres nos espaços de poder e decisão; Apoio a iniciativas de prevenção à violência contra as mulheres.

Figura 11.1 – Valores da dotação atual, empenhados e liquidados do Programa 2016 – Políticas para as mulheres (em milhões de R$)

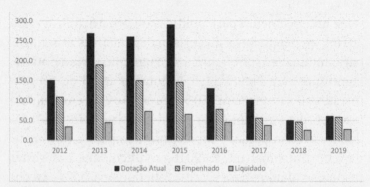

Fonte: Elaboração própria a partir de dados do SIOP. Nota: Corrigido pelo IPCA para valores de 2019.

Já o Plano Plurianual 2020-2023 excluiu o Programa 2016 (Políticas para as Mulheres: Promoção da Igualdade e Enfrentamento à Violência) e criou o Programa 5034 (Proteção à Vida, Fortalecimento da Família, Promoção e Defesa dos Direitos Humanos para Todos), um guarda-chuva para execução de políticas do ministério chefiado por Damares Alves, destinadas às mulheres, aos idosos e às pessoas com deficiência (INESC, 2020).

Também, o mercado de trabalho se encontrava muito fragilizado às vésperas da pandemia. Após atingir a menor taxa de desocupação do período recente (por volta de 7%) em 2014 (PNAD Contínua), o Brasil teve em 2019 uma taxa de desocupação de quase 12%. Também a taxa de informalidade[79] saiu de por volta de 36%, em 2014, para

---

[79] Proporção de ocupados que são assalariados informais (sem carteira assinada), autônomos sem CNPJ, empregadores sem CNPJ com até um empregado e trabalhadores no auxílio familiar, calculada pela PNAD Contínua.

39%, em 2019. No primeiro quesito, pode-se afirmar que as mulheres perderam mais com a crise econômica, com uma taxa de desocupação que, em 2019, foi 4 pontos percentuais (p.p.) acima da masculina, algo em torno de 14% de desocupação. No segundo quesito, homens e mulheres são penalizados de forma similar segundo dados da PNAD Contínua, mas por longo período as mulheres foram maioria na informalidade. Também permanece o diferencial de renda por gênero: o rendimento das mulheres foi em média 77% do masculino em 2019.

No entanto, como as mulheres não representam uma categoria homogênea, cabe mencionar a diferença racial: de 2014 para 2019, a taxa de desocupação das mulheres negras aumentou 6,41 p.p., ao passo que para as mulheres brancas o aumento foi de 4,38 p.p. A taxa de informalidade das negras e brancas teve elevação bem próxima nesse interregno, mas o patamar é bem distinto: para as negras, em 2019, a taxa foi de quase 45% enquanto para as brancas 32%. Também, em 2019, há significativas diferenças de taxa de subutilização[80] por raça/cor e gênero: enquanto para mulheres brancas este índice ficou em 22,0% e para homens brancos em 23,6%, para mulheres negras ficou em 34,3% e para homens negros, em 24,2%. Ou seja, as negras entraram na pandemia em pior situação.

Cabe citar que os MEIs (microempreendedores individuais) chegaram a 10 milhões em abril de 2020, o que pode ser um indicador de fragilidade do trabalho: 51% das pessoas que abriram MEI em 2019 tinham como ocupação anterior um emprego com carteira (Sebrae, 2020). Há um crescimento importante também entre 2015 e

---

[80] Definida como a participação na força de trabalho dos subocupados por insuficiência de horas trabalhadas, desocupados e a força de trabalho potencial, calculada pela PNAD Contínua.

2019 da subocupação entre as mulheres (Teixeira, 2020), possivelmente associada a novas formas de contratação, como o trabalho intermitente e parcial, introduzidos pela reforma trabalhista.

Com a pandemia, a desigualdade de gênero se torna mais presente (Frisancho; Vera-Cossio, 2020). Com o aumento das atividades domésticas e de cuidados, com o fechamento de escolas, creches e com o isolamento social, há indicativos de que as atividades domésticas e de cuidado extra tenham sido absorvidas de forma desigual entre homens e mulheres (Febraban, 2020), contribuindo para uma desigualdade ainda maior no uso do tempo (Azcona; Bhatt; Love, 2020; Myers et al., 2020). Esta sobrecarga poderá ter impactos de longo prazo para as mulheres, em sua inserção no mercado de trabalho e no sistema educacional.

Em crises econômicas, as dificuldades materiais e financeiras geram um "mecanismo de frustração-agressão" incentivando comportamentos como abuso de substâncias e violência (Catalano et al., 2011). Durante a pandemia, este é o caso: a violência doméstica cresceu (ONU Mulheres, 2020), com possível aumento da subnotificação. Também, as vítimas estão em casa sob controle dos abusadores, enquanto os sistemas de suporte a vítimas – que já vinham sofrendo cortes orçamentários – são prejudicados pela crise.

As mulheres são também maioria entre os trabalhadores da saúde (Conasems, 2020), na linha de frente do combate à Covid-19 e, consequentemente, são mais expostas ao vírus e aos demais riscos ocupacionais, como excesso de horas trabalhadas, fadiga e *burnout*. Considerando as principais categorias da força de trabalho na saúde (médicos, agentes comunitários, enfermeiros, técnicos de enfermagem e auxiliares de enfermagem), as mulheres representam 78,9%

do total, tendo menor prevalência na categoria de médicos (47,5%) – a mais bem remunerada e valorizada socialmente – e a maior prevalência nas categorias relacionadas à enfermagem (85%), estas mal remuneradas e pouco valorizadas socialmente (Hernandes; Vieira, 2020). Os dados sobre contaminação e óbitos em serviço no Brasil não estão desagregados por sexo, no entanto, segundo o Ministério da Saúde, 138 mortes por Covid-19 foram registradas entre os profissionais de saúde, além de 38 óbitos registrados no período como Síndrome Respiratória Aguda Grave (Ministério da Saúde, 2020). Apesar de não apresentar um recorte de gênero explícito, o Projeto de Lei n.º 1.826/2020 criaria um benefício voltado aos profissionais de saúde que atuam no combate à pandemia pelo SUS (Sistema Único de Saúde) incapacitados em razão da Covid-19 e reparação aos seus cônjuges e dependentes. No entanto, o Ministério da Economia se manifestou contrário à proposta alegando falta de recursos (Sassine, 2020).

O Brasil apresenta a maior mortalidade por Covid-19 entre gestantes e puérperas do mundo, com 77% dos casos mundiais de mortes neste grupo, o que demonstra as fragilidades do nosso sistema de saúde. Porém, há expressivas variações regionais: enquanto 100% das gestantes/puérperas infectadas por Covid-19 na região Sul se recuperaram, no Nordeste e Norte a taxa de mortalidade é de 16% e 15% respectivamente (Takemoto et al., 2020). Ainda, a taxa de mortalidade entre brancas foi de 4 p.p. abaixo da taxa dentre o grupo que engloba todas as outras raças.

Sobre o mercado de trabalho, a Figura 11.2 capta o conjunto e não a média de horas trabalhadas por trabalhador e mostra que as mulheres como um todo realizam menos horas de trabalho remunerado. A contagem, no entanto, não considera o trabalho doméstico não remunerado. A Figura 11.2 mostra que desde o início de 2020 estava em curso uma queda da massa de horas trabalhadas, porém com a pandemia há uma queda de 29,8% na massa de horas trabalhadas para todos os trabalhadores do trimestre terminado em janeiro de 2020 ao trimestre terminado em maio de 2020, sendo a queda maior para as mulheres negras (40%).

Figura 11.2 – Massa de horas efetivamente trabalhadas em todos os trabalhos, Brasil (bilhões de horas)

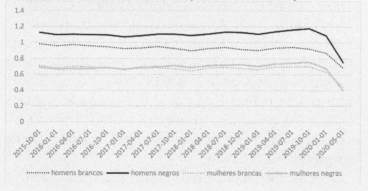

Fonte: PNAD Contínua Trimestral e PNAD Covid-19 IBGE. Elaboração própria.

Sobre as trabalhadoras domésticas, em maio de 2020, 33,6% dos trabalhadores domésticos sem carteira assinada estavam afastados do trabalho devido à pandemia, segundo a PNAD Covid-19. Sem renda, há relatos de mulheres que trocam trabalho por alimentos (Souto, 2020). É importante mencionar que uma das primeiras mortes registradas no Brasil por Covid-19 foi de uma trabalhadora doméstica, infectada com o vírus pelos patrões que vieram da Itália e, ao fazer a quarentena por estarem infectados, não dispensaram a trabalhadora.

Se algumas categorias têm sido mais penalizadas pela pandemia, as medidas tomadas pelo Brasil não tiveram uma preocupação com a questão de gênero (Fares et al., 2020). Nem mesmo as respostas para reduzir os impactos da crise para os cidadãos brasileiros como um todo foram eficientes e rápidas, dado o grau de desmonte prévio do Estado brasileiro e a inação da atual equipe no executivo. A única medida que teve um olhar para a questão de gênero foi o auxílio emergencial, que previu a concessão de parcelas duplas para mães solo (segundo o IBGE, 26,8% das famílias brasileiras com filhos são monoparentais femininas). É importante lembrar que, no desenho original do programa, como sugerido pelo Ministério da Economia, o auxílio teria o valor de R$ 200 mensais e nenhum recorte quanto a gênero/maternidade. Além disso, o benefício só foi aprovado 36 dias depois de confirmado o primeiro caso de Covid-19 no país e houve diversos problemas no processamento dos dados dos requerentes, bem como aglomerações nas agências bancárias.

Além do benefício emergencial, o governo anunciou uma expansão do programa Bolsa Família no país para acomodar a ampliação da demanda. Como discutimos, a cobertura do programa caiu em especial ao longo de 2019. Porém, dos 3,04 bilhões previstos pela Medida Provisória 929/2020 para alocação em ampliação do programa durante a pandemia, em 8 de julho de 2020 só haviam sido pagos R$ 370 milhões. E, em geral, dos R$ 506,1 bilhões previstos para serem gastos no enfrentamento da pandemia de Covid-19 pela União, na mesma data somente R$ 216 bilhões haviam sido gastos (SIAFI, 2020).

Os indígenas são outra categoria bastante afetada pela pandemia (APIB, 2020). No entanto, o governo Bolsonaro tem-lhes negado direitos básicos: o presidente vetou trechos do Projeto de Lei n.º 1.142/2020 que garantiam aos indígenas o acesso à água, acesso a leitos de UTI, produtos de higiene, distribuição de alimentos, entre outros, com a justificativa de que não havia previsão orçamentária para tais gastos (o que não é algo válido sob estado de calamidade pública). O veto valeu ao país uma denúncia no Conselho de Direitos Humanos das Nações Unidas (CIMI, 2020). Inclusive, há denúncias de que o governo esteja estimulando o uso de cloroquina entre os indígenas e de que a entrega de cestas básicas a comunidades tenha sido feita por pessoas contaminadas (Amante, 2020). A Covid-19 também pode ter chegado às aldeias pela exposição para tentar conseguir o auxílio emergencial ou pela atuação de madeireiros, garimpeiros e missionários. As mulheres indígenas em especial se encontram em extrema vulnerabilidade: não há respostas à pandemia que considerem sua realidade (ONU Mulheres, 2020).

Propostas para um orçamento que considere a questão de gênero

A partir da noção de que a realidade das mulheres depende de raça, renda e região, é preciso pensar em respostas para reduzir os impactos da pandemia para as mulheres agora, de forma que a ampliação das desigualdades de gênero seja ao menos atenuada. No entanto, o país chega à crise com menos instrumentos para reduzir as desigualdades e já perdeu muito tempo para dar uma resposta adequada à pandemia quanto ao gênero.

Uma das questões mais urgentes é ampliar o apoio às vítimas de violência. A França converteu hotéis em abrigos, a Argentina utiliza farmácias como pontos de apoio para encaminhamento de denúncias e a Itália aumentou o orçamento para combate à violência e apoio às vítimas além de disponibilizar uma linha de apoio emergencial 24 horas para suporte psicológico e assistência legal (O'Neil, 2020).

Além disso é preciso garantir a representação igualitária das mulheres nas instâncias de planejamento e de tomada de decisão sobre a pandemia; dar atenção às necessidades específicas da força de trabalho feminina; oferecer apoio para cuidados infantis ou geriátricos às profissionais na linha de frente do combate à Covid-19; coletar dados sobre os impactos diretos e indiretos da pandemia desagregados por sexo e idade (Hernandes; Vieira, 2020); e garantir linhas de crédito e digitalização para empresas chefiadas por mulheres (ISED, 2020).

É preciso também ter nova abordagem quanto ao orçamento público (ONU Mulheres, 2019; CDH, 2020). Entre as ações possíveis, elencamos: retomar o financiamento de programas para o combate às desigualdades de gênero e raciais em suas diversas formas (incluindo especificidades dos indígenas, quilombolas e a população LGBTQI+) e pensar novas políticas para o pós-pandemia; expandir as redes de proteção social para incluir trabalhadores inseridos no trabalho doméstico e de cuidado (tanto o remunerado quanto o não remunerado) (ONU Mulheres, 2020); investir em tecnologias que reduzam o uso do tempo nas tarefas domésticas; aprovar e implementar o Sistema Nacional de Cuidados, com uma rede ampla de oferta de serviços de cuidados públicos e subsídios aos cuidados familiares; investir em políticas para encorajar o compartilhamento entre todos os membros familiares do trabalho doméstico/de cuidado; criar linhas de incentivo a empreendimentos solidários; reorientar políticas macroeconômicas para permitir o crescimento da economia do cuidado, buscando tecnologias e setores produtivos voltados ao bem-estar social, sustentabilidade ambiental e diversidade local e regional (Rocha; Rossi, 2018). No estado de calamidade em que nos encontramos em 2020, há espaço fiscal, em teoria, mas não há ação efetiva por parte do governo para desenhar políticas que respondam à questão de gênero. Por outro lado, no "longo prazo", é um grande risco social voltar ao atual regime fiscal ou ampliar a austeridade (nos moldes do que fez a Europa no pós-2008). Uma nova política fiscal precisa priorizar a redução das desigualdades de gênero, o que pode, inclusive, nos ajudar a enfrentar futuras crises de maneira mais robusta (Gaspar; Gopinath, 2020).

Referências

Amante, Vandreza. Filhas da Terra: Mulheres indígenas em luta contra a pandemia Covid-19. *Catarinas – jornalismo com perspectiva de gênero*, 2020. Disponível em: https://bit.ly/3emsK07

APIB (Articulação dos Povos Indígenas do Brasil). Emergência indígena: Plano de enfrentamento da Covid-19 no Brasil. *APIB info*, 2020. Disponível em: https://bit.ly/2R2vnuA

Azcona, Ginette; Bhatt, Antra; Love, Kaitlin. Ipsos Survey Confirms that COVID-19 Is Intensifying Women's Workload at Home. UN Women, 2020. Disponível em: https://bit.ly/2CpWj3G

Banco Mundial. Effects of the Business Cycle on Social Indicators in Latin America and the Caribbean: when dreams meet reality. Semiannual report – Office of the regional chief economist, 2019. Disponível em: https://bit.ly/2CaR73P

Butler, Judith. Performative Acts and Gender Constitution: An Essay in Phenomenology and Feminist Theory. *Theatre Journal*, v. 40, n. 4, p. 519-531, 1988. Disponível em: https://bit.ly/3bxG9CL

Catalano, Ralph et al. The Health Effects of Economic Decline. *Annual Review of Public Health*, v. 32, p. 431-450, 2011. Disponível em: https://bit.ly/2WelHjL

CDH (Conselho de Direitos Humanos). A/HRC/44/51: Women's Human Rights in the Changing World of Work. Report of the Working Group on discrimination against women and girls. Human Rights Council, 2020. Disponível em: https://bit.ly/3bx5uwt

CIMI (Conselho Indigenista Missionário). Nota pública sobre os vetos do presidente às medidas emergenciais de apoio aos povos indígenas na pandemia. CIMI, 2020.

Disponível em: https://bit.ly/304Z2rg

Conasems (Conselho Nacional de Secretarias Municipais de Saúde). Protagonismo feminino na saúde: mulheres são a maioria nos serviços e na gestão do SUS. Conasems, 2020. Disponível em: https://bit.ly/3gJMLzn

Delphy, Christine. For a materialist feminism. *Materialist Feminism and the Politics of Discourse (RLE Feminist Theory)*, Nova York, Routledge, p. 59-64, 2012.

Direitos Valem Mais. Documento apresentado por organizações qualificadas como *Amicus Curiae* à Ministra Rosa Weber e aos demais Ministros do STF. 2020. Disponível em: https://bit.ly/3jBzwmv

Fares, Lygia; Oliveira, Ana; Cardoso, Luisa; Guimarães, Raquel. Gendered Impacts of COVID-19 in Brazil: a Preliminary Assessment. No prelo, 2020.

Febraban (Federação Brasileira de Bancos). Observatório Febraban: As famílias após a pandemia. 2020. Disponível em: https://bit.ly/2WSTCPh

Federici, Silvia. *Calibã e a bruxa: mulheres, corpos e acumulação primitiva*. São Paulo: Editora Elefante, 2019.

Frisancho, Veronica; Vera-Cossio, Diego. Brechas de género en tiempos de la COVID-19. Blog BID, 2020. Disponível em: https://bit.ly/3fyjVS4

Gaspar, Vitor; Gopinath, Gita. Fiscal Policies for a Transformed World. Blog FMI (Fundo Monetário Internacional), 2020. Disponível em: https://bit.ly/38P4Nx8

Gibb, Lygia; Oliveira, Ana. A desigualdade na distribuição do trabalho total no Brasil: a quem favorece? *Revista Pesquisa & Debate*, São Paulo, v. 26, n. 2 (48), p. 87-104, set. 2015. Disponível em: https://bit.ly/3bvc0Ed

Hernandes, Elizabeth; Vieira, Luciana. A guerra tem rosto de mulher: trabalhadoras da saúde no enfrentamento à Covid-19. ANESP (Associação Nacional dos Especialistas em Políticas Públicas e Gestão Governamental), 2020. Disponível em: https://bit.ly/3gTcAwK

Hirata, Helena; Kergoat, Danièle. Novas Configurações da Divisão Sexual do Trabalho. *Cadernos de Pesquisa*, v. 37, n. 132, p. 595-609, 2007. Disponível em: https://bit.ly/3hZZNJY

Inesc (Instituto de Estudos Socioeconômicos). O Brasil com baixa imunidade: Balanço do Orçamento Geral da União 2019. 2020. Disponível em: https://bit.ly/30GrYX3

ISED (Innovation, Science and Economic Development Canada). Minister Ng announces more support for women entrepreneurs amid COVID-19. 2020. Disponível em: https://bit.ly/2ZtWEeI

Mendes, Wallace; Silva, Cosme. Homicídios da População de Lésbicas, Gays, Bissexuais, Travestis, Transexuais ou Transgêneros (LGBT) no Brasil: uma Análise Espacial. *Ciência & Saúde Coletiva*, Rio de Janeiro, v. 25, n. 5, p. 1709-1722, 2020. Disponível em: https://bit.ly/3jGhvDF

Ministério da Saúde. Boletim Epidemiológico Especial nº 21 – Doença pelo Coronavírus Covid-19. 2020. Disponível em https://bit.ly/38Q7wGC

Myers, Kyle et al. Unequal effects of the COVID-19 pandemic on scientists. *Nature Human Behaviour*, p. 1-4, 2020. Disponível em: https://bit.ly/2Dy5kII

Oliveira, Ana; Guidolin, Ana; Rossi, Pedro. A austeridade é machista. *Carta Capital*, 2018. Disponível em: https://bit.ly/38NeM6p

O'Neil, Alessandra. Covid-19 pandemic and gender aspects. UNICRI (United Nations Interregional Crime and Justice Research Institute), 2020. Disponível em: https://bit.ly/3jSfEuy

ONU Mulheres. Covid-19 and the care economy: immediate action and structural transformation for a gender-responsive recovery. UN Women, 2020. Disponível em: https://bit.ly/2ZXPezk

ONU Mulheres. Gender responsive budgeting. UN Women, 2019. Disponível em: https://bit.ly/3007Gre

ONU Mulheres. Mulheres indígenas avaliam situação de aldeias na prevenção à COVID-19 e acesso à saúde na pandemia. ONU Mulheres Brasil, 2020. Disponível em: https://bit.ly/3fn5nF1

ONU Mulheres. The shadow pandemic: Violence against women during COVID-19. UN Women, 2020. Disponível em: https://bit.ly/3enJrbB

OPAS (Organização Pan-Americana da Saúde). Considerações sobre povos indígenas, afrodescendentes e outros grupos étnicos durante a pandemia de COVID-19. OPAS/OMS/ONU, 2020. Disponível em: https://bit.ly/2ZmDAPy

Oxfam. Por que há mais mulheres que homens pobres no mundo? Oxfam Brasil, 2017. Disponível em: https://bit.ly/3fpnhHd

Passos, Luana; Souza, Lorena. Mulheres negras: a base da estratificação social. XVI Encontro Nacional ABET (Associação Brasileira de Estudos do Trabalho), GT 13 – Dinâmicas sociodemográficas e trabalho, 2019. Disponível em: https://bit.ly/2R1Ws14

Pinheiro, Luana; Tokarski, Carolina; Vasconcelos, Marcia. Vulnerabilidades das trabalhadoras domésticas no contexto da pandemia de Covid-19 no Brasil. IPEA (Instituto de Pesquisa Econômica Aplicada), Nota técnica n. 75, 2020. Disponível em: https://bit.ly/35ckcrS

Rocha, Marco; Rossi, Pedro. A esquerda deve superar velhas concepções de "industrialização" e política industrial. *Brasil Debate*, 2018. Disponível em: https://bit.ly/38P5Pcx

Sassine, Vinicius. Ministério da Economia é contra indenização a profissionais de saúde incapacitados pela Covid. *O Globo*, 2020. Disponível em: https://glo.bo/2WcL1GK

Sebrae. Perfil do MEI. Data Sebrae, 2019. Disponível em: https://bit.ly/3gz4Gsi

Siafi (Sistema Integrado de Administração Financeira). Monitoramento dos gastos da União com combate à Covid-19. Tesouro Nacional Transparente, 2020. Disponível em: https://bit.ly/2VZpPE2

Souto, Luiza. Troco trabalho por comida: sem renda, elas fazem faxina por arroz e feijão. Universa, 2020. Disponível em: https://bit.ly/2ZZfGbO

Takemoto, Maira, et al. The tragedy of COVID-19 in Brazil: 124 maternal deaths and counting. *International Journal of Gynecology & Obstetrics*, p. 1-7, 2020. Disponível em: https://bit.ly/334qA1l

Teixeira, Marilane. Os impactos da reforma da previdência sobre as mulheres em condições de maior vulnerabilidade. No prelo, 2020.

12. O Teto de Gastos faz mal à saúde

Bruno Moretti [81], Francisco R. Funcia [82]
e Carlos Octávio Ocké-Reis[83]

Em meio à crise sanitária provocada pela Covid-19, economistas de todos os matizes deveriam examinar como a política econômica pode agravar as condições de vida e saúde da população. David Stuckler e Sanjay Basu deram uma contribuição importante nesse sentido. No livro, publicado em 2013, intitulado *A economia desumana. Por que mata a austeridade*, os autores criticaram, impetuosamente, os efeitos das políticas de austeridade fiscal sobre as condições de vida e saúde das populações.

Ora, se antes da pandemia esse quadro já era preocupante, quando assistimos no Brasil à morte de mais de 160

---

[81] Economista formado pela UFF, mestre em Economia pela UFRJ, doutor e pós-doutor em Sociologia pela UnB.

[82] Economista e mestre em Economia Política pela PUC-SP, Professor e Coordenador Adjunto do Observatório de Políticas Públicas, Empreendedorismo e Conjuntura da USCS e Consultor Técnico do Conselho Nacional de Saúde

[83] Economista, doutor em saúde coletiva pelo Instituto de Medicina Social da UERJ e pesquisador do Instituto de Pesquisa Econômica Aplicada (IPEA). Autor de *SUS: o desafio de ser único* (Ed. Fiocruz).

mil pessoas e a existência de mais de 5 milhões de casos de Covid-19, não deixa de ser chocante constatar o subfinanciamento crônico do Sistema Único de Saúde (SUS), agravado pelo Teto do Gastos definido pela Emenda Constitucional n.º 95/2016 (EC 95)[84].

Austeridade fiscal

Após a crise de 2008, a Europa presenciou políticas de austeridade para conter a dívida pública em vários países. Os exemplos da Grécia e da Itália são ilustrativos: ambos tiveram resultados primários positivos nos últimos anos, ao mesmo tempo em que se verificou uma redução nos gastos de saúde[85] (Figuras 12.1 e 12.2). Pode-se dizer que nesses casos o Estado extraiu renda da sociedade em valores superiores àquilo que devolveu sob a forma de serviços públicos.

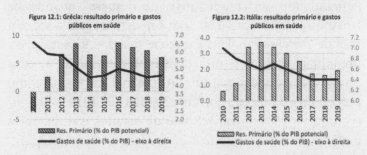

Fonte: Monitor Fiscal do FMI e OCDE. Considera resultado primário ajustado ao ciclo.

Vale dizer, há diferenças substantivas entre as regras fiscais na União Europeia e no caso brasileiro (Gobetti, 2014). A

---

[84] Silva et al. (2020) apontam para o papel das desigualdades e do subfinanciamento do SUS na evolução de mortes e casos relacionados à Covid-19 no Brasil.

[85] A rigor, a Itália colhe resultados primários positivos desde o início da década de 1990 (Prante; Bramucci; Truger, 2020).

União Europeia vem evoluindo em relação ao arcabouço fiscal, utilizando regras ajustadas ao ciclo econômico, o que confere maior flexibilidade em momentos de baixo crescimento ou retração do Produto Interno Bruto. Ademais, a consolidação fiscal tenderia a trazer maior equilíbrio entre a redução de despesa e o aumento de receita (Pires, 2020), sem perder de vista a sustentabilidade da dívida pública nos médio e longo prazos.

O Brasil segue preso a um arcabouço fiscal rígido[86], que prejudica a retomada da atividade econômica e reduz gastos sociais de caráter redistributivo. A regra de ouro limita o endividamento ao montante das despesas de capital, restringindo o financiamento a despesas correntes essenciais. De outro lado, as metas de resultado primário da Lei de Responsabilidade Fiscal (LRF) têm caráter pró-cíclico, demandando cortes adicionais de despesas quando há frustração da arrecadação com impacto negativo sobre a taxa de crescimento. Esta característica da LRF também é prejudicial aos entes subnacionais. Por exemplo, a redução de receitas afeta os limites de pessoal (expressos como percentuais da receita corrente líquida (RCL)) e, por conseguinte, a própria capacidade de estados e municípios prestarem serviços públicos.

E, finalmente, em 2016, aprovou-se a EC 95, pela qual as despesas primárias da União não podem crescer, por até 20 anos, acima da inflação de doze meses. Trata-se de uma regra desvinculada do ciclo econômico, que, independentemente do crescimento da economia ou da arrecadação,

---

[86] A rigidez das regras fiscais brasileiras está em oposição, inclusive, às diretrizes do Fundo Monetário Internacional, que considera a necessidade de garantir a estabilidade econômica no processo de ajuste orçamentário (IMF, 2018).

impõe a redução de despesas e dos serviços públicos em relação ao PIB ou à receita do governo[87].

Desde de 2018, a EC 95 congelou os valores mínimos obrigatórios de aplicação em saúde em 15% da RCL de 2017, atualizando o piso apenas pela inflação[88]. A Tabela 12.1 demonstra que, entre 2018 e 2020, pré-pandemia, tal congelamento reduziu os recursos federais em saúde em R$ 22,5 bilhões, quando comparado ao piso anterior[89].

Tabela 12.1: Perdas para despesas em ações e serviços públicos de saúde (ASPS) em razão da EC 95 – R$ bilhões

Ano	Despesas ASPS – A*	RCL – B**	EC 86 (15% da RCL) – C	C – A
2018	116,82	805,35	120,80	3,98
2019	122,27	905,66	135,85	13,58
2020	125,23	868,00	130,20	4,97
TOTAL	364,33	2.579,01	386,85	22,53

Fonte: Adaptado de Siop (para despesas) e STN (para RCL)

---

[87] Vale citar que, em 2016, foi prorrogada pela EC 93 a Desvinculação de Receitas da União até 2023, passando-se o percentual de receitas desvinculadas de 20% para 30%. O mecanismo afeta, especialmente, a seguridade social, canalizando recursos para o resultado primário. A EC 93 também desvinculou 30% das receitas dos entes subnacionais, não se aplicando à educação e a saúde.

[88] Segundo Funcia eOcké-Reis (2018), até 2036 estima-se que o gasto federal do SUS cairá para 1,2% do PIB (cerca de 30% menos que atualmente) como consequência das regras da EC 95.

[89] Num contexto em que há pressão por mais recursos, frente, por exemplo, à transição demográfica e epidemiológica, bem como à necessidade de acompanhar a incorporação de tecnologia. A situação se agrava diante do fato de que há subfinanciamento crônico do SUS: o gasto público de saúde representa menos da metade do gasto total em saúde e cerca de 4% do PIB no Brasil, enquanto países com sistema universal, como a Inglaterra, aplicam quase 8% do PIB em gastos públicos de saúde.

Notas:
* Para 2020, foi adotado o valor aprovado na Lei Orçamentária Anual (LOA). Não considera recursos de royalties do Pré-Sal e reposição de restos a pagar cancelados. Considera valores condicionados à regra de ouro.
** Para 2020, foi adotado o relatório final da LOA (2020).

Enfrentamento da COVID no Brasil

As figuras 12.3 e 12.4 demostram que, mesmo diante do avanço dos casos e óbitos associados à Covid-19 em maio e junho, houve redução de transferências federais aos entes para o enfrentamento à pandemia.

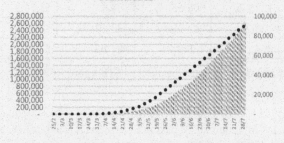

Figura 12.3: Casos e óbitos por Covid-19 acumulados

Figura 12.4: Enfrentamento à pandemia – valores transferidos aos entes pelo Ministério da Saúde (R$ bilhões)

Fonte: Ministério da Saúde e Siga Brasil. Consulta em 31/07/20.

Em outras palavras, as curvas de casos e mortes provocadas pela Covid-19 continuavam em crescimento no Brasil, porém a execução orçamentária e financeira do Ministério da Saúde (MS) para o enfrentamento da Covid-19 permanecia muito lenta, inclusive em relação à autorização de recursos adicionais.

Quer em aplicações diretas dessa pasta, quer sob a forma de transferências financeiras para os Fundos Estaduais e Municipais de Saúde, tão somente R$ 18,7 bilhões (ou 47,8%) de R$ 39,2 bilhões tinham sido efetivamente realizados pelo MS em 29 de julho (Boletim Cofin, 2020), quatro meses após o início das medidas de isolamento social e do contágio comunitário no Brasil.

É oportuno alertar ainda que o MS não cumpre com a sua função de coordenação nacional, que faz parte do processo de planejamento ascendente do SUS estabelecido pela Lei Complementar n.º 141/2012. Por exemplo, diante da demora em apoiar os entes para aquisição de medicamentos de UTI, mesmo com o desabastecimento da rede.

Diante deste quadro, os pressupostos da política de austeridade fiscal continuam presentes mesmo sob o estado de calamidade pública (cujos efeitos não se limitam a 2020), pois se observou uma lentidão para a concessão inicial por três meses do auxílio emergencial no valor de R$ 600,00. A proposta inicial do governo era um auxílio de apenas R$ 200,00, mas a articulação da oposição com o apoio de parlamentares de vários partidos, inclusive da base, permitiu que o valor e os beneficiários fossem muito superiores ao pretendido inicialmente. Ainda assim o governo, após prorrogar por mais três meses, propôs a redução pela metade para a sua prorrogação até o fim de 2020.

De modo perverso, no contexto de combate ao novo coronavírus, há uma seletividade no rigor da austeridade fiscal, atestada pela resistência da equipe econômica de Paulo Guedes em adotar medidas que ampliem a dívida pública ou a emissão de moeda para combater os efeitos da crise sanitária e, por outro lado, pela realização de despesas associadas ao ciclo político-eleitoral (negociação para formação da base de apoio parlamentar no Congresso Nacional e a disputa das eleições municipais), à concessão de reajustes aos militares, à obrigatoriedade de execução das emendas de bancada, dentre outras, exceto os gastos com saúde e para garantia dos direitos de cidadania.

Nessa direção, no Projeto de Lei de Diretrizes Orçamentárias (PLDO) 2021, o governo apresenta como uma das diretrizes a volta da âncora fiscal baseada no teto das despesas primárias estabelecido pela Emenda Constitucional n.º 95/2016. Com a retomada da EC 95, o piso federal do SUS em 2021 será de R$ 123,8 bilhões, o que representará uma perda de aproximadamente R$ 35 bilhões em comparação ao valor de R$ 159,2 bilhões da Lei Orçamentária mais créditos extraordinários abertos em 2020.

Vale dizer, se não bastassem a demanda represada este ano e a expulsão da clientela da medicina privada, essa queda das despesas do SUS em razão da EC 95 terá consequências desastrosas sobre programações específicas, por exemplo, a atenção à média e alta complexidade (especialmente a habilitação de leitos de UTI abertos pelos entes durante a pandemia), os investimentos no complexo econômico-industrial de saúde, as aquisições de insumos estratégicos (que sofrerão impacto do câmbio) e a atenção básica, com perda de recursos para entes em função da adoção de novo modelo. Posto isto, considerando o crescimento demográfico, especialmente da população idosa (60 anos ou mais), faz-se necessário o estabelecimento de um piso emergencial para o SUS de R$ 168,7 bilhões em 2021, conforme ilustra a Tabela 12.2.

Tabela 12.2: SUS: Proposta de piso emergencial para 2021

Piso emergencial 2021* (A)	Piso federal** 2021 (EC 95) (B)	Reforço orçamentário para 2021 (A - B)
168,73	123,83	**44,90**

Fonte: Adaptado de Siop (consulta em 28/07) e IBGE (IPCA e Crescimento da População Idosa). Elaboração dos autores.
Notas:
(*) LOA 2020+Créditos (R$ 159,17 bilhões) + IPCA (2,13%) + Crescimento População Idosa (3,8%)
(**) Regra de cálculo: Piso 2020 (R$ 121,25 bilhões) acrescido da variação anual IPCA (2,13%)

Considerações finais

É preciso revogar a EC 95 para reverter a indução constitucional de redução de serviços públicos. Em particular, como chamam a atenção Rasella et al. (2018), caso a política de austeridade fosse revogada, 20 mil mortes de crianças de até 5 anos de idade e 124 mil internações seriam evitadas nos próximos anos (com a pandemia e o envelhecimento o impacto negativo do Teto de Gastos será inevitável).

Caso se queira preservar vidas e empregos, o período pós-pandemia requer regras de gasto modernas que viabilizem despesas primárias com forte efeito multiplicador[90] e redistributivo, especialmente as de saúde. Ademais,

---

[90] Para maiores detalhes acerca do efeito das regras de gasto sobre investimentos públicos, ver Carneiro e Moretti (2020).

a sustentabilidade fiscal não pode prescindir de medidas pelo lado da receita, ampliando a tributação de renda e patrimônio e revendo isenções tributárias e renúncias fiscais que apenas agravam a forte concentração de renda brasileira.

Referências

Brasil. Conselho Nacional de Saúde. *Boletim da Comissão de Financiamento e Orçamento (Cofin)*, 28/07/2020. Disponível em: http://conselho.saude.gov.br/images/comissoes/cofin/boletim/Boletim_2020_0729_T1_2_3_G1_ate_28_RB-FF-CO.pdf.

Brasil. Conselho Nacional de Secretários de Saúde. Painel CONASS / COVID-19. Disponível em: www.conass.org.br/painelconasscovid19/.

Brasil. Lei Complementar n.º 141, de 13 de janeiro de 2012. Disponível em: http://www.planalto.gov.br/ccivil_03/leis/lcp/lcp141.htm.

Brasil. PLDO-2021. Projeto de Lei do Congresso Nacional n.º 9, de 2020. Dispõe sobre as diretrizes para a elaboração e a execução da Lei Orçamentária de 2021 e dá outras providências. Disponível em: https://www.congressonacional.leg.br/materias/materias-orcamentarias/pldo-2021.

Carneiro, R.; Moretti, B. O desafio da retomada. *Le Monde Diplomatique Brasil*, 02/05/2020. Disponível em: https://diplomatique.org.br/o-desafio-da-retomada-da-economia-pos-pandemia/.

Funcia, F.; Ocké-Reis, C.O. Efeitos da Política de Austeridade Fiscal sobre o gasto público federal em saúde. In: Rossi, P.; Dweck, E.; Oliveira, A.L.M. *Economia para Poucos: impactos sociais da austeridade e alternativas para o Brasil*. São Paulo: Autonomia Literária, 2018.

IMF. *How to select fiscal rules: a primer*. USA: IMF, 2018. (Essa nota foi preparada pela equipe conduzida por Luc Eyraud e contou com a participação de Victor Duarte Lledo, Paolo Dudine e Adrian Peralta Alva.)

Gobetti, S.W. Regras fiscais no Brasil e na Europa: um estudo comparativo e propositivo. Texto para Discussão n.º 2018. Rio de Janeiro: IPEA, 2014.

Pires, M. Experiência internacional com ajustes fiscais: mecanismos institucionais, retórica e realidade. FGV – Observatório de Política Fiscal, 02/08/2018. Disponível em: https://observatorio-politica-fiscal.ibre.fgv.br/posts/experiencia-internacional-com-ajustes-fiscais-mecanismos-institucionais-retorica-e-realidade.

Prante, F; Brammucci, A.; Truger, A. Decades of tight fiscal policy have left the health care system in Italy ill-prepared to fight the COVID-19 outbreak. *Intereconomics – Review of European Economic Policy*, v. 55, n.3, May/June 2020.

Disponível em: https://www.intereconomics.eu/pdf-download/year/2020/number/3/article/decades-of-tight-fiscal-policy-have-left-the-health-care-system-in-italy-ill-prepared-to-fight-the-covid-19-outbreak.html.

Rasella, D. et al. Child morbidity and mortality associated with alternative policy responses to the economic crisis in Brazil: A nationwide microsimulation study. *PLoS Med*, 15 (5), e1002570, 2018.

Silva, R.N.A. et al. Covid-19 in Brazil has exposed socio-economic inequalities and underfunding of its public health system. Disponível em: https://blogs.bmj.com/bmj/2020/06/19/covid-19-in-brazil-has-exposed-deeply-rooted-socio-economic-inequalities-and-chronic-underfunding-of-its-public-health-system/.

Stuckler, D.; Basu, S. *The Body Economic: why austerity kills*. UK: Penguin, 2013.

13. Educação na pandemia: oferta e financiamento remotos
Andressa Pellanda[91] e Daniel Cara[92]

Só em 2019, houve cortes de R$ 32,6 bilhões devido às políticas de austeridade e, continuada essa política, a área será ainda mais prejudicada neste e nos próximos anos. Isso é resultado direto da Emenda Constitucional n.º 95/2016 como também indireto, já que as políticas econômicas têm ditado os investimentos nas áreas sociais sob o governo Bolsonaro. O Ministério da Educação tem sido regido – para além das agendas ultraconservadoras – pelo mando da Economia, de Paulo Guedes, o que significa uma asfixia dos programas essenciais.

Um dos principais efeitos das políticas de austeridade na educação é a inviabilização do Plano Nacional de Educação – Lei n.º 13.005/2014. Sua perspectiva, quando aprovado, era de aumento do investimento em educação dos atuais cerca de 5% do PIB para 10% do PIB em dez anos de vigência da lei, de forma a expandir matrículas

---
[91] Educadora, cientista política, jornalista e coordenadora-geral da Campanha Nacional pelo Direito à Educação.
[92] Professor da Faculdade de Educação da Universidade de São Paulo (FEUSP) e membro do Comitê Diretivo da Campanha Nacional pelo Direito à Educação.

na educação básica – sobretudo em creches – e no ensino superior – superando definitivamente a exclusão social e racial histórica –, e melhorar substancialmente a qualidade da educação, que ainda é muito aquém do mínimo de dignidade.

Em junho de 2020, ao completar seis anos de vigência, o Plano Nacional de Educação apresenta um cenário de que 85% de seus dispositivos não têm perspectiva de serem cumpridos até o final de sua vigência, em 2024 (Campanha Nacional pelo Direito à Educação, 2020a). Somente quatro das 20 metas apresentaram algum avanço, sendo que nenhuma foi totalmente cumprida. Se a EC 95 seguir vigente, não somente este Plano será impedido de se realizar, pelo impedimento de aumentos reais nos gastos com educação sem que outra área tenha redução de gastos, como também um próximo, que deverá viger entre 2025 e 2035, já que a EC 95 tem vigência até 2036.

A crise gerada pela EC 95 deve ainda ser agravada pela pandemia da Covid-19. Estudo realizado por pesquisadores da Associação Nacional de Pesquisa em Financiamento da Educação (Fineduca), e apresentado em Nota Técnica conjunta com a Campanha Nacional pelo Direito à Educação, demonstrou cenários de quedas de receitas para a área advindas dos prejuízos das crises que se sobrepõem (Fineduca; Campanha Nacional pelo Direito à Educação, 2020).

O resultado demonstra que a receita líquida de impostos pode encolher entre 7% e 21%, entre R$ 63,2 bilhões e R$ 189,6 bilhões a menos, de um ano para o outro. No caso do financiamento da educação básica, a redução de receitas destinadas ao setor seria de até R$ 52,4 bilhões. O impacto no financiamento por aluno pode chegar a uma redução de R$ 519 para R$ 411, na pior das hipóteses. Vale lembrar que hoje já investimos de três a cinco vezes menos do que deveríamos investir por aluno se fossem tomados como base os valores do Custo Aluno-Qualidade Inicial (CAQi), que garante condições mínimas de oferta na educação básica.

Tabela 13.1: Receita vinculada para financiamento da educação básica e cenários de redução da arrecadação, Brasil – 2018 (em bilhões R$)

Fonte de receita	Receita 2018 R$	%	Cenário I[2] R$	Cenário II[3] R$	Cenário III[4] R$
ICMS[1]	355,7	39,5	320,1	284,5	249,0
Cota-Parte ICMS	114,0	12,7	102,6	91,2	79,8
FPM	101,3	11,3	96,3	91,2	86,1
FPE	89,4	9,9	85,0	80,5	76,0
ISS	65,1	7,2	58,6	52,1	45,6
ICMS-Desoneração	1,9	0,2	1,7	1,5	1,3
Demais fontes	172,9	19,2	172,9	172,9	172,9
Receita Líquida de Impostos (RLI)	900,3	100,0	837,1	773,9	710,7
Estimativa de redução da RLI			-7,0%	-14,0%	-21,1%
Financiamento da Educação Básica					
Fundeb - receita de estados e municípios	138,8	55,1	130,5	119,3	108,1
Fundeb - complementação da União	13,8	5,5	13,0	11,9	10,8
Demais receitas de impostos vinculadas	86,3	34,2	78,8	74,2	69,6
Salário-educação cota estadual/municipal	13,1	5,2	12,5	11,8	11,2
Receita potencial vinculada	252,0	100,0	234,8	217,2	199,7
Redução dos recursos destinados à educação			-17,2	-34,8	-52,4
Número de matrículas	40.472.466		40.472.466	40.472.466	40.472.466
Receita-aluno por mês (em R$ 1,00)	519		483	447	411

Fonte: Elaborada a partir dos dados analíticos do Siope/FNDE, do RREO/Siconfi/STN, Transferências Constitucionais/STN e microdados do Censo Escolar/Inep (2018).
Notas:
(1) Receita líquida após dedução de 25% para transferência aos municípios.
(2) Estimativa de redução de 10% na arrecadação do ICMS, ISS, Cota-parte do ICMS e ICMS-Desoneração e
de 5% no FPE, FPM e salário-educação.
(3) Estimativa de redução de 20% na arrecadação do ICMS, ISS, Cota-parte do ICMS e ICMS-Desoneração e de 10% no FPE, FPM e salário-educação.
(4) Estimativa de redução de 30% na arrecadação do ICMS, ISS, Co-

ta-parte do ICMS e ICMS-Desoneração e de 15% no FPE, FPM e salário-educação.

É importante ressaltar ainda que, com a crise econômica e efeitos decorrentes como o desemprego, a queda na renda familiar e as terceirizações, precarizações e subempregos, tem havido uma pressão maior por oferta da educação pública, já que muitas famílias têm migrado as matrículas das redes privadas para as públicas. Há ainda demandas por melhorias e maiores financiamentos em programas complementares, como de alimentação escolar, e em infraestrutura das escolas, para garantir segurança sanitária em uma futura reabertura. Entre 2014 e 2019, os investimentos nos principais programas suplementares foram reduzidos em R$ 3,34 bilhões (33,9%), sendo uma redução de R$ 900 milhões só no Programa Nacional de Alimentação Escolar (PNAE)[93].

Um dos caminhos possíveis para contornar todos esses efeitos devastadores na educação básica é através do novo Fundo de Manutenção e Desenvolvimento da Educação Básica e Valorização dos Profissionais da Educação, o Fundeb. O Fundeb está fora dos limites da EC 95. A Constituição Federal determina no Fundeb vigente hoje (EC 53/2006) que a complementação da União deve ser de, no mínimo, 10% dos recursos vinculados ao Fundeb no âmbito dos estados, do DF e dos municípios (ADCT, art. 60, VI, d). Na prática, a União tem se restringido a executar tal percentual mínimo.

Para o novo Fundeb, esse patamar mínimo de complementação será elevado para 23%, através de fontes de recur-

---

[93] Elaborado pela Fineduca a partir dos dados do orçamento da despesa disponibilizados no Portal da Transparência da Controladoria Geral da União. Valores atualizados de dezembro de cada ano para dezembro/2019 pelo IPCA/IBGE.

sos novas, além de trazer melhorias no sistema de distribuição, sem desestruturar as redes, proibindo o pagamento de inativos através do Fundo – o que permitirá um ganho de R$ 26 bilhões – e incorporar como referência para condições adequadas de oferta o Custo Aluno-Qualidade (CAQ) (Campanha Nacional pelo Direito à Educação, 2020b). O Fundeb é mecanismo já existente e bem implementado, por isso pode cumprir papel central na compensação pela perda de receitas via elevação da complementação da União[94].

Ainda que um passo enorme para o financiamento adequado da educação básica, o novo Fundeb, sozinho, não dará conta de fazer face à crise que já enfrentamos e que deverá ser aprofundada a partir de 2021. Isso acontece não somente porque há demanda maior na área que o Fundo pode aportar – e para além da educação básica – como também pelo aumento mínimo de complementação de 10% para 23% ser realizado de forma lenta e gradativa a partir do ano que vem, que será um ano decisivo em termos de respostas à crise advinda da pandemia.

Vale lembrar que a relatora especial da ONU para o Direito à Educação, Koumbou Boly Barry, recomenda que países "dediquem o máximo de seus recursos disponíveis" para alcançar com plenitude o direito à educação. A orientação é feita frente à temeridade de tendência de redução de receitas alocadas à educação pública no contexto de pandemia e a necessidade de concretizar progressivamente a "realização plena de direitos econômicos, sociais e culturais, incluindo o direito à educação".

A relatora Boly Barry afirmou em relatório temático de 2020 sobre a educação na pandemia que essa respos-

---

[94] Conheça o histórico de tramitação das PECs do Fundeb no Congresso Nacional e de construção dessas melhorias ao novo texto: https://campanha.org.br/novofundeb/

ta deve ser feita com o aumento de recursos mobilizados (Human Rights Council, 2020).

> No Brasil, cortes no financiamento e a contenção de gastos públicos levaram a um desmantelamento das políticas públicas, fazendo com que *stakeholders* não atuassem de maneira forte e urgente em resposta à pandemia. (...) Em contraste, países que investiram na proteção de direitos econômicos, sociais e culturais, os quais estabeleceram cooperação e confiança na sociedade civil, estão mais bem equipados para responder às crises. (Tradução nossa.)

Dessa forma, não há caminho que reverta a necessidade de derrubada da EC 95 para que possamos dedicar maiores investimentos à educação. A permanência de tal emenda e de tais políticas de austeridade têm ceifado não somente vidas, como também condições dignas de trabalho para milhões de profissionais da educação e o futuro de milhões de estudantes brasileiros.

Referências

Campanha Nacional pelo Direito à Educação. Balanço 2020 do Plano Nacional de Educação, realizado pela Campanha Nacional pelo Direito à Educação. 2020a. Disponível em: https://media.campanha.org.br/semanadeacaomundial/2020/materiais/BALANCO_14052020.pdf

Campanha Nacional pelo Direito à Educação. Nota Técnica: Por que é imprescindível constitucionalizar o CAQ? Elaborada pela Campanha Nacional pelo Direito à Educação. 2020b. Disponível em: https://campanha.org.br/noticias/2020/08/12/nota-tecnica-por-que-e-imprescindivel-constitucionalizar-o-caq/

Chade, J. Resposta do Brasil à pandemia gera onda de críticas na ONU. Portal UOL notícias, 6 de julho de 2020. Disponível em: https://noticias.uol.com.br/colunas/jamil-chade/2020/07/06/resposta-do-brasil-a-pandemia-gera-onda-de-criticas-na-onu.htm

Fineduca; Campanha Nacional pelo Direito à Educação. Nota Técnica: Atenção: é preciso proteger o financiamento da educação básica dos prejuízos da crise econômica. 2020. Disponível em: https://fineduca.org.br/wp-content/uploads/2020/05/20200507_Nota_queda_-receitas_final.pdf

Human Rights Council. A/HRC/44/39. 2020. Disponível em: https://www.ohchr.org/Documents/Issues/Education/A_HRC_44_39_AdvanceUneditedVersion.docx

14. O desmonte das políticas de reforma agrária

Gustavo Souto de Noronha[95]

Desde o início do século XIX, com José Bonifácio de Andrada e Silva, a questão agrária aparece no debate nacional. O tema já foi abordado também por Joaquim Nabuco, Ignácio Rangel, Caio Prado Júnior e inúmeros outros autores de obras clássicas do pensamento brasileiro até dezenas de reflexões em artigos, dissertações e teses. Recorrentemente se ressalta a necessidade da democratização da propriedade da terra como uma etapa necessária ao desenvolvimento brasileiro. João Goulart, por exemplo, pouco antes do golpe militar de 1964 derrubá-lo, fez uma apaixonada defesa da reforma agrária.

A ditadura trouxe o Estatuto da Terra (Lei n.º 4.504, de 30 de novembro de 1964). A redemocratização trouxe o primeiro Plano Nacional de Reforma Agrária e o governo Lula apresentou o segundo. Entretanto, ao longo da história, pouco se alterou o índice de Gini de concentração da terra no Brasil. O Brasil inovou e instituiu o que chamamos de "reforma agrária perene", caso único no mundo, onde a agenda da democratização do acesso à terra esteve

---

[95] Economista do Instituto Nacional de Colonização e Reforma Agrária (Incra); Professor da Universidade Estácio de Sá.

sempre na agenda nacional, mas nunca foi efetivada como política pública real (Noronha, 2014; Noronha, 2018; Noronha; Falcon, 2018; Noronha, 2020). Diferentemente de outros países que realizaram algum tipo de reformulação completa da estrutura fundiária, nosso país apelidou de reforma agrária uma política que precariamente fiscaliza a função social da propriedade da terra.

Isso nos remete a um ponto de destaque no pensamento de Caio Prado Junior (2000) quando ele afirma que as manchas de solo de pior qualidade ficam na mão dos pequenos e médios proprietários enquanto as melhores terras concentram-se com os grandes proprietários. Ainda que tenha relevância a discussão da função social da propriedade a partir da produtividade, como é o caso do atual arcabouço jurídico para reforma agrária no Brasil, uma política de reforma agrária focada na desapropriação apenas das grandes propriedades improdutivas perpetuaria este cenário. Hoje, pela lei brasileira, propriedades produtivas não são objeto de desapropriação, ainda que a Constituição brasileira amplie o conceito de função social da propriedade rural no Brasil para além da produtividade e inclua o respeito ao meio ambiente, a observância da legislação trabalhista e a ideia abstrata de bem-estar dos proprietários e dos trabalhadores (Brasil, 1988).

Os dados do Censo Agropecuário do IBGE de 2017 mostram uma demanda muito maior inclusive que o total de famílias assentadas hoje no Brasil (pouco menos de 1,4 milhão (Incra, s/d)), como pode ser observado na tabela 14.1:

Tabela 14.1: Demanda potencial da reforma agrária – produtores sem área e minifúndios

Tipo de estabelecimento	Total de estabelecimentos
Produtores sem área	76.671
Maior que 0 menor que 0,1 hectares	75.121
De 0,1 a menos de 0,2 hectares	54.800
De 0,2 a menos de 0,5 hectares	174.551
De 0,5 a menos de 1 hectares	303.467
De 1 a menos de 2 hectares	467.982
De 2 a menos de 5 hectares	817.425
Demanda potencial	1.970.017

Fonte: IBGE. Censo Agropecuário – resultados preliminares, 2017.

O Estatuto da Terra (Brasil, 1964), ainda vigente, estabelece como objetivo da reforma agrária eliminar o latifúndio e o minifúndio. No Brasil, uma área inferior a um módulo fiscal é considerada um minifúndio. A legislação brasileira também prevê a *fração mínima de parcelamento* (área mínima que um imóvel pode ter). Tanto o módulo fiscal quanto a fração mínima de parcelamento são definidos por município. Os menores valores para estas medidas no país são respectivamente cinco e dois hectares. A Tabela 14.1 mostra que a demanda existente por reforma agrária, considerando apenas as áreas abaixo da menor fração mínima de parcelamento e os produtores sem área, apresenta um público potencial a ser atendido pela democratização do acesso à terra no Brasil de mais de 1,15 milhão de famílias. Se incluirmos todos os minifúndios na conta, áreas abaixo de cinco hectares, teríamos mais 817.425 microproprietários, ou seja, a demanda por reforma agrária poderia ser considerada algo como um pouco menos de 2 milhões de famílias.

Obviamente, o debate da reforma agrária caminha junto com a discussão sobre segurança alimentar. A perspectiva de eliminação da fome, estabelecida nos Objetivos do Desenvolvimento Sustentável das Nações Unidas, não se mostra muito animadora pelo relatório da FAO (2020) sobre o *Estado da Segurança Alimentar e Nutricional no Mundo 2020*. O estudo mostra que desde 2018 há um aumento no número total de subnutridos no mundo, sendo que o ponto mais baixo da prevalência da subnutrição foi atingido em 2014. A expectativa é que em 2030, 9,8% da população mundial esteja vivendo com fome comparado com os 8,9% atuais, de forma que o mundo não parece caminhar para o fim da fome. A FAO ainda alerta que a pandemia da Covid-19 tende a agravar a situação como um todo.

Além do trabalho da FAO, que já mostrava um retorno do Brasil ao mapa da fome, estudo da Oxfam sobre os impactos da crise provocada pelo novo coronavírus sugere que o Brasil está entre os prováveis epicentros globais da fome (Oxfam, 2020). Neste sentido, a discussão do modelo de exploração ideal das terras é vital para a discussão de como alimentaremos os bilhões de habitantes do planeta. No Brasil, em decorrência de uma disputa entre dois modelos para o campo, as áreas voltadas para alimentos de consumo interno da população brasileira têm perdido espaço para culturas de exportação ou para produção de gêneros não alimentícios, muitas vezes voltados ao mercado de energia (Noronha (2018); Noronha; Falcon (2018); Noronha (2020).

Neste sentido, seria necessário que houvesse uma forte intervenção do Estado no campo, tanto com políticas agrárias quanto agrícolas, de forma a responder o enorme desafio que se coloca no cenário. Todavia, desde a virada para a austeridade em 2015, os recursos para qualquer política para o campo foram drenados do orçamento de forma bastante impressionantes, sendo que este, após a entrada em vigência da EC 95, permanece sem qualquer perspectiva de recomposição. A Figura 14.1 mostra a evolução orçamentária do Incra. Impressiona que o orçamento em 2020 equivalha a pouco menos que a metade daquele do ano 2000 em R$ de janeiro de 2020, ressaltando que desde 2016 os valores têm sido inferiores àqueles do ano inicial da série.

Figura 14.1: Evolução orçamentária do Incra (em R$ de jan. 2020)

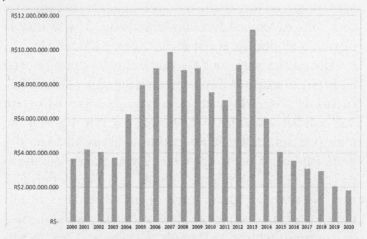

Fonte: dados do SIOP, função 21 (Organização Agrária) para recursos efetivamente empenhados, exceto 2020 para o qual foi considerada a dotação orçamentária, em R$ de janeiro de 2020. Elaboração própria. Consulta realizada em 05 ago. 2020. Disponível em <https://www1.siop.planejamento.gov.br/>.

Mesmo na pasta geral da agricultura, a análise do orçamento mostra que a partir de 2017 temos os menores orçamentos desde 2009, sendo que 2016 supera apenas o orçamento do ano de 2012.[96] A desestruturação das políticas pública para o campo é real sob qualquer ótica. E alterna-

---

[96] Idem, com consulta na função 20 (Agricultura).

tivas de financiamento das ações governamentais também são atacadas por outras medidas alinhadas com a agenda central de austeridade imposta pelo Teto de Gastos.

Em trabalhos anteriores (Noronha, 2018; Noronha; Falcon, 2018; Noronha 2020) citamos algumas alternativas de financiamento: a constituição de fundos públicos; uma maior fiscalização do Imposto sobre Propriedade Territorial Rural (ITR), além da possibilidade de uma maior alíquota; e, o aumento das taxas cadastrais do Incra. Os fundos públicos podem ser extintos se aprovada a PEC nº 187, enquanto a discussão sobre o ITR ou taxas do Incra não estão na ordem do dia da reforma tributária. Ademais, mesmo alterações legais recentes como a Lei n.º 13.465/2017 que visava facilitar os procedimentos de regularização fundiária não conseguiram avançar em seus fins por absoluta falta de capacidade de execução da autarquia responsável, que não dispõe do orçamento necessário. A situação é tão crítica que a alternativa que está colocada no debate público é flexibilizar ainda mais as normas (que já tinham sido flexibilizadas) criando insegurança jurídica e acirrando conflitos no campo.

É importante ressaltar que, desde o governo Temer, medidas que visavam democratizar o acesso à terra têm sido descontinuadas ao ponto de, já no governo Bolsonaro, a reestruturação do Incra ter extinguido a sua Diretoria de Obtenção de Terras. Este processo completou o ciclo iniciado com a deposição da ex-presidenta Dilma de afastamento da autarquia agrária das ações de democratização do campo, transformando o órgão quase em um cartório com atuação nacional. Sem uma diretoria responsável pela execução da ação e sem recursos orçamentários (que neste caso foram praticamente zerados), o comando constitucional da reforma agrária, mesmo em terras improdutivas, torna-se letra morta na lei. Aparentemente o Brasil caminha para um abandono da reforma agrária perene, fazendo opção pela não mudança de sua estrutura fundiária. Neste sentido, o modelo escolhido para o campo é o subdesenvolvimento.

Por fim, é importante lembrar que, no Brasil, as áreas voltadas para alimentos de consumo interno da população brasileira têm perdido espaço para culturas de exportação ou para produção de gêneros não alimentícios, muitas vezes voltados ao mercado de energia. Os alimentos necessários à segurança alimentar são baseados num modelo mais próximo daquele da reforma agrária e da agricultura familiar (Noronha, 2020). Diante da ameaça do Brasil se tornar um dos epicentros da fome no mundo como consequência da pandemia, urge que a reforma agrária seja recolocada no centro da agenda política brasileira. Se o Brasil necessitava do fim da reforma agrária perene por sua efetivação, o compromisso do governo brasileiro, calcado na austeridade, parece ser sepultar a agenda em prol de interesses políticos mesquinhos ainda que isso ponha o país em evidência pela fome.

Referências

Brasil (1964). Estatuto da terra. Lei n.º 4.504 de 30 de novembro de 1964.

Brasil (1988). Constituição Federal de 1988.

FAO. The State of the world 2020. Disponível em <http://www.fao.org/3/ca9692en/CA9692EN.pdf>.

Incra. Números da Reforma Agrária. S/D. Disponível em < http://www.incra.gov.br/pt/n%C3%BAmeros-da-reforma-agr%C3%A1ria.html>.

Noronha, G. S. A questão agrária, a Emenda Constitucional n.º 95 e possíveis alternativas. In: Pedro Rossi; Esther Dweck; Ana Luiza Matos de Oliveira (org.). *Economia para poucos: impactos sociais da austeridade e alternativas para o Brasil*. São Paulo: Autonomia Literária, v. 1, 2018, p. 263-280.

Noronha, G. S. A questão agrária, o papel da agricultura no desenvolvimento e o Brasil. In: Gimene, M. (org). *Por uma economia política criativa e inclusiva*. Brasília: Fundação João Mangabeira, 2020, p. 197-228.

Noronha, G.S. Apontamentos sobre a questão agrária no Brasil. *Revista Brasileira de Planejamento e Orçamento*, v. 4, p. 183-206, 2014.

Noronha, G.S.; Falcon, M.L.O. A disputa entre modelos para o campo: apontamentos sobre a questão agrária no Brasil em busca de um novo paradigma. *Saúde em Debate*, v. 42, p. 183-198, 2018.

Oxfam. O Vírus da Fome: como o coronavírus está aumentando a fome em um mundo faminto. 2020. Disponível em <https://d2v21prk53tg5m.cloudfront.net/wp-content/uploads/2020/07/Informe-Virus-da-Fome-embargado-FINAL-1.pdf> .

Prado Junior, C. *A questão agrária*. São Paulo: Brasiliense, 2000.

15. O Teto de Gastos e os Dhesca: impactos e alternativas

Coalizão Direitos Valem Mais

Este capítulo tem por objetivo fornecer informações sobre os efeitos da Emenda Constitucional n.º 95/2016 (EC 95) nos direitos humanos econômicos, sociais, culturais e ambientais (Dhesca), mostrando argumentos que justificam a urgência da revogação do Teto de Gastos para assegurar esses direitos garantidos constitucionalmente e as condições de sobrevivência da população não somente durante, mas também no pós-pandemia.

O texto resulta de documento técnico[97] elaborado pela Coalizão Direitos Valem Mais e entregue ao Supremo Tri-

---

[97] O documento técnico constitui uma das justificativas do pedido de suspensão imediata da EC 95, até o julgamento definitivo da inconstitucionalidade pelo STF, apresentado pela Coalizão Direitos Valem Mais à Ministra Rosa Weber do STF, relatora das oito Ações Diretas de Inconstitucionalidade (ADIs) referentes ao Teto dos Gastos. Coordenado por Denise Carreira e Grazielle David, o documento técnico foi elaborado pelas seguintes pesquisadoras, pesquisadores e ativistas: Cedeca Ceará (Talita Maciel, Marina Araújo); Congemas (Marilia Paiva); Fian Brasil/Fórum Brasileiro de Soberania e Segurança Alimentar (Valéria Burity, Paulo Asafe); Fineduca (José Marcelino Pinto, Nelson Amaral, Thiago Alves); Frente Nacional em Defesa do SUAS (Márcia Helena Carvalho Lopes, Jucimeri Izolde Silveira,

bunal Federal (STF) em maio de 2020. O estudo apresenta um diagnóstico dos efeitos da EC 95 nas políticas sociais e ambiental e um conjunto de propostas para retomada da capacidade de financiamento das políticas públicas pelo Estado brasileiro. Impulsionada pela Plataforma Dhesca, a Coalizão representa um esforço intersetorial que reúne cerca de duzentas organizações, redes, entidades, Conselhos de Direitos, instituições acadêmicas e associações de gestores que atuam pelo fim do Teto dos Gastos e por uma nova economia comprometida com direitos humanos e com os direitos da natureza.

O fim da EC 95 representa a possibilidade de ampliar as chances de lidar com as consequências da Covid-19, que não são apenas de curto prazo, e com a possibilidade de novas pandemias, conforme alertado pela Organização Mundial da Saúde, em um contexto de aceleração de mudanças climáticas.

A previsão dos efeitos socioeconômicos da pandemia da Covid-19 é de pelo menos dois anos; quanto aos efeitos na saúde das pessoas acometidas pela doença, podem se estender por toda uma vida, uma vez que parte delas po-

---

Carolina Gabas Stuchi); Gestos e GT Agenda 2030 (Alessandra Nilo, Claudio Fernandes); Instituto Alana (Thais Dantas); Inesc – Instituto de Estudos Socioeconômicos (Alessandra Cardoso, Carmela Zigoni, Cleomar Manhas, Leila Pantojas, Livi Gerbase, Luiza Pinheiro, Márcia Acioli, Nathalie Beghin, Tatiana Oliveira, Thalita de Oliveira); International Budget Partnership (IBP) (Alexandre Ciconello, Paolo de Renzio); Jorge Abrahão de Castro (ex-diretor de políticas sociais do IPEA); Plataforma Dhesca/Ação Educativa/FEUSP (Denise Carreira); Terra de Direitos (Maira de Souza Moreira, Naiara Andreoli Bittencourt, Darci Frigo); Instituto de Economia/UFRJ (Esther Dweck, Marcelo Tonon); Cecon/Instituto de Economia/Unicamp (Grazielle David, Pedro Rossi); Conselho Nacional de Saúde (Carlos Ocké Reis, Francisco Funcia, Rodrigo Benevides). O documento está disponível em https://bit.ly/DocSTF

derá desenvolver problemas crônicos que exigirão cuidados permanentes, como aquelas que precisarão de diálise devido às lesões nos rins. De acordo com os princípios de direitos humanos dos quais o Brasil é signatário e da Constituição Federal, a economia deve estar a serviço dos direitos constitucionais da população, e não o inverso, como estabelece o Teto de Gastos.

Educação

A EC 95 foi aprovada pelo Congresso Nacional no segundo ano de implementação do Plano Nacional de Educação (PNE) 2014-2024 e afetou diretamente o cumprimento de suas metas. Quando se discute a qualidade do ensino, não se pode esquecer de sua relação direta com o gasto por estudante. Nesse aspecto, o valor aplicado por aluno na educação básica no Brasil, em 2015, correspondia a apenas 41% do valor médio da OCDE e cerca de 30% dos valores cobrados em escolas privadas consideradas como de qualidade. Por isso é desastroso o efeito da EC 95 para a educação, uma vez que ela é um limitador à ampliação dos gastos federais com a educação, exatamente em um contexto em que a aumento dessa participação federal é condição essencial para o cumprimento das metas do PNE.

O Teto dos Gastos, que foi aprovado como forma de inviabilizar a vinculação constitucional para saúde e educação, induz o Governo Federal a diminuir o percentual mínimo obrigatório de impostos aplicados na área: do mínimo constitucional de 18% até chegar aos 10,3% previstos para 2036, supondo crescimento anual da receita de 3%. Essa redução do esforço federal com educação já acontece em um contexto de forte redução das despesas federais, tanto em educação como em ciência e tecnologia, áreas estratégicas, não apenas para se enfrentar a pandemia, mas para viabilizar uma saída econômica e social para o país no contexto pós-crise, para que deixe de se limitar a ser um exportador de commodities.

Os estudos realizados durante a elaboração do Plano Nacional de Educação (Lei n.º 13.005/2014) para o período 2014-2024 concluíram que era preciso elevar o volume de recursos financeiros aplicados no setor educacional para chegar a valores equivalentes a 10% do PIB. Apesar disso, o Brasil está em péssima posição no quesito valor aplicado por pessoa em idade educacional, anualmente, em comparação com países da OCDE: enquanto na média a OCDE aplica U$ 8.952 per capita, o Brasil aplica menos da metade, apenas U$ 2.985 per capita. Ressalte-se que para atingir valores próximos a US$/PPP 6.000,00, metade dos valores aplicados pelos países de valores mais elevados, o Brasil teria que multiplicar por três, o volume de recursos aplicados em educação.

A evolução da despesa federal com educação é aferida através de dois indicadores: despesa na função educação e despesa com manutenção e desenvolvimento do ensino (MDE). As despesas com MDE são mais restritas, pois excluem o pagamento de aposentados, hospitais universitários, alimentação escolar, entre outras, em conformidade com o conceito estabelecido no artigo n.º 212 da CF e regulamentado nos artigos n.º 70 e n.º 71 da Lei de Diretrizes e Bases da Educação Nacional (LDB).

Os dados mostram que, independentemente do indicador utilizado, ocorreu expressiva queda nos gastos federais no período. Considerando os anos de maior despesa, tendo o princípio de não retrocesso social[98] como preceito,

---

[98] O princípio de não retrocesso social corresponde à proteção de direitos fundamentais diante de medidas do poder público, Executivo ou Legislativo, que tenham por objetivo a supressão ou restrição dos

a queda foi de R$ 20 bilhões na função educação (entre 2014 e 2019) e de R$ 24 bilhões (entre 2012 e 2019) com MDE. Cabe ressaltar que já se observam também os efeitos danosos da EC 95, não sendo assegurados sequer os congelamentos dos gastos a partir de 2017, ano de referência para a educação. De 2017 para 2019 ocorreu uma perda de R$ 15 bilhões nas despesas na função educação, e de R$ 5 bilhões com MDE.

Entre 2014 e 2019, ocorreu queda de R$ 3,6 bilhões nos recursos para a educação superior, de R$ 3,3 bilhões para a educação técnico-profissional e de R$ 300 milhões para os hospitais universitários, tão essenciais nesse momento de enfrentamento da Covid-19. A queda nas despesas com investimentos é significativamente superior que a queda com as despesas de custeio, uma característica dos efeitos mais imediatos do Teto dos Gastos, levando ao cenário de prédios inacabados ou falta de equipamentos para o adequado funcionamento.

Para melhor compreensão do efeito das políticas de corte por parte do Governo Federal dos últimos anos na educação básica é fundamental que se analise a execução orçamentária do Fundo Nacional de Desenvolvimento da Educação (FNDE), considerando que nesse nível de ensino o Governo Federal tem como principal função apoiar estados e municípios. Ocorreu uma perda de recursos totais de R$ 14,4 bilhões do fundo entre seu "melhor ano" (2012) e 2019. Entre 2018 a 2019 a queda foi de R$ 3,2 bilhões.

Em análise da evolução da despesa de algumas ações do FNDE, no Programa Nacional de Alimentação Escolar (PNAE) ocorreu uma queda de R$ 1 bilhão (20%) de

---

mesmos. Isso quer dizer que, a cada avanço na proteção dos direitos, não é possível voltar atrás, inclusive no seu financiamento, mesmo com a justificativa de restrições financeiras.

2014 e 2019. Reforçamos o quanto a demanda por esses recursos nesse período de pandemia e após o retorno às aulas é essencial para que crianças não passem fome: muitas vezes o que comem na escola é o único alimento que têm durante todo o dia. O Programa Dinheiro Direto na Escola (PDDE), cujo valor atingiu em 2019 apenas 28% do valor de 2013, é um programa guarda-chuva para garantir recursos diretamente às escolas com o objetivo de desenvolver projetos pedagógicos – tais como feiras de ciência, aquisição de computadores, implantar horta orgânica etc. – ou para ampliar a jornada escolar com atividades de reforço, esportivas ou culturais. Já os programas de apoio à construção e manutenção da infraestrutura para atenção básica, que vinham em queda desde 2014, foram praticamente zerados em 2019, com perda de R$ 3 bilhões.

Figura 15.1: Evolução das despesas pagas* no Fundeb

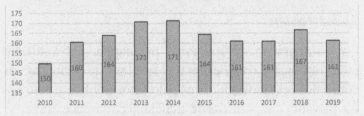

Fonte: FNDE. Elaboração: Fineduca.
*Valores reais em R$ bilhões, até 2018 despesa paga e restos a pagar pagos corrigida pelo IPCA; para 2019, valor estimado.

Com relação ao Fundo de Desenvolvimento da Educação Básica (Fundeb), ocorreu uma perda de R$ 10 bilhões entre 2014 e 2019, em plena pressão sobre estados e municípios para cumprimento das metas do PNE, entes da federação que dependem basicamente dos recursos do Fundo e do complemento federal (Figura 15.1). Como resultado, a capacidade dos municípios de atender a demanda por educação básica está caindo: ocorreu queda do número de matrículas da educação básica oferecida pelos estados e municípios de 40,4 milhões em 2014 para 39 milhões em 2018.

A Educação de Jovens e Adultos (EJA), modalidade de ensino que reflete a dívida histórica do sistema educacional com a população mais vulnerável da nação, e que chegou a movimentar cerca de R$ 1 bilhão de recursos federais no período 2010 a 2013, viu as despesas desabarem para apenas R$ 40 milhões em 2019.

A manutenção da EC 95 inviabilizará completamente a implementação do PNE 2014-2024, plano de Estado de longo prazo que representa o que de mais avançado a sociedade brasileira conseguiu construir como principal instrumento de planejamento da política educacional. Inviabilizará também a adaptação adequada das redes de ensino para o desafiante contexto do pós-pandemia.

Ciência e tecnologia

Em comparação internacional per capita, entre 2010 e 2018, dos gastos com despesas correntes e de capital, assim como dos recursos aplicados pelo setor público e pelo setor privado, em políticas de ciência, tecnologia e inovação (C,T&I), o Brasil aplicou apenas US$/PPP 193, enquanto os países da OCDE aplicaram, em média, US$/PPP 799, sendo que diversos países investiram mais de US$/PPP 1.000 por habitante. O país, portanto, encontra-se muito distante dos valores da OCDE, aplicando apenas 24% do que é investido em média pelos países membros.

Além do subfinanciamento crônico da ciência e tecnologia (C&T) no Brasil, a partir de 2015, com a adoção de medidas de austeridade fiscal, ocorreu involução nos recursos associados ao Ministério da Ciência, Tecnologia, Inovações e Comunicações (MCTIC), nos recursos do Conselho Nacional de Desenvolvimento Científico e Tecnológico (CNPq), do Fundo Nacional de Desenvolvimento Científico e Tecnológico (FNDCT) e Coordenação de Aperfeiçoamento de Pessoal de Nível Superior (Capes). A Figura 15.2 apresenta o desmonte pelo qual passa o sistema de C&T do país.

Figura 15.2: Evolução das despesas pagas* do MCTIC, CNPq e FNDCT

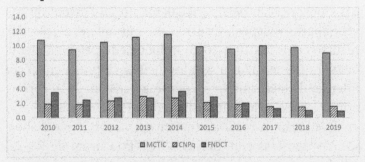

Fonte: SIOP a partir de dados do SIAFI. Elaboração: Fineduca
*Valores reais em R$ bilhões da despesa paga e restos a pagar pagos atualizados pelo IPCA médio para janeiro 2020.

As despesas pagas do MCTIC atingiram o valor de R$ 11,6 bilhões em 2014 (melhor ano), caindo para R$ 9 bilhões em 2019. Já as despesas do CNPq, que caíram de R$ 2,7 bilhões em 2014 para R$ 1,6 bilhão em 2019, uma redução de quase 50%. O FNDCT, estratégico para o setor, viu seus recursos serem reduzidos de 3,7 bilhões em 2014 para apenas 0,9 bilhões em 2019.

Quando se consideram os desafios colocados ao país nesse momento de pandemia e aqueles que virão após, é urgente a retomada de investimento no setor. Destaca-se que é justamente nas universidades públicas brasileiras, que sofrem de grande perda de recursos orçamentários referentes a bolsas e infraestrutura, que têm ocorrido importantes avanços em pesquisas e ações voltadas para o combate à pandemia da Covid-19 e à ampliação da capacidade do sistema de saúde, com mapeamento genético, produção de ventiladores mecânicos com melhor custo-benefício, entre outras iniciativas, como a produção e testagem de vacinas (USP, 2020; Unicamp, 2020).

Outra autarquia fundamental no apoio ao desenvolvimento científico e tecnológico, principalmente por meio da concessão de bolsas aos estudantes, vinculada ao MEC é a Coordenação de Aperfeiçoamento de Pessoal de Nível Superior (Capes). Ocorreu uma grande evolução dos recursos entre 2010 a 2015, influenciada principalmente pelo programa Ciência sem Fronteiras. Depois a queda foi intensa, de tal forma que a despesa paga em 2019 corresponde a apenas 46% da despesa de 2015.

A redução de recursos teve efeito na concessão de bolsas. As despesas com bolsas do CNPq caíram de R$ 2,4 bilhões em 2014 para R$ 1,2 bilhão em 2019 enquanto o número de bolsas foi de 102 mil em 2014 para 79 mil em 2017. Já as despesas com bolsas da Capes caíram de R$ 6,4 bilhões em 2014 para R$ 3,5 bilhões em 2019, enquanto o número de bolsas foi de 150 mil em 2014 para 109 mil em 2018.

Os cortes atingiram principalmente os programas de iniciação científica, passo inicial para a formação do futuro cientista. Cabe destacar ainda o caso do cientista que perdeu a bolsa Capes de pesquisa enquanto estudava a Covid-19 (UOL, 2020). Destaca-se também que, em 23 de abril de 2020, o CNPq lançou a chamada pública para seleção de suas 25 mil bolsas de iniciação científica, destinadas prioritariamente para estudantes de áreas tecnológicas e aplicadas, seguindo as orientações da Portaria n.º 1.122/2020. Essa medida, na prática, excluiu as ciências básicas, sociais e humanidades do fomento à pesquisa do Programa Institucional de Iniciação Científica (Pibic), descartando o papel que essas ciências têm na superação das crises que enfrentamos.

Alimentação e nutrição adequadas e agricultura familiar

O direito humano à alimentação e à nutrição adequadas (Dhana) é um direito individual e também social, previsto no artigo 6º da Constituição Federal e em tratados internacionais de direitos humanos, exercido quando uma pessoa, isolada ou em comunidade, tem acesso físico e econômico, em todos os momentos, a alimentação suficiente, adequada e culturalmente aceitável, que se produz e consome de forma sustentável, mantendo o acesso à alimentação para as gerações futuras.

A adoção de medidas de austeridade fiscal, intensificada com a EC 95, promoveu vários cortes orçamentários em programas do Plano Nacional de Segurança Alimentar e Nutricional (Plansan), apesar de ter sido essa política que, em anos anteriores, levou o Brasil a sair do Mapa da Fome e a ser referência internacional nesse campo.

A Tabela 15.1 demonstra a redução orçamentária acima de 80% para diversas ações orçamentárias essenciais para a garantia do Dhana, sendo que as mais afetadas foram justamente aquelas destinadas à população mais vulnerável, como agricultores familiares, comunidades quilombolas, indígenas e demais povos e comunidades tradicionais.

Tabela 15.1: Orçamento aprovado na Lei de Orçamento Anual (LOA) para ações relacionadas à segurança alimentar em 2014, 2019 e 2020.

Ações orçamentárias	2014 (R$)	2019 (R$)	2020 (R$)	Variação
Programa de Aquisição de Alimentos	1,3 bilhão	287 milhões	151,6 milhões	-88%
Assistência Técnica e Extensão Rural	630 milhões	135 milhões	85,4 milhões	-86%
Distribuição de Alimentos a Grupos Populacionais Tradicionais e Específicos (Cestas)	82 milhões	27,4 milhões	6,0 milhões	-93%
Acesso à Água para Consumo Humano e Produção de Alimentos na Zona Rural (Cisternas)	643 milhões	75 milhões	74,7 milhões	-88%
Apoio a organização econômica e promoção da cidadania de mulheres rurais	32,5 milhões	500 mil	0	-100%
Programa Bolsa Verde	106 milhões	0	0	-100%
Apoio ao desenvolvimento sustentável de comunidades quilombolas, povos indígenas e comunidades tradicionais	106 milhões	0	0	-100%

Fonte: SIOP

Destacamos a importância do Programa de Aquisição de Alimentos (PAA) para garantia de segurança alimentar e nutricional da população. De um lado, o programa garante renda a agricultores familiares e, de outro, a entrega de comida – de qualidade e saudável – para grupos em situação de vulnerabilidade. Segundo dados divulgados em estudo do IPEA (2019), o PAA chegou a contribuir no aumento de R$ 400,00 na renda dos agricultores familiares, beneficiou anualmente em seus anos de melhor financiamento aproximadamente 185 mil famílias agricultoras, sendo adquiridos e distribuídos mais de 297 mil toneladas de alimentos (380 itens diferentes), em todos os estados brasileiros.

Entretanto, o PAA hoje conta com orçamento bastante reduzido, o que se torna ainda mais grave frente ao risco de aumento da fome decorrente dos efeitos socioeconômicos da crise. Na realidade, investir no PAA evitaria o retrocesso social na garantia do Dhana e ainda seria benéfico para a recuperação econômica, uma vez que os recursos voltados ao programa fomentam o abastecimento nos municípios e geram renda, que dinamizam a economia local. Sem a revogação da EC 95, a necessária retomada de orçamento do PAA será dificultada, afetando esse essencial direito humano.

O desmonte do Estado e de programas sociais que garantiam o acesso à renda, a produção de alimentos pela agricultura familiar e o consumo de alimentos por famílias em situação de vulnerabilidade coloca o país em marcha ré e alta velocidade de volta ao Mapa da Fome.

Reforma agrária e territórios quilombolas

A EC 95 fragiliza principalmente as despesas discricionárias, entre as quais estão as políticas de desenvolvimento rural. Demonstraremos isso com a análise das despesas referentes à ação 210Z – Reconhecimento e Indenização de Territórios Quilombolas, integrante do Programa de Promoção da Igualdade Racial e Superação do Racismo, e à ação 211B – Obtenção de Imóveis Rurais para Criação de Assentamentos da Reforma Agrária, integrante do Programa de Reforma Agrária e Governança Fundiária. Essa seleção ocorre porque são essas ações que fazem avançar e colocam desafios de continuidade e ampliação de investimentos para as demais ações constantes das políticas de Regularização de Territórios Quilombolas e de Reforma Agrária. Em outras palavras, na ausência de terra e território, outras políticas e programas de desenvolvimento rural sustentável, voltados à estruturação e desenvolvimento dessas populações no campo, também ficam obstaculizados.

As políticas de austeridade fiscal que vêm sendo adotadas a partir de 2015, e que se intensificaram em 2016 com a EC 95, impactaram os gastos com as referidas políticas, contribuindo para ainda maior vulnerabilidade das populações do campo brasileiro. Somam-se ainda significativas mudanças legislativas que fragilizam o controle da União sobre o estoque de terras de que é proprietária, como é o caso da Medida Provisória 910 de 16 de dezembro de 2019. Esse cenário agrava ainda mais o direito da população à terra e a condições de subsistência.

A função social da propriedade rural, um dos fundamentos constitucionais da política pública de reforma agrária, teve seus requisitos definidos pelo artigo n.º 186 da Constituição Federal de 1988, quais sejam: promover o aproveitamento racional e adequado; utilizar adequadamente os recursos naturais disponíveis e preservação do meio ambiente; observar as disposições que regulamentam as relações de trabalho e, ainda, promover exploração que favoreça o bem-estar dos proprietários e dos trabalhadores.

Enquanto política fundiária fundamental à garantia da democratização do acesso à terra no Brasil, a criação de assentamentos rurais contribui para mitigar os efeitos da extrema concentração da propriedade fundiária no país, cujas origens remontam à política de sesmarias e, no século XIX, à Lei de Terras de 1850.

Na história recente da ação governamental de criação de assentamentos rurais, vê-se um decrescente orçamento destinado à demanda de acesso à terra. De fato, a ação de obtenção de imóveis rurais realizada pelo Incra sofreu substancial corte orçamentário. A despesa empenhada na ação 211B – Aquisição de Terras caiu de R$ 740 milhões em 2014 para R$ 21 milhões em 2019 (Figura 15.3). Além disso, até 2019 o programa orçamentário ao qual essa ação estava vinculada era denominado "Reforma Agrária e Governança Fundiária", e passou a ser denominado apenas como "Governança Fundiária" na lei orçamentária de 2020.

Figura 15.3: Despesa empenhada na ação 211B – Aquisição de Terras, 2014 a 2020*

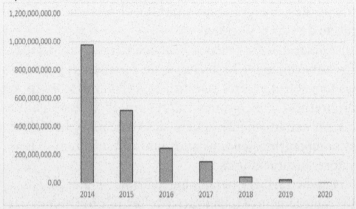

Fonte: Portal Transparência e IPEA. Elaboração: Terra de Direitos.
*Valores em R$ correntes atualizados pelo IPCA médio 2019.

A queda orçamentária vem sendo acompanhada de drástica diminuição de um dos principais indicadores da política de reforma agrária: o número de famílias assentadas, que caiu de 32.019 em 2014 para zero em 2019.

A política quilombola, em sua dimensão fundiária, tem como foco de ação do Estado brasileiro as titulações. A política pública constitucional quilombola está regulada pelo artigo n.º 68 do Ato das Disposições Constitucionais Transitórias (ADCT), que dispõe: "aos remanescentes das comunidades dos quilombos que estejam ocupando suas terras é reconhecida a propriedade definitiva, devendo o Estado emitir-lhes os títulos respectivos". Isso porque o acesso ao território é elemento fundamental para que as comunidades quilombolas possam vivenciar condições dignas de vida, bem como garantir sua reprodução econômica, social, cultural, ambiental e étnica. A negação do acesso ao território, no caso das comunidades quilombolas, se confunde com a própria negação de existência das pessoas negras quilombolas que têm, no território, a base fundamental material e simbólica de construção da identidade, dos vínculos comunitários e de reprodução de um modo de vida tradicional.

Apesar disso, a execução orçamentária da ação 210Z – Reconhecimento e Indenização de Territórios Quilombolas tem sofrido cortes significativos (Figura 15.4). Apesar do precário aumento dos valores em 2020, esses permanecem extremamente aquém das demandas, bem como se compararmos com os anos que apresentaram maiores valores orçamentários.

Figura 15.4: Despesa empenhada* com a ação 210Z – Reconhecimento e Indenização de Territórios Quilombolas

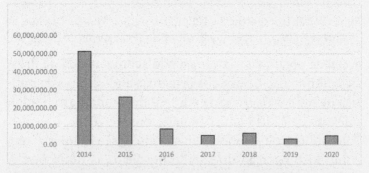

Fonte: Portal da Transparência e IPEA. Elaboração: Terra de Direitos.
*Valores em R$ correntes, atualizados pelo IPCA médio 2019.

Enquanto o orçamento sofre cortes expressivos, um grande número de comunidades quilombolas aguarda a titulação de seus territórios. Destaca-se que, desde 2018, nenhum decreto de desapropriação de território quilombola foi assinado. Segundo a Coordenação Nacional de Articulação das Comunidades Negras Rurais Quilombolas (Conaq) existem mais de 5 mil comunidades no país. A Fundação Cultural Palmares registra cerca de 3.500 comunidades certificadas em todo o território nacional.

Povos indígenas

A Fundação Nacional do Índio (Funai) enfrenta há uma década um processo de redução do seu orçamento, agravado a partir de 2015. Em termos reais, o órgão passou de um orçamento autorizado de R$ 870 milhões em 2014 para R$ 673 milhões em 2019, o que representa uma queda de 23%. Considerando que a Funai é um órgão extremamente enxuto e com reduzida capacidade de atuação nos territórios, a perda de orçamento tem fortes efeitos na vida dos povos indígenas.

A Funai possui 39 coordenações regionais espalhadas pelo Brasil, elas são as pernas e os braços da instituição nos territórios. Em 2019, foi efetivamente gasto pelas coordenações regionais o montante de R$ 51 milhões, um valor irrisório se pensarmos nas atribuições desses órgãos. Um entre muitos exemplos deste quadro é a execução do orçamento pela Coordenação do Juruá, no Acre, a única no estado. Segundo a Funai, ela atende 29 terras indígenas, 12 povos indígenas e aproximadamente 134 aldeias. Em 2019, foram gastos por essa coordenação apenas R$ 96 mil reais. Além de recursos muito escassos, as coordenações regionais sofrem cotidianamente com os contingenciamentos do orçamento ao longo do ano, o que contribui para que os parcos recursos disponíveis não sejam todos executados.

Em 2019, na ação orçamentária 215Q, destinada a garantir recursos para "Promoção dos Direitos dos Povos Indígenas de Recente Contato", foram gastos R$ 1,4 milhão, o que é notoriamente insuficiente, ainda mais em um cenário de crescente pressão e ameaça às terras onde vivem tais grupos.

A principal ação orçamentária que destina recursos para a implementação da Política Nacional de Gestão

Territorial e Ambiental de Terras Indígenas (PNGATI), é identificada como 2150 – Gestão Ambiental e Etnodesenvolvimento. No orçamento de 2019, a ação possuía um valor autorizado de R$ 18,8 milhões, tendo sido efetivamente gastos R$ 13,67 milhões.

Terras indígenas fortemente pressionadas por garimpeiros, madeireiros e por grupos econômicos interessados em explorar recursos minerais e hídricos em grande escala, conviveram em 2019 com recursos escassos não só para fiscalização, como já visto, mas também para o desenvolvimento de atividades econômicas baseadas na preservação ambiental e no respeito à cultura dos povos indígenas. No lugar de fortalecer a autonomia produtiva das comunidades indígenas, uma das primeiras medidas legislativas, enviada pelo governo ao Congresso Nacional em 2020, foi a regulamentação de todas estas atividades econômicas em terras indígenas.

A política de saúde indígena sofre de grande redução, impactando profundamente os direitos destes povos. 2019 começou com a tentativa de extinção da Secretaria Especial de Saúde Indígena (Sesai), do modelo de contratação de profissionais da saúde indígena, além da fragilização do controle social da saúde indígena com a extinção do Fórum de Presidentes dos Conselhos Distritais de Saúde Indígena (Condisi).

Os resultados já são visíveis. Como noticiado na imprensa, entre janeiro e setembro de 2019 a mortalidade de bebês indígenas com até um ano de idade subiu 12% em relação ao mesmo período de 2018: foram 530 bebês. O fim do Programa Mais Médicos também impactou diretamente a saúde indígena. A saída dos médicos cubanos, que respondiam por quase 56% dos postos de atendimento a esta população, resultou em piora nos serviços prestados. O programa substituto, o Médicos pelo Brasil, não foi capaz de suprir as vagas de modo a normalizar o atendimento.

O orçamento para saúde indígena segue em deterioração, com queda de 5% no valor autorizado da ação "20YP – Promoção, Proteção e Recuperação da Saúde Indígena" e de 16% nos valores pagos, de 2018 para 2019. Em 2019, a execução do orçamento desta ação foi de R$ 1,48 bilhões contra R$ 1,76 bilhões em 2018, cerca de R$ 280 milhões a menos. Isto certamente compromete o atendimento deste grupo da população, que tem diversos indicadores de saúde piores que a média brasileira, como suicídio, desnutrição e mortalidade infantil e algumas doenças infecciosas como a tuberculose, além de necessidades específicas de acesso ao seu território.

Meio ambiente

O orçamento autorizado e executado pelo Ministério do Meio Ambiente (MMA) caiu fortemente após 2014 e piorou a partir de 2017, com a vigência da EC 95. Em 2014 o orçamento executado foi de R$ 3,6 bilhões, enquanto em 2019 foi de R$ 2,6 bilhões. Cabe destacar que a maioria das despesas com meio ambiente são discricionárias, o que faz com que, em cenários de austeridade fiscal, sejam ações cortadas de forma mais intensa.

Dentro deste quadro de baixa prioridade, o orçamento orientado para o combate ao desmatamento na Amazônia – embora não tenha tido quedas expressivas nos últimos anos, em decorrência da forte pressão internacional, inclusive para assinatura do acordo comercial entre Mercosul e União Europeia – caracterizou-se pela insuficiência de recursos, expressão da falta de prioridade política para enfrentar o problema.

A questão ambiental tem muita relação com pandemias como a da Covid-19. Quanto mais se desmata e polui, mais a humanidade se coloca em contato com novos organismos que podem causar sérias doenças. Para reduzir esses riscos e também o da crise climática, é urgente o fortalecimento da fiscalização, o inverso do que está ocorrendo.

A ação de fiscalização sob responsabilidade do ICMBio (214P), por exemplo, alcança todas as Unidades de Conservação Federais em todos os biomas. Embora os recursos executados para esta ação tenham se mantido nos últimos quatro anos, eles são notoriamente insuficientes, ainda mais em um contexto complexo de retomada do desmatamento, que é condicionado a uma série de fatores estimuladores, inclusive os de ordem política.

Os dados de aumento do desmatamento dentro de unidades de conservação (UCs) são evidência desta insuficiência orçamentária que é potencializada no atual contexto. Segundo dados do Instituto Nacional de Pesquisas Espaciais (INPE), a taxa de crescimento do desmatamento nas UCs (federais e estaduais) entre agosto de 2018 e julho de 2019 foi de 35%, maior do que a taxa para todo o bioma que chegou a 30%. Nas UCs federais, sob responsabilidade do ICMBio, a situação é muito pior. O desmatamento cresceu 84% no mesmo período, demonstrando baixa capacidade de coordenação federal.

Assistência social

O Sistema Único de Assistência Social (SUAS) é um dos maiores sistemas de proteção social do mundo, tendo em vista sua cobertura territorial e provisão de serviços e benefícios não contributivos, destinando-se às pessoas, famílias e populações em situação de vulnerabilidade social – como a pobreza extrema – e submetidas a violações de direitos, a exemplo das violências cometidas contra crianças e adolescentes, mulheres, pessoas idosas, pessoas com deficiência, entre outros grupos vulneráveis, especialmente no contexto familiar e nos territórios mais desiguais.

Diante do cenário de intensa e acelerada precarização das condições de vida e de trabalho da população e da ampliação da pobreza e da desigualdade nos últimos anos, é notável a ampliação de demanda por ações e serviços de assistência social nos Centros de Referência de Assistência Social (CRAS), como mostra a Figura 15.5. Cabe destacar como a demanda se amplia de forma mais intensa em 2017, primeiro ano de vigência da EC 95.

Figura 15.5: Demanda por ações e serviços de assistência social nos CRAS, 2012 a 2017 (valores em milhões)

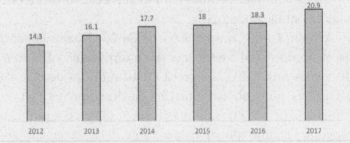

Fonte: Censo SUAS – Ministério da Cidadania, 2018.

Recentemente, o Governo Federal anunciou a destinação de R$ 2 bilhões como crédito extraordinário para os CRAS, recurso que no contexto de pandemia da Covid-19 atende apenas em parte as demandas decorrentes do atual cenário, sem contemplar os recursos devidos aos municípios nem a demanda reprimida por serviços socioassistenciais nas cidades, assim como não atende ao princípio da autonomia do ente municipal, tendo em vista a retomada de lógicas que burocratizam a execução dos recursos.

Dados do Cadastro Único de agosto de 2019 apontam que a pobreza extrema no país já atingia 13,2 milhões de pessoas. Cerca de 500 mil pessoas entraram em situação de miséria nos últimos anos, o que se traduz em mais vidas que vão requerer proteção social na rede socioassistencial. O desemprego aumentou, assim como a pobreza e a fome, o que não foi acompanhado por provisões que complementem ou substituam renda. Ao contrário, as barreiras no acesso aos benefícios só aumentam, justificando ação recente do Supremo Tribunal Federal no sentido de impedir a exclusão de famílias do Programa Bolsa Família.

O déficit orçamentário prejudica diretamente o atendimento de mais de 25 milhões de usuários da assistência social, que são pessoas em situação de vulnerabilidade – como crianças, adolescentes, mulheres em situação de violência, famílias, pessoas com deficiência, idosos e pessoas em situação de rua.

A redução de recurso a partir de 2015 para as ações da proteção social básica equivale à diminuição dos atendimentos nos CRAS, de cerca de 10 milhões de pessoas e famílias por ano em situação de desemprego, fome e iminência de violência doméstica, em especial a públicos específicos como idosos, pessoas com deficiências e crianças. Nas ações de proteção social especial, a redução de recursos equivale à limitação da assistência social no período correspondente à:

Redução dos atendimentos nos Centros de Referência Especializado de Assistência Social (CREAS) de cerca de 50% do atendimento das pessoas e famílias em situação de violência doméstica ou comunitária.

Diminuição dos atendimentos às pessoas em situação de rua em aproximadamente 280 mil por mês, e possibilidade de fechamento de unidades de acolhimento – os chamados Centros POP –, em cenário de aumento desse grupo populacional em razão da crise econômica.

Diminuição das equipes que atendem e identificam pessoas na rua, incluindo crianças e adolescentes em trabalho infantil ou em situação de exploração sexual, cujo impacto é a redução de aproximadamente 700 mil atendimentos.

Diminuição de 133 mil vagas de acolhimento institucional, abrigos, casas lares, casas de passagens, residências inclusivas, cujo impacto significa uma redução de 39 mil vagas para crianças e adolescentes, 58 mil vagas para idosos e 27 mil adultos desabrigados ou em situação de rua.

Ademais, o desfinanciamento e a não priorização do SUAS afetam a qualidade dos serviços socioassistenciais, por meio da: i) redução do quadro de recursos humanos, ii) redução de concessão de benefícios eventuais; iii) redução do horário de funcionamento das unidades; iv) redução de ofertas no âmbito do Serviço de Convivência e Fortalecimento de Vínculos (SCFV); v) corte de despesas com veículos; vi) redução de despesas com materiais de consumo; e vii) redução de ações de aprimoramento da gestão.

Direitos da criança e do adolescente

A infância brasileira é marcada pela extrema pobreza e pelo não acesso aos direitos fundamentais, segundo o Relatório "Pobreza na Infância e Adolescência" (Unicef, 2018). No universo de 55 milhões de crianças e adolescentes, quase 27% da população no Brasil, "mais de 18 milhões, 34,3% do total, vivem em domicílios com renda per capita insuficiente para adquirir uma cesta básica de bens. Para entender, contudo, a pobreza, é preciso ir além da renda e analisar se meninas e meninos têm seus direitos fundamentais garantidos". Além disso, as crianças e adolescentes negras são as principais afetadas, pois "registram taxa de privação não monetária de 58%, em comparação com 38% dos brancos; e taxa de privação não monetária extrema de 24%, em comparação com 13% dos brancos". A Síntese de Indicadores Sociais do IBGE constatou o aumento da pobreza e extrema pobreza entre os anos de 2017 e 2018, acentuadamente na população mais jovem.

> A proporção de crianças e adolescentes de 0 a 14 anos que viviam em domicílios com renda de até US$ 5,5 por dia (R$ 406 por mês) passou de 42,9% para 43,4%. Do total de moradores em domicílios em que a pessoa de referência era uma mulher sem cônjuge e com filhos de até 14 anos, 56,9% estavam abaixo dessa linha. Se a responsável pelo domicílio era uma mulher preta ou parda (igualmente sem cônjuge e com filhos no mesmo grupo etário), essa incidência subia para 64,4%. (IBGE, 2020)

A pesquisa revelou com muita evidência que o percentual de pobreza tem maior concentração nas mulheres negras, crianças, adolescentes e jovens. "Nos domicílios cujos responsáveis são mulheres pretas ou pardas sem cônjuge e com filhos até 14 anos, 25,2% dos moradores tinham pelo menos três restrições às dimensões analisadas. Esse é também o grupo com mais restrições à proteção social (46,1%) e à moradia adequada (28,5%)", evidenciando quem mais está sofrendo as consequências do Teto de Gastos.

Na avaliação da subfunção orçamentária "Assistência à Criança e ao Adolescente", de 2014 a 2019, o orçamento caiu de R$ 221 milhões para R$ 116 milhões, uma redução de quase 50%. Como os recursos para essa ação são discricionários, ou seja, despesas não obrigatórias, em cenários de ajuste fiscal são os primeiros a serem reduzidos.

A ação "Erradicação do Trabalho Infantil", que estava prevista no Plano Plurianual (PPA) 2016-2019, desapareceu do orçamento em 2019. O mesmo ocorreu com a ação "Proteção Social para Crianças e Adolescentes Identificadas em Situação de Trabalho Infantil". No Plano Orçamentário (PO) "Fiscalização para Erradicação do Trabalho Infantil", verificou-se uma redução significativa do orçamento entre 2015 e 2016 no valor de R$ 1,6 milhões, correspondendo a uma queda de 81,5%. Com relação ao período compreendido entre 2017 e 2018, há uma redução substancial de 93% do orçamento executado. No último ano, esse plano orçamentário teve sua execução zerada, apesar do fato de que, no Brasil, o trabalho infantil é uma realidade para 2,4 milhões crianças e adolescentes (entre 5 e 17 anos de idade) (FNPETI, 2020), conforme os dados da Pesquisa Nacional por Amostra de Domicílios Contínua (PNADC/IBGE) de 2016, e que o país havia assumido o compromisso de erradicá-lo até 2025 (Ministério da Mulher, da Família e dos Direitos Humanos, 2018). Todavia, os dados orçamentários apontam para um descaso sem precedentes, ocasionando o agravamento e a perpetuação dessa violação dos direitos das crianças e adolescentes.

De acordo com os dados da Secretaria de Vigilância em Saúde do Ministério da Saúde (SVS/MS), informados pelo Sistema de Informação de Agravos de Notificação (Sinan), ocorreram mais de 37 mil notificações de casos de violência sexual contra crianças e adolescentes vítimas no Brasil, somente no ano de 2017[99]. Segundo o Disque

---

[99] Há de se considerar as limitações com relação à subnotificação dos casos que envolvem esse tipo de violência.

100, em 2018 (Ministério da Mulher, da Família e dos Direitos Humanos, 2019), foram feitas 76.216 denúncias de violência contra crianças e adolescentes (Ouvidoria Nacional de Direitos Humanos, 2019). Apesar da gravidade e da complexidade do problema da violência sexual contra crianças e adolescentes, no âmbito do orçamento público federal destinado especificamente ao Plano Nacional de Enfrentamento da Violência Sexual contra Crianças e Adolescentes[100], o mesmo desaparece do orçamento em 2019. Em 2017, primeiro ano de vigência da EC 95, a execução foi zero.

Com relação à análise do orçamento público federal destinado ao Sistema Nacional de Atendimento Socioeducativo (Sinase) (Ministério da Mulher, da Família e dos Direitos Humanos, s/d), o orçamento executado com o PO[101] "Apoiar a implementação do Sinase, a expansão e qualificação da rede de atendimento ao adolescente em cumprimento de medida socioeducativa e a produção, disseminação e sistematização de conhecimento na área de promoção, proteção e defesa dos direitos humanos de adolescentes autores de ato infracional por meio da Escola Nacional de Socioeducação", entre 2014 a 2019, caiu de R$ 7,4 milhões para R$ 214 mil, sendo que de 2018 para 2019, houve uma queda de 96,6% da execução orçamentária.

Na política de saúde voltada especificamente para crianças e adolescentes, o PO "Implementação de Políticas de Atenção Integral à Saúde da Criança" caiu de R$ 20 milhões em 2013 para R$ 4 milhões em 2019. E o PO "Implementação de Políticas de Atenção à Saúde do Adolescente

---

[100] Plano Orçamentário da ação "Promoção, defesa e proteção dos direitos da criança e do adolescente".

[101] Plano Orçamentário da ação "Promoção, defesa e proteção dos direitos da criança e do adolescente".

e do Jovem" (POs da função Saúde)[102], caiu de R$10,1 milhões em 2014 para R$ 3 milhões executados em 2019.

Cultura

O efeito imediato da EC 95 na área da Cultura foi o achatamento do orçamento federal e o consequente desmantelamento da política cultural, agravado pelo cerceamento político ideológico decorrente do avanço da atuação de grupos ultraconservadores no Governo Federal.

O orçamento da União para cultura em 2016 era de R$ 2,34 bilhões, sofrendo queda em 2017 para R$ 2,18 bilhões, aprofundando o subfinanciamento da área (Silva et al., 2019). A curva negativa se acentuou nos anos seguintes: R$ 2,10 bilhões em 2018, R$ 1,98 bilhões em 2019, até chegar ao patamar de R$ 1,88 bilhões em 2020, representando uma perda de quase R$ 500 milhões.

Com isso, o antigo Ministério da Cultura, atual Secretaria da Cultura, perdeu significativamente sua capacidade de fomentar projetos de criação e difusão cultural. Na prática foram cancelados cerca de 80% dos editais da Política Nacional Cultura Viva, responsável por 3.500 pontos de cultura espalhados pelo Brasil. O corte de recursos ao longo dos últimos anos inviabilizou completamente a implementação do Plano Nacional de Cultura, Lei Federal n.º 12.343/2010, construído de forma participativa por meio de conferências municipais, estaduais e nacional de cultura.

Mesmo a manutenção dos equipamentos culturais federais, como a Funarte, a Casa de Rui Barbosa e a Biblioteca

---

[102] Disponível em: https://www1.siop.planejamento.gov.br/. Aqui considera-se a função: Saúde; subfunção: Atenção Básica; programa: "Fortalecimento do Sistema Único de Saúde"; Ação: "Implementação de Políticas de Atenção à Saúde".

Nacional, foi prejudicada. A unidade da Funarte do Estado de São Paulo funciona em condições precárias com problemas de instalação, falta de equipamentos e equipes reduzidas. Em nível federal, a cultura funciona basicamente com os recursos arrecadados por meio da Lei de Incentivo à Cultura. No caso da Agência Nacional do Cinema (Ancine), que tem os recursos provenientes do Fundo do Audiovisual, as ações foram completamente interrompidas.

Os efeitos da pandemia da Covid-19 estão sendo devastadores na área cultural em função do isolamento social que inviabiliza apresentações artísticas com casas de shows, teatros, bares e centros culturais. O setor do audiovisual também foi prejudicado porque as produções tiveram que ser interrompidas e os locais de exibição, como cinemas, estão fechados. Leitura e literatura são atividades passíveis de serem estimuladas no período de isolamento social, mas as livrarias e bibliotecas públicas também estão fechadas.

Os canais de TV estão se valendo de produções prontas e reprises. Na internet, as *lives* vêm sendo bastante exploradas. Ou seja, a economia da cultura – que gera 1 milhão de empregos diretos e R$ 10,5 bilhões de reais – está paralisada. Avalia-se que se a pandemia se prolongar, como indicam várias projeções, o setor estará sob a ameaça de colapso[103]. No dia 22 de abril, o Senado aprovou a proposta

---

[103] A cultura e a economia criativa funcionam como importante motor da economia brasileira, país reconhecido no mundo todo por sua criatividade artística. No Brasil, a cultura é responsável por 1 milhão de empregos, movimentando 239 mil empresas e instituições, além de gerar R$ 10,5 bilhões em impostos e representar 2,64% do PIB. Só o estado de São Paulo, onde a economia criativa demonstra sua maior força no território nacional, o setor abarca 47% do PIB criativo brasileiro, representando 3,9% do PIB estadual, responsável por 330 mil empregos.

de expansão do acesso à renda básica emergencial para os trabalhadores das artes e da cultura, o que tem sido essencial para evitar a entrada na pobreza de diversos artistas, especialmente os que viviam em condições precárias mesmo antes da pandemia.

Direitos das mulheres

Em 2014, a despesa com políticas para mulheres, que englobam a promoção da autonomia e enfrentamento à violência, foi da ordem de R$ 185 milhões. Em 2019, esse valor caiu para apenas R$ 46 milhões, uma redução de 75% em termos reais. Em 2019, nenhum recurso foi gasto para a construção das Casas da Mulher Brasileira, que atendem mulheres em situação de violência, sendo que havia R$ 20 milhões disponíveis para esta despesa. No mesmo ano, registrou-se um aumento de 7,3% no feminicídio no país em relação a 2018. A violência doméstica se aprofunda no cenário da Covid-19, pois muitas mulheres estão confinadas com agressores no período de isolamento social. Apesar disso, até o fim de abril de 2020, o Ministério da Mulher, da Família e dos Direitos Humanos (MDH) só havia gastado 0,1% do recurso autorizado na LOA.

O MDH registrou um aumento de 9% de ligações para o Ligue 180 após o início do isolamento social decorrente do Covid-19. Além da violência doméstica, as mulheres são afetadas pela situação de pandemia de maneira específica: é sobre elas que recai a responsabilidade pelo cuidado com as crianças e os idosos, bem como as tarefas de alimentação, limpeza e demais atividades domésticas. Elas também são maioria nos serviços relacionados ao cuidado no sistema de saúde, como a enfermagem. Se tomarmos o recorte de raça e classe, as mulheres negras são o grupo mais vulnerável.

Houve uma queda brusca da execução financeira nos últimos cinco anos do Programa 2016 – Políticas para as Mulheres: Promoção da Autonomia e Enfrentamento a Violência. Em 2014, a execução financeira foi da ordem de R$ 185 milhões, e em 2019 esse valor caiu para apenas R$ 46 milhões, uma redução de 75% em termos reais.

A Casa da Mulher Brasileira tem sua primeira aparição no orçamento em 2014. No ano seguinte, com maior volume de recursos autorizados, em torno de R$ 100 milhões, foram efetivamente executados cerca de R$ 34 milhões, o que corresponde a uma execução financeira de 34%, se considerarmos também os restos a pagar pagos. Desde a criação desta ação, o governo prometeu entregar 27 casas, uma em cada estado do país, no entanto, somente três foram construídas, no Distrito Federal, no Mato Grosso do Sul e no Paraná, e a do Distrito Federal, por exemplo, ficou fechada por falta de recursos de custeio.

Entre 2012 e 2019, foram destinados R$ 205 milhões às mulheres do campo, principalmente via Programa 2012 – Agricultura Familiar, dos quais foram executados R$ 128 milhões, 62% do autorizado. Este recurso abarcou ações de promoção da cidadania, organização produtiva e assistência técnica e extensão rural para mulheres. É importante registrar que o MDA foi extinto em 2016, mas algumas ações orçamentárias continuaram a ter recursos alocados e executados em outros órgãos, como o Ministério do Desenvolvimento Social e a Presidência da República.

A ação 210W – Apoio à Organização Econômica e Promoção da Cidadania de Mulheres Rurais sofreu forte desmonte. De 2012 a 2015, esta ação contou com R$ 115 milhões em recursos autorizados, dos quais 50% foram executados. Em 2016, observa-se um pequeno recurso autorizado, de R$ 11 milhões, com 100% de execução, mas nos anos seguintes não recebe mais dotação orçamentária alguma.

Igualdade racial e enfrentamento ao racismo

Neste país marcado pelo racismo estrutural, a promoção da igualdade racial sempre teve pouco recurso, em média 0,08% do Orçamento Geral da União (OGU), somando os montantes destinados à população negra e quilombola em diversos órgãos. A política de promoção da igualdade racial e enfrentamento ao racismo foi completamente desmontada após a aprovação da EC 95. O Programa 2034 – Promoção da Igualdade Racial e Superação do Racismo sofreu uma queda de 80% de seus gastos entre 2014 e 2019, passando de R$ 80,4 milhões para R$ 15,3 milhões no período. Quando comparado com 2018, houve uma queda de 45,7% dos recursos destinados ao programa de promoção à igualdade racial em 2019. Dentro deste programa, a regularização fundiária de territórios quilombolas ficou sem recursos a partir de 2016, mesmo constando no PPA 2016-2019.

Em 2019, o recurso da Fundação Cultural Palmares, responsável por resguardar a memória negra no Brasil teve uma redução de 83% dos R$ 29 milhões que recebeu em 2016. O novo PPA 2020-2023 extinguiu o programa de promoção da igualdade racial e enfrentamento ao racismo, bem como qualquer menção às comunidades quilombolas.

O Brasil conta com estatísticas que expressam o racismo estrutural ainda vigente: os negros representam 75% no grupo dos 10% mais pobres (PNAD); têm 2,7 mais chances de morrer por homicídio do que brancos (Waiselfisz, 2016); no mercado de trabalho, os negros ganham menos, 46,9% da população preta ou parda está na informalidade, quando o percentual entre brancos é 33,7%; e o trabalhador branco recebeu, em média, 72,5% a mais do que um profissional preto ou pardo em 2017 (IBGE); negros têm baixíssima representação no Legislativo (Inesc, 2018); e ainda pagam proporcionalmente à sua renda, mais impostos, principalmente as mulheres negras (Salvador, 2014).

Neste momento em que o país está vivendo uma crise profunda de saúde pública decorrente da Covid-19, os impactos na população negra são evidentes: nas periferias e favelas do país tem sido muito mais difícil cumprir as medidas de isolamento social e higiene, pois nestes territórios há enorme precariedade sanitária e de acesso a políticas públicas de saúde. Além disso, a Covid-19 tem se mostrado mais letal entre negros do que entre brancos, segundo dados divulgados pelo Ministério da Saúde na primeira semana de abril. Pretos e pardos representam quase 1 em cada 4 dos brasileiros hospitalizados com Síndrome Respiratória Aguda Grave (23,1%) mas chegam a 1 em cada 3 entre os mortos por Covid-19 (32,8%) (Folha de São Paulo, 2020).

Direito à cidade

Distribuída em 5.570 municípios, em 26 estados e o Distrito Federal, 84% da população brasileira vive em meio urbano, de acordo com o Censo/IBGE 2010. Com a intensificação do êxodo rural, desde a década de 1970 surgem diversos movimentos sociais pela reforma urbana, que culmina na criação do Ministério das Cidades em 2003.

No entanto, mesmo com todo o avanço na legislação de direito à cidade, o Brasil tem vivido a escalada de políticas que privatizam as cidades e contribuem para a gentrificação de locais ocupados por população de baixa renda, empurrando-as cada vez mais para periferias distantes, dependentes de um transporte dispendioso e sem qualidade. E com a EC 95, as políticas públicas voltadas para a garantia do direito à cidade sofreram retrocesso devido aos drásticos cortes orçamentários, que resultaram inclusive no fim do Ministério das Cidades em 2018.

As várias frentes do ministério foram pulverizadas para outros ministérios e secretarias, tirando a centralidade dos municípios, a representatividade dos movimentos de reforma urbana e desconstruindo os avanços das últimas décadas. Os recursos também foram cortados e pulverizados e não há incentivo para aperfeiçoamento das gestões, para planejamento urbano, para o transporte coletivo urbano.

Entre 2015 e 2016, primeiro ano de adoção de medidas de austeridade fiscal, os recursos do então Ministério das Cidades foram reduzidos em cerca de 70%, e foi exatamente o ano de 2016 que serviu de base para a EC 95. O programa Mobilidade Urbana e Trânsito (2048) passou a conter as ações que anteriormente faziam parte de outros programas, a saber, segurança no trânsito, trilhos urbanos e acessibilidade. Esta mudança ocorreu no período coincidente com a promulgação da Lei n.º 12.587 de 2012, que instituiu a Política Nacional de Mobilidade Urbana e definiu o conceito de Sistema Nacional de Mobilidade Urbana, bem como os objetivos, diretrizes e princípios para as ações no setor. E no PPA 2012/2015 era possível notar um avanço em termo de concepção de mobilidade devido aos indicadores propostos, tais como "tempo de deslocamento" e "distribuição modal", além do índice de mobilidade urbana e do índice e vítimas de acidentes de trânsito, sendo que o tempo de deslocamento é fundamental para medir a efetividade da política de mobilidade.

Desde 2017, foi criado o projeto Avançar Cidades – Mobilidade Urbana, com recursos do Fundo de Garantia por Tempo de Serviço (FGTS), para auxiliar os municípios de pequeno e médio portes, sem capacidade técnica, a elaborarem seus planos de mobilidade, já que a inexistência deles impede que acessem recursos federais para a mobilidade. Todavia, não surtiu o resultado esperado, já que o governo apresentou a Medida Provisória n.º 906 em dezembro de 2019, ampliando o prazo para elaboração dos planos até abril de 2021, em decorrência da falta de recursos federais para apoiar a implementação dos planos.

Uma das consequências é a baixa execução dos recursos orçamentários voltados para a mobilidade urbana e o trânsito, apesar da realidade cada vez mais caótica de nossas cidades, com trânsito sobrecarregado com veículos individuais motorizados e transporte público urbano incapaz de atender a todas as pessoas com qualidade. Entre 2015 e 2019, o orçamento autorizado caiu de R$ 4,2 bilhões para R$ 370 milhões, ou 11 vezes menos em quatro anos; a execução financeira foi de R$ 1,6 milhão em 2016 para R$ 850 mil em 2019, queda de quase 50% em três anos. A falta de incentivo por parte do Governo Federal para viabilizar um sistema de mobilidade eficaz, produz assimetrias entre cidades e atraso na implantação de políticas já existentes.

Pobreza e desigualdade

A partir de 2014, com a crise econômica associada às políticas de austeridade e de início da implementação da EC 95, observou-se que a tendência de redução das situações de pobreza, medida em renda, que vinha ocorrendo desde o início do século XXI, reverteu-se fortemente. De acordo com o estudo *Escalada da Desigualdade* publicado em 2019, pela Fundação Getúlio Vargas (FGV), a pobreza aumentou de 8,38% para 10,8% da população, de 2014 até

2018, o que corresponde a cerca de 6 milhões de brasileiros que passaram a viver abaixo da linha de pobreza, sendo que este indicador da FGV é de R$ 233 per capita. A pobreza total ampliou-se, atingindo 22,6 milhões de pessoas. Essa fundação em exercício de projeção, considerando um cenário de crescimento do produto de 2,5% ao ano, estimou que só em 2030 a pobreza voltaria ao nível de 2014 e concluiu que pode haver uma década e meia de tempo perdido no combate à pobreza, em grande medida devido à falta de políticas públicas.

Outro estudo, *Sistema de Indicadores Sociais*, de 2019, publicado pelo IBGE, também apresenta tendência de crescimento da pobreza no período, em três linhas de pobreza, a começar pela linha de US$ 1,90 diários per capita em Paridade de Poder de Compra (PPC), linha de pobreza que foi revisada em 2015 para a definição da pobreza global, pela Organização das Nações Unidas e o Banco Mundial. E em outras duas opções, US$ 3,20 PPC e US$ 5,50 PPC, construídas para dar conta das diferenças em níveis de desenvolvimento em países com rendimento médio--baixo e médio-alto.

Ainda de acordo com esse estudo, o Brasil pode ser considerado um país de rendimento médio-alto, para o qual o Banco Mundial sugere a linha de US$ 5,50 PPC. Neste caso a pobreza cresceu de 22,8% para 25,3% da população, de 2014 a 2018, correspondendo a 6,7 milhões de novos pobres, com a pobreza total atingindo 52,5 milhões de pessoas. A pobreza também não afeta a todos de forma idêntica: existem grupos populacionais que são mais vulneráveis, como é o caso das crianças e a população preta e parda. Também afeta mais intensamente as regiões Norte e Nordeste e as periferias das grandes cidades. Além disso, é importante lembrar que a inserção no mercado de trabalho não é condição suficiente para superar a pobreza, pois 14,3% dos ocupados estão na pobreza.

Entre as causas para essa ampliação da pobreza estão: a crise econômica, com uma das maiores recessões da história do país; as medidas que facilitaram a precarização das relações de trabalho; as alterações na política de valorização do salário mínimo; a política de austeridade fiscal, principalmente a EC 95, gerando limitações de gastos com o Programa Bolsa Família (PBF), ampliação da longa fila de espera para participar do programa, não reajuste da linha de elegibilidade para acesso à precarizada rede de assistência social com grande parte dos serviços não funcionando de forma adequada; além da desfiguração e extinção de programas sociais, principalmente com a redução do acesso e a diminuição do valor dos benefícios.

A pandemia de Covid-19 agrava esse cenário. Com o fechamento de empresas, com destaque às micro e pequenas, e ao aumento da taxa de desemprego, se uma renda básica não for mantida, milhares de brasileiras e brasileiros entrarão em situação de pobreza.

Com relação à desigualdade de rendimentos, assim como na pobreza, ocorreu a reversão da tendência de redução que vinha ocorrendo. Não é demais mencionar que a desigualdade brasileira é historicamente elevada, sendo uma das maiores do mundo, e sua ampliação é péssimo sinal para o bem-estar social da maioria da população e disfuncional ao processo de desenvolvimento do país.

A desigualdade da renda domiciliar per capita entre os indivíduos medida pelo índice de Gini (possui valores entre 0 e 1, sendo 1 a máxima desigualdade e 0 a perfeita igualdade) teve uma elevação entre 2014 a 2018, de 0,526 para 0,545. Esse índice para o Nordeste é mais elevado que o nacional e teve crescimento mais acelerado, piorando a desigualdade em uma das mais pobres regiões do país (IBGE, 2019).

Outros indicadores de desigualdade corroboram a tendência de crescimento da desigualdade, por exemplo, a parcela do 1,0% da população com os maiores rendimentos ampliou sua parcela na renda de 11,8% para 12,7%, entre 2014 a 2018, apropriando-se de renda igual a renda dos 40% com os menores rendimentos, 12,7% (IBGE, 2019). A participação dos 10%, superior, na renda ampliou-se, enquanto a dos 40% diminuiu, com isso os 10%, mais ricos, que tinham 15 vezes mais que os 40%, mais pobres, passaram a ter 17 vezes mais. Chama a atenção ainda que

> As desigualdades de rendimento são marcantes quando a análise da distribuição do rendimento domiciliar per capita é feita para grupos de cor ou raça da população. Enquanto 16,4% da população branca estava entre os 10% com maiores rendimentos, apenas 5% da população preta ou parda encontrava-se nessa mesma classe de rendimentos em 2018. O inverso acontece entre os 10% com menores rendimentos, que abarcavam 13,5% da população preta ou parda diante de 5,5% da população branca. (IBGE, 2019)

A desigualdade medida pelo índice de Gini também apresenta uma tendência de crescimento saindo de 0,6003 para 0,6299, entre o quarto trimestre de 2014 e o primeiro trimestre de 2019. Mostra ainda que a metade mais pobre da população vem sofrendo perdas de renda, com variação acumulada de -17,1%, enquanto o 1% mais rico teve ganhos de +10,1%, neste período. Deste conjunto de evidências, pode-se concluir que se trata de "um movimento de concentração que dura 17 trimestres consecutivos, ou seja, quatro anos de aumento consecutivos de desigualdade, o que constitui um recorde de duração nas séries históricas brasileiras" (FGV Social, 2019).

Essa ampliação da desigualdade tem a ver com o aumento da precariedade no mercado de trabalho, devido a fatores como: i) desocupação elevada e em crescimento; ii) dificuldades dos trabalhadores menos qualificados em aumentar seus rendimentos; iii) as ocupações geradas são informais, com salários menores; iv) o desalento elevado; e v) a subutilização da força de trabalho atinge nível recorde e em ampliação. Além disso, a dinâmica de reajuste do salário mínimo, que não tem ganhos reais desde 2015, e decisões políticas, entre elas a adoção da política de austeridade fiscal de longo prazo, principalmente por meio da EC 95, levou a profundos cortes de gastos do Programa Bolsa Família e dos direitos à educação e à saúde.

O estudo de Silveira et al. (2012) sobre equidade fiscal já mostrava que os gastos com educação se tornaram mais distributivos na medida em que foram ampliando o acesso e permanência na educação básica. O mesmo efeito ocorreu na saúde com a expansão do acesso ao SUS pela população. Com isso, a regressividade da tributação indireta nas camadas pobres e intermediárias de renda era neutralizada com a redistribuição de recursos públicos dos gastos sociais para as camadas da população que mais pagam os impostos. Com a implementação da EC 95, esse tipo de saída distributiva foi inviabilizado, contribuindo para a intensificação da desigualdade no país.

E a Covid-19 agrava esse quadro. Com mais pessoas em situação de pobreza e com mais ricos ficando ainda mais ricos (Oxfam, 2020), a desigualdade se amplia e polariza, consolidando ainda mais polos distintos e distantes de renda no país, que contribuem para o aumento da violência e corroem a democracia no país.

Alternativas

As regras fiscais pelo mundo já avançaram, apesar do atraso brasileiro. O FMI trabalha com o conceito de regras de segunda geração, ao observar que regras fiscais extremamente restritivas são maléficas às economias nacionais, além de restringirem a realização dos Objetivos de Desenvolvimento Sustentável (ODS) e dos direitos humanos e a redução de desigualdades. Para que o Brasil possa se alinhar com outros países, é essencial que redesenhe sua política fiscal, acabe com a desarmonia de três regras vigentes (regra de ouro, resultado primário e Teto de Gastos), torne-a mais flexível por meio de cláusulas de escape para reduzir os efeitos cíclicos da economia e permitir a priorização de despesas para atendimento a situações de emergência, como a da pandemia.

Ainda, é essencial que sejam adotadas medidas de retomada econômica que potencializem a "economia do futuro" mais sustentável ambientalmente, redistributiva e garantidora de direitos. Para isso, deve-se reconhecer que muitas medidas adotadas não são gastos e sim investimentos, como aqueles realizados nos direitos humanos econômicos, sociais, culturais e ambientais (Dhesca) e nos ODS, uma vez que dinamizam a economia e promovem distribuição de renda. O gasto público tem importante papel anticíclico por seus efeitos multiplicadores fiscais e inclusive indutores do investimento privado e de uma transição para um modelo econômico mais justo socialmente e ambientalmente sustentável.

Entre as fontes mais imediatas para o financiamento destas medidas estão:

> impostos à riqueza e impostos corporativos a serem pagos por setores em auge durante a pandemia, como os de economia digital; revisão e suspensão de benefícios tributários ineficientes;

realocação das despesas orçamentárias, por exemplo, do gasto militar para saúde e proteção social;

emissão monetária, com coordenação entre Banco Central e Tesouro Nacional;

reforma tributária futura que elimine os privilégios fiscais, corrija as falhas de arrecadação e fortaleça a progressividade do sistema tributário, particularmente dos tributos à renda e ao patrimônio;

ações coordenadas da comunidade internacional para ampliar o espaço fiscal, incluindo a reestruturação ou o cancelamento da dívida externa;

reestruturação ou cancelamento da dívida de estados e municípios com a União;

políticas efetivas contra a elisão e a evasão fiscal para recuperar recursos que hoje são mais necessários que nunca, e abster-se de conceder benefícios de qualquer classe a corporações que não cumpram com suas obrigações tributárias e/ou que operem em paraísos fiscais.

Conclusão

O planeta enfrenta uma crise global sem precedentes. A declaração de uma pandemia em razão do Covid-19 pela Organização Mundial de Saúde (OMS) não apenas implica enfrentar um contexto atual e futuro muito complexo em termos de saúde, mas também inclui enormes desafios econômicos, sociais e ambientais, o que já fez com que essa fosse considerada uma crise tríplice (Mazzucato, 2020).

Cabe ainda destacar as repercussões políticas importantes em variados países, incluso o Brasil, onde as ações e decisões têm sido desencontradas entre os entes federados, com a União não cumprindo seu papel de coordenadora das ações frente a uma emergência sanitária; e o fato de haver um inquérito aberto contra o presidente da República pela Procuradoria Geral da República (PGR).

Frente a esse contexto político, é oportuno relembrar que as políticas fiscais são parte do contrato social que garante democracia e cidadania verdadeiras.

As medidas necessárias para enfrentar essa situação passam por rediscutir o financiamento de curto, médio e longo prazo do Estado brasileiro. Por exemplo, o efeito da redução das despesas com ações e serviços públicos de saúde (ASPS) – seja per capita ou em porcentagem do PIB ou da Receita Corrente Líquida em momentos de crescimento – decorrente de medidas de austeridade fiscal, que se iniciaram de forma pontual em 2015 e se tornaram estruturais a partir de 2016 com a aprovação da EC 95, anula possíveis avanços futuros nos serviços públicos de saúde e piora as condições de saúde da população. Isso fez com que o país estivesse na chegada da pandemia com uma situação de saúde pior do que a de 2014, o que limita a nossa capacidade de enfrentá-la no presente e lidar com seus impactos futuros.

Analisando a dramática situação vivida pelo Brasil no enfrentamento da pandemia, em 29 de abril de 2020, o especialista independente em direitos humanos e dívida externa da ONU, Juan Pablo Bohoslavsky, e o Relator Especial sobre pobreza extrema da ONU, Philip Alston, afirmaram que o Brasil deveria abandonar imediatamente políticas de austeridade mal orientadas que estão colocando vidas em risco e aumentar os gastos para combater a desigualdade e a pobreza exacerbada pela pandemia da Covid-19 (United Nations Human Rights). Segundo eles, a pandemia da Covid-19 ampliou os impactos adversos da EC 95. Analisando as obrigações internacionais assumidas pelo Estado brasileiro quando da ratificação de tratados internacionais de direitos humanos, que segundo a Emenda Constitucional n.º 45 de 1994 podem ter o mesmo status de disposições constitucionais, os relatores afirmam que "os cortes de financiamento governamentais violaram os padrões internacionais de direitos humanos, inclusive na educação, moradia, alimentação, água e saneamento e igualdade de gênero" (United Nations Human Rights, 2020). Os relatores, que foram endossados por outros especialistas internacionais das Nações Unidas, declararam que "o sistema de saúde enfraquecido está sobrecarregado e está colocando em risco os direitos à vida e à saúde de milhões de brasileiros. Já é hora de revogar a Emenda Constitucional n.º 95 e outras medidas de austeridade contrárias ao direito internacional dos direitos humanos".

É importante salientar que os gastos públicos são essenciais para assegurar um melhor padrão de bem-estar social e, no Brasil, são altamente necessários, considerando o quadro de subfinanciamento das políticas sociais, aprofundado intensamente com a EC 95. Daí a necessidade de ampliar gastos e a cobertura das políticas sociais e ambientais. Além disso, ressalta-se que a Constituição de 1988 e suas regulamentações foram fundamentais, para criação do arcabouço jurídico/institucional da proteção social brasileira que está em risco, entre outras medidas, pelas amarras impostas à nação pelo Teto de Gastos.

Esse cenário foi ainda mais agravado pelos efeitos da pandemia da Covid-19, que serão de longo prazo. A política fiscal é uma ferramenta fundamental para fortalecer os sistemas de saúde e enfrentar a Covid-19, revertendo anos de enfraquecimento devido às políticas de austeridade, e para oferecer garantias econômicas e sociais que façam com que sejam humanamente viáveis as medidas de distanciamento social e a prevenção de uma recessão econômica profunda, como defendido em pronunciamento pela iniciativa regional de diversas organizações por princípios e diretrizes de direitos humanos em políticas fiscais – Iniciativa P&D (Derechos y Política Fiscal, 2020).

O ataque à Constituição Federal, o desrespeito aos princípios e à realização dos direitos humanos, o descumprimento da Agenda 2030 e dos ODS, a falha de alinhamento internacional da regra fiscal, as diversas alternativas de financiamento existentes, além da pandemia da Covid-19, impõem a urgência do fim do Teto de Gastos por meio do reconhecimento de sua inconstitucionalidade no STF e de sua revogação pelo Congresso Nacional.

Neste momento dramático da pandemia, há um debate efervescente sobre novos rumos da economia global para a sustentação da vida no planeta. Vários países do mundo já consideram mudar o rumo de suas políticas, superando a cisão entre a economia e a garantia de direitos socioeconômicos e ambientais. É urgente que este debate cresça no Brasil, superando a hegemonia da economia neoclássica, que nega e silencia as alternativas heterodoxas, além de concentrar ainda mais a renda na mão de poucos, alimentar o racismo, sobrecarregar as mulheres com os cortes das políticas sociais, mercantilizar corpos e natureza e destruir a vida de milhões de pessoas, em especial, pobres, negras e indígenas. Existem alternativas à austeridade econômica, com maior capacidade de ampliar a mobilização de recursos pelo Estado de forma a maximizar suas receitas disponíveis para a realização dos direitos humanos.

Referências

Derechos y Política Fiscal. Una respuesta integral a la Covid-19. 2020. Disponível em: https://derechosypoliticafiscal.org/es/noticias/12-una-respuesta-integral-a-la-COVID-19-exige-politicas-fiscales-redistributivas

FGV Social. A escalada da desigualdade. 2019. Disponível em: https://cps.fgv.br/desigualdade

FNPETI. Cenário. 2020. https://fnpeti.org.br/cenario/

Folha de São Paulo. Entre casos identificados, covid-19 se mostra mais mortífera entre negros no Brasil, apontam dados 10.04.2020. https://www1.folha.uol.com.br/cotidiano/2020/04/coronavirus-e-mais-letal-entre-negros-no-brasil-apontam-dados-da-saude.shtml

IBGE. Síntese de indicadores sociais. Brasília: IBGE, 2019. Disponível em: https://biblioteca.ibge.gov.br/visualizacao/livros/liv101678.pdf

IBGE. Síntese de Indicadores Sociais: indicadores apontam aumento da pobreza entre 2016 e 2017. Agência IBGE, 05/12/2018. https://agenciadenoticias.ibge.gov.br/agencia-sala-de-imprensa/2013-agencia-de-noticias/releases/23298-sintese-de-indicadores-sociais-indicadores-apontam-aumento-da-pobreza-entre-2016-e-2017

Inesc. Perfil do poder nas Eleições 2018: importantes conquistas, poucas mudanças. Inesc, 2018. Disponível em: https://www.inesc.org.br/en/perfil-do-poder-nas-eleicoes-2018-importantes-conquistas-poucas-mudancas/

Mazzucato, M. A tríplice crise do capitalismo. Ihu Unisinos, 04/04/2020. http://www.ihu.unisinos.br/78-noticias/597796-a-triplice-crise-do-capitalismo-artigo-de-mariana-mazzucato

Ministério da Mulher, da Família e dos Direitos Humanos. III Plano Nacional de Prevenção e Erradicação Do Trabalho Infantil e Proteção ao Adolescente Trabalhador.

Ministério da Mulher, da Família e dos Direitos Humanos, 29/11/2018. Disponível em: https://www.gov.br/mdh/pt-br/assuntos/noticias/2018/novembro/lancado-3o-plano-nacional-de-prevencao-e-erradicacao-do-trabalho-infantil/copy_of_PlanoNacionalversosite.pdf/view

Ministério da Mulher, da Família e dos Direitos Humanos. Balanço - Disque 100. Ministério da Mulher, da Família e dos Direitos Humanos, 2019. https://www.mdh.gov.br/informacao-ao-cidadao/ouvidoria/balanco-disque-100

Ministério da Mulher, da Família e dos Direitos Humanos. Sistema Nacional de Atendimento Socioeducativo – Sinase. Sem data. Disponível em: https://www.gov.br/mdh/pt-br/navegue-por-temas/crianca-e-adolescente/sistema-nacional-de-atendimento-socioeducativo-sinase.

Ouvidoria Nacional de Direitos Humanos. Balanço Anual. 2019. Disponível em: https://www.gov.br/mdh/pt-br/acesso-a-informacao/ouvidoria/Disque_Direitos_Humanos.pdf/view

Oxfam. Bilionários da América Latina aumentaram fortuna em US$ 48,2 bilhões durante a pandemia. Oxfam, 2020. Disponível em: https://www.oxfam.org.br/noticias/bilionarios-da-america-latina-e-do-caribe-aumentaram-fortuna-em-us-482-bilhoes-durante-a-pandemia-enquanto-maioria-da-populacao-perdeu-emprego-e-renda/

Salvador, E. As implicações do sistema tributários brasileiro nas desigualdades de renda. Inesc e Oxfam, 2014. Disponível em: https://www.inesc.org.br/as-implicacoes-do-sistema-tributarios-brasileiro-nas-desigualdades-de-renda/

Silveira, FG; et al. Equidade fiscal no Brasil: impactos distributivos da tributação e do gasto social. Brasília: IPEA, Comunicado nº92, 2012. Disponível em: http://repositorio.ipea.gov.br/handle/11058/5207

Silva, Frederico Barbosa de; Oliveira, Maria Carolina Vasconcelos; Chedid, Samir. Financiamento das Artes no Contexto da Crise: uma reflexão da análise do orçamento federal da cultura. Políticas Sociais: acompanhamento e análise. IPEA, 2019.

Unicamp. Plataforma reúne iniciativas de combate à Covid-19 feitas por universidades. Unicamp, 16/04/2020. Disponível em: https://www.unicamp.br/unicamp/noticias/2020/04/16/plataforma-reune-iniciativas-de-combate-covid-19-feitas-por-universidades

Unicef. Pobreza na Infância e na Adolescência. Relatório. Unicef, agosto de 2018. https://www.unicef.org/brazil/relatorios/pobreza-na-infancia-e-na-adolescencia

United Nations Human Rights. COVID-19: Brazil's irresponsible economic and social policies put millions of lives at risk, UN experts say. Genebra, ONU, 29/04/2020. Disponível em: https://www.ohchr.org/EN/NewsEvents/Pages/DisplayNews.aspx?NewsID=25842&LangID=E

UOL. O cientista que perdeu a bolsa de pesquisa enquanto estudava o coronavírus. UOL, 01/04/2020. Disponível em: https://noticias.uol.com.br/ultimas-noticias/bbc/2020/04/01/o-cientista-que-perdeu-a-bolsa-de-pesquisa-enquanto-estudava-o-coronavirus.htm

USP. USP contra a covid-19: conheça as várias ações da Universidade para ajudar no combate à pandemia. USP, 17/04/2020. Disponível em: https://jornal.usp.br/universidade/usp-contra-a-COVID-19-conheca-as-varias-acoes-da-universidade-para-ajudar-no-combate-a-pandemia/

Waiselfisz, J. Mapa da Violência. 2016. Flacso, 2016.

PARTE III:
Por outra agenda de política econômica

16. Redefinindo responsabilidade fiscal

Pedro Rossi[104], Grazielle David[105] e Esther Dweck[106]

O debate sobre o papel da política fiscal sempre foi central na teoria econômica e se confunde com a visão sobre o Papel do Estado na economia. De certa forma, encontramos dois extremos nessa discussão: numa ponta, a ideia de que o governo deve buscar permanentemente equilibrar o orçamento e zerar os déficits e, se possível, reduzir ao máximo a participação na economia; na outra, a ideia de que o governo não deve buscar equilibrar orçamento, mas atuar em direção a obter resultados relevantes como a garantia do emprego e crescimento econômico. "O governo não deve se concentrar no equilíbrio do orçamento, mas sim no equilíbrio da economia" (Lerner, 1951). De

---

[104] Professor Doutor do Instituto de Economia da Unicamp e pesquisador do Centro de Estudos de Conjuntura e Política Econômica (Cecon)

[105] Doutoranda em desenvolvimento econômico na Unicamp, assessora da Red de Justicia Fiscal de América Latina y el Caribe e produtora do podcast É da Sua Conta da Tax Justice Network.

[106] Professora Associada do Instituto de Economia da Universidade Federal do Rio de Janeiro (IE/UFRJ), Coordenadora do Curso do Grupo de Economia do Setor Público Gesp-IE/UFRJ, Ex-Secretária do Orçamento Federal (2015-2016).

um lado, a ênfase na rigidez de regras fiscais e, de outro lado, flexibilidade e discricionariedade. Esse debate tem repercussões ao longo da história recente.

As décadas de 1950 e 1960, nos países centrais, foram marcadas pelo uso da política fiscal de forma discricionária e pela expansão dos gastos públicos, especialmente dos gastos sociais, em direção à construção de um Estado de Bem-Estar Social. O consenso keynesiano de gestão da política fiscal propunha um manejo anticíclico da demanda agregada[107] e tinha o pleno emprego como objetivo de política econômica. Além do uso intenso da política fiscal, o período também foi marcado pela redução das dívidas públicas em relação ao PIB, frente a uma reforma tributária progressiva, um ambiente de crescimento econômico puxado parcialmente pela própria atuação estatal e taxas de juros baixas. Além da discricionariedade, os orçamentos públicos geralmente continham um forte componente anticíclico associado às funções distributivas e alocativas da política fiscal. Transferências às famílias e outros gastos sociais obrigatórios funcionavam como estabilizadores automáticos que amenizavam o ciclo econômico[108].

---

[107] Demanda agregada é um termo da macroeconomia que corresponde à soma de toda a demanda final de um país, incluindo a demanda dos consumidores, empresas, governo, exportadores e importadores. É composta por consumo das famílias, gastos do governo, investimentos, demanda externa (exportações), descontada a oferta externa (importações), esses são os componentes do PIB pelo lado da demanda.

[108] Estabilizadores fiscais automáticos são definidos como o conjunto de receitas e despesas públicas associadas ao ciclo econômico de forma anticíclica. Por natureza algumas receitas e despesas reagem automaticamente a mudanças na atividade econômica. Assim, reduzem a magnitude dos ciclos estimulando a atividade econômica nos períodos de recessão ou desestimulando nos períodos de expansão.

Nesse contexto, as regras fiscais não chegaram a desaparecer completamente, a maioria dos governos ainda seguia uma regra de ouro básica do setor público pela qual os empréstimos eram predominantemente realizados para financiar infraestrutura, enquanto as despesas correntes eram financiadas por receitas tributárias (Burger; Marinkov, 2012).

O pêndulo começou a virar na década de 1970 e, a partir de então, ganhou força teórica e política o discurso de que a atuação da política macroeconômica deve se concentrar na estabilidade de preços e "sustentabilidade da dívida". O pleno emprego deixou de estar entre os objetivos, em linha com as mudanças na teoria convencional, que abandonou a preocupação com geração de emprego e passou a apontar que a atuação estatal em tentar reduzir a taxa de desemprego pode causar distúrbios, principalmente inflacionários, e que a redução do desemprego deve ser alcançada por meio da correção de falhas de mercado e redução de rigidezes. Nesse contexto, a discussão de regras fiscais rígidas ganha força para limitar a discricionariedade e submeter o Estado a um constrangimento intertemporal (Friedman, 1969; Rossi; Biancarelli, 2015). Ao longo da década de 1970, o princípio keynesiano da política fiscal como ferramenta de gestão do ciclo econômico é substituído pela ideia de equilíbrio orçamentário por meio de regras fiscais rígidas (Lopreato, 2006). A âncora fiscal ganha o status de fator de redução do risco-país e do efeito contágio das crises internacionais, colocando-se como peça central no esforço de ganhar a confiança dos investidores (Heller, 1997). Por outro lado, a política monetária, por meio do manejo das taxas de juros, ganha o status central nas políticas macro, com o papel de estabilizar, conjuntamente, a atividade econômica e a inflação.

Com a crise financeira global de 2008, o pêndulo se moveu para o centro com o questionamento do consenso anterior e a política fiscal volta a ser vista como instrumento central da política macroeconômica (Blanchard et al., 2010). Lagarde (2019), ao assumir a presidência do Banco Central Europeu, afirmou: "os bancos centrais [ou a política monetária] não são os únicos jogadores em campo, os governos devem cooperar adotando medidas de estímulo fiscal para retomar a economia da zona do Euro e reagir à ameaça do populismo". A discussão parece convergir para uma posição comum: o uso da política fiscal não deve limitar-se aos estabilizadores automáticos e deve constituir-se em instrumento efetivo em momentos particulares de crise profunda (Lopreato, 2014)[109].

Nesse contexto, Eyraud et al. (2018) mostram que houve uma mudança no padrão das regras fiscais aplicadas internacionalmente. Segundo os autores, antes da crise de 2008, a rigidez das regras fiscais dificultou sua aplicação em momentos de crise e recentemente uma "segunda geração de regras fiscais" buscou aumentar a flexibilidade, definir cláusulas de escape associadas ao ciclo econômico e melhorar a aplicação (enforceability) dessas regras.

Com a pandemia de Covid-19, o ano de 2020 acelerou o debate sobre o papel do Estado e, em particular, sobre a política fiscal; possivelmente, deve reforçar o movimento pendular que estava em curso desde a crise financeira global de 2008. Sem que os efeitos socioeconômicos dessa crise estivessem totalmente superados e com a crise cli-

---

[109] Ainda que haja divergências quanto a se o uso de política fiscal deve se limitar apenas a situações em que já se esgotou a atuação da política monetária, como quando as taxas de juros estão próximas a zero, e quanto à possibilidade do uso desse instrumento de acordo com situação fiscal específica de cada país.

mática chegando a níveis alarmantes, os países adotaram medidas de expansão fiscal e monetária sem precedentes, com recomendação e aprovação inclusive de instituições financeiras internacionais. A pandemia reforçou a importância da flexibilidade na política fiscal, uma vez que países com regras muito rígidas perderam um tempo indispensável para salvar vidas, enquanto buscavam mecanismos para flexibilizar um arcabouço legal pré-existente.

Por fim, o debate econômico sobre regras fiscais pouco incorpora a dimensão dos direitos humanos. A visão de regras rígidas de política fiscal submetidas exclusivamente à visão de sustentabilidade da dívida e a ideia de Estado mínimo é perigosa para os direitos humanos, uma vez que não reconhece adequadamente o papel da política fiscal na garantia do emprego e na amenização dos ciclos econômicos, muito menos na provisão de serviços públicos essenciais à vida digna. Os programas de austeridade e consolidação fiscal em resposta a crises econômicas têm impacto desigual na população, afetando direitos e prejudicando grupos mais vulneráveis (Bohoslavsky, 2019). Além disso, não há evidências de que esse tipo de política contribua para recuperação econômica[110]. Não obstante, a visão keynesiana mais difundida tampouco incorpora adequadamente a dimensão dos direitos humanos na política fiscal, apesar de conceber essa política como instru-

---

[110] De um lado, diversos estudos, inclusive de instituições financeiras internacionais, demonstram que as medidas de consolidação fiscal recomendadas não apenas não surtiram os efeitos desejados como foram perversas para a economia e ampliaram desigualdades (Ostry; Loungani; Furceri, 2016). Por outro lado, segue a manutenção das recomendações para adoção de medidas de consolidação fiscal, por essas mesmas instituições, com uma previsão de que 2/3 dos países do mundo estejam submetidos a políticas de austeridade fiscal até 2020 (Ortiz et al., 2015).

mento para reduzir os impactos do ciclo e o pleno emprego como objetivo legítimo de política.

Os direitos humanos devem ter uma relação de fundamentação para com a política fiscal. A política fiscal deve obter recursos e direcioná-los adequadamente para dar efetividade aos direitos humanos, o orçamento público deve ser um instrumento para a realização de direitos e não um instrumento para prejudicá-los (Corti, 2011). A hierarquia que deve existir entre direitos humanos e política fiscal é a hierarquia entre objetivo e instrumento, entre finalidade e meio.

Nesse contexto, este capítulo procura redefinir a ideia de "responsabilidade fiscal" considerando que a política fiscal e suas regras devem estar orientadas para a garantia dos direitos humanos, redução das desigualdades e geração de emprego. Além disso, mostra-se o anacronismo das regras fiscais brasileiras diante desses objetivos.

Uma política fiscal para os direitos humanos

Uma política fiscal de promoção dos direitos humanos deve seguir três pilares (i) respeitar os princípios de direitos humanos e considerar suas diretrizes; (ii) orientar-se por missões sociais e ambientais ou objetivos sociais bem definidos; e (iii) promover uma estabilidade social, que considere o emprego, a renda e a garantia do conteúdo mínimo dos direitos humanos com realização progressiva.

i. Política fiscal que respeita os princípios de direitos humanos

No que se refere ao primeiro pilar, a política fiscal deve buscar seguir princípios de acordo com diretrizes específicas a serem consideradas na formulação e execução da política fiscal, como as elaboradas pela Iniciativa PD/DH/PF (2020), sumarizados no Quadro 16.1.

Quadro 16.1: Sumário dos princípios e diretrizes de direitos humanos para a política fiscal

Tipo	Princípios	Subprincípios	Diretrizes	Descrição do Princípio
Gerais	1		5	4 A política fiscal deve ter como uma finalidade fundamental a realização dos direitos
	2		4	8 As obrigações nacionais e internacionais de direitos humanos impõem limites à discricionariedade dos Estados no que diz respeito a sua política fiscal
Transversais	3		4	8 Os Estados devem garantir que sua política fiscal seja socialmente justa
	4		3	5 Os Estados devem garantir que sua política fiscal seja ambientalmente sustentável
	5		5	4 Os Estados devem respeitar os princípios de igualdade e não discriminação em sua política fiscal e incorporar enfoques diferenciais em seu desenho e implementação
	6		5	3 Os Estados devem promover a igualdade substantiva de gênero mediante sua política fiscal
	7		5	9 A política fiscal deve ser transparente, participativa e sujeita à prestação de contas. As pessoas têm direito à informação fiscal
Específicos	8		4	5 Os Estados devem adotar todas as medidas financeiras e fiscais necessárias para dar efetividade aos direitos humanos, dentro de uma estrutura fiscal sustentável
	9		4	3 Os Estados devem garantir de maneira prioritária o conteúdo mínimo dos direitos econômicos, sociais e culturais em sua política fiscal
	10		4	Os Estados devem, mediante sua política fiscal, mobilizar o máximo de recursos disponíveis para alcançar progressivamente a plena efetividade dos direitos econômicos, sociais, culturais e ambientais
	11		2	4 Os Estados devem garantir que sua política fiscal não gere retrocessos injustificados nos níveis de proteção alcançados com relação aos direitos econômicos, sociais e culturais, nem mesmo em contextos de crise econômica
	12		3	2 Os Estados estão facultados, e por vezes obrigados, a incentivar ou desencorajar condutas e corrigir externalidades para garantir os direitos humanos mediante instrumentos específicos de política fiscal
Não estatais	13		5	7 Os Estados e as instituições internacionais das quais eles fazem parte devem oferecer assistência e cooperação internacional para temas fiscais, e criar um entorno de governança global adequado, com o fim de alcançar a plena realização dos direitos humanos
	14		2	4 Os atores não estatais, incluindo as empresas e os intermediários, têm responsabilidades em matéria de direitos humanos em relação com seu comportamento fiscal
Remédios	15		3	5 Os Estados devem estabelecer remédios adequados para as violações dos direitos humanos relacionadas com a política fiscal
Total	15		58	75

Fonte: Iniciativa PD/DH/PF (2020).

A Iniciativa PD/DH/PF (2020) traz 15 princípios, 58 subprincípios e 75 diretrizes com o objetivo de melhor estabelecer as relações entre política fiscal e direitos humanos. Os princípios dialogam com o universo do campo dos direitos humanos e com os subprincípios especificando-os. Já as diretrizes dialogam com o campo da política, trazendo concretude sobre como adotar medidas para respeitar os princípios.

Os princípios gerais correspondem às relações instrumental e de fundamentação entre os direitos humanos e a política fiscal. Os princípios transversais são aqueles que devem ser observados transversalmente pelo Estado na elaboração e execução da política fiscal. Os princípios específicos orientam como as funções e etapas da política fiscal devem ser desenhadas para que estejam alinhadas com os princípios e as diretrizes de direitos humanos. Já os princípios não estatais tratam das responsabilidades das instituições internacionais, da cooperação internacional e das empresas. Por fim, os princípios ligados aos remédios, orientam como o Estado deve proceder em caso de violações aos direitos humanos relacionados à política fiscal.

ii. Política fiscal orientada por missões sociais e ambientais

Uma política fiscal orientada por missões sociais e ambientais é uma forma de pensar o uso das funções distributivas e alocativas dessa política para avançar na garantia progressiva dos direitos e reorientar a participação estatal no desenvolvimento econômico com vistas a alcançar objetivos sociais desejados pela sociedade.

Como mostra Mazzucato (2018), a ideia de política pública orientada por missões tem origem no desenvolvimento de tecnologias em linha com objetivos específicos definidos pelo Estado, como a histórica missão da NASA que pôs o homem na lua. Essa autora propõe a adaptação da ideia de antigos objetivos associados à defesa, energia nuclear e tecnologia aeroespacial para novos objetivos, como tecnologias ambientais e desafios sociais. Mais recentemente, Mazzucato e Skidelsky (2020) propõem uma "nova constituição fiscal" baseada na ideia de uma política fiscal orientada por missões.

Esses autores destacam uma nova forma de pensar estímulos ficais direcionados a partir de objetivos políticos concretos – por exemplo: zerar a emissão líquida de carbono – e destacam que o processo não envolve eleger tecnologias, empresas e setores vencedores e perdedores, mas eleger problemas específicos e possibilitar o surgimento de soluções por meio de um processo ascendente de experimentação e inovação (Mazzucato; Skidelsky, 2020).

Para além do formato proposto por Mazzucato e Skidelsky (2020), uma política fiscal orientada por missões pode destacar a finalidade da política fiscal de garantir os direitos humanos. Essa forma de pensar a política fiscal valoriza o planejamento orçamentário e a construção de metas e objetivos específicos para diferentes áreas que condicionam a construção do orçamento público em um processo *bottom-up*, no qual os desafios sociais determinam a necessidade de financiamento de políticas públicas que, por sua vez, determinam o manejo e a construção de regras para o conjunto da política fiscal. Assim, inverte-se uma lógica muito comum na política fiscal que determina de cima para baixo os limites para o gasto e a arrecadação pública a partir de diagnósticos macroeconômicos sobre a dívida e o resultado fiscal.

A política fiscal orientada por missões de direitos humanos pode estar articulada com agendas de desenvolvimento – como a Agenda 2030 da ONU, que, a partir de 17 objetivos e 169 metas, busca concretizar os direitos humanos e alcançar igualdade de gênero (ONU, 2015). Essa política pode ainda ser um componente importante de um modelo de crescimento que articula as demandas sociais e a estrutura produtiva, como proposto por Fagnani et al. (2018). Esses autores sistematizam as linhas gerais de um modelo de desenvolvimento em que a distribuição de renda e o investimento social são os motores que puxam o crescimento econômico e a modernização da estrutura produtiva.

Pensar regras fiscais nesse contexto significa construí-las de baixo para cima, a partir da necessidade de financiamento de cada missão. Para cumprir o princípio de garantia do conteúdo mínimo dos direitos, o uso de pisos mínimos para garantir financiamento de políticas sociais e ambientais pode contribuir para alcançar seus objetivos. Já a adoção de regras pró-cíclicas pode ser um entrave na medida em que condicionam o financiamento justamente nos momentos de maior necessidade de garantia dos direitos e prejudicam o planejamento e os planos de investimentos. Os ajustes fiscais que contingenciam recursos sociais pré-estabelecidos devem ser evitados pois subvertem a lógica do planejamento orçamentário na medida em que o subordina a objetivos de curto prazo, e muitas vezes sequer se mostraram eficientes em seus propósitos.

iii. Política fiscal para a estabilidade social

O terceiro pilar considera que a função estabilizadora da política fiscal, deve ir além de sua interpretação keynesiana tradicional ligada à estabilização do nível de emprego e de preços. Essa pode também incorporar a dimensão dos direitos humanos entendida especialmente a partir do princípio de não retrocesso social e de garantia do conteúdo mínimo.

Dessa forma, a ideia original de Musgrave (1973) da política fiscal como elemento para estabilizar um alto nível de utilização de recursos e de um valor estável da moeda se complementa da responsabilidade de evitar retrocessos em áreas específicas sociais que são comuns em momentos de crise econômica, mas também podem acontecer em momentos de crescimento, com plena utilização da capacidade.

As crises econômicas estão associadas à redução de salários, empobrecimento, aumento do desemprego e exclusão social e condicionam o acesso aos direitos humanos. Na saúde, é justamente nos momentos de crise que se aumenta a demanda por serviços de saúde pública e se reduz a demanda pelos planos e serviços de saúde privada (Guidolin, 2019). Assim, uma política fiscal baseada em direitos humanos deveria aumentar os recursos para saúde pública e outras áreas sociais em momentos de crise e evitar as estratégias de austeridade fiscal que podem contribuir para a violação de direitos humanos e ainda reforçar a discriminação sistêmica contra os grupos sociais vulneráveis que são mais afetados pelas crises econômicas, enquanto são geralmente mais beneficiados por transferências e serviços públicos.

Os retrocessos na garantia de direitos também podem acontecer fora do contexto de crises econômicas; assim, em todo tempo, a função estabilizadora da política fiscal deve atentar não apenas para o nível macroeconômico, da demanda agregada, do emprego e do crescimento, mas também para a desigualdade e a garantia de direitos. Uma economia em pleno emprego que cresce de forma desigual pode abrigar violações dos direitos humanos associadas aos direitos ao trabalho, à dificuldade de acesso à saúde, educação, aposentadoria, saneamento, etc. Da mesma forma, a política fiscal deve reagir também aos retrocessos ambientais, alocando os recursos necessários para sua remediação.

Como argumentado em CESR (2020), a pandemia de Covid-19 é um momento excepcional em que governos adotam medidas emergenciais e que também oferece uma oportunidade para repensar o papel da política fiscal no contexto de um sistema de proteção social baseado em direitos.

Pensar as regras fiscais nesse contexto significa garantir flexibilidade à política fiscal por meio de estabilizadores automáticos que garantam mais recursos para áreas sociais nos momentos de maior necessidade e por meio de espaço para discricionariedade. Para isso, as regras fiscais devem ter cláusulas de escape bem definidas, não apenas para situações de crises econômicas, desastres naturais ou outros eventos inesperados, mas também frente a alterações em indicadores sentinela de garantia dos direitos, que possam acionar gatilhos quando identificados retrocessos ou violações de direitos humanos em áreas específicas. Nenhuma regra fiscal deve se sobrepor à realização de direitos.

Para além de contrapor os efeitos do ciclo no curto prazo, a função estabilizadora da política fiscal também deve zelar pela sustentabilidade das contas públicas no longo prazo. O conceito de sustentabilidade fiscal não tem uma definição consensual entre os economistas tampouco uma aplicação operacional precisa. Chalk e Helmming (2000) mostram como a sustentabilidade fiscal é comumente associada à estabilização da dívida pública na literatura, mas argumentam que o conceito também é usado como a capacidade de dar continuidade à política fiscal sem afetar a solvência do Estado, o que não depende necessariamente de estabilizar a dívida pública. O fato é que não existe um número ideal, nem explicação técnica razoável que defina um patamar ótimo ou máximo para a dívida pública. A análise da experiência internacional mostra variados patamares de relação dívida/PIB e atitudes díspares quanto ao tratamento dado ao problema.

A sustentabilidade fiscal vai depender, portanto, das especificidades de cada país, da capacidade de arrecadação, da capacidade de emitir ou não dívida na própria moeda e da relação entre a política fiscal e o equilíbrio externo[111]. Essa, no entanto, não significa um constrangimento para estímulos fiscais de curto prazo nem um impedimento da expansão das funções sociais dos Estados nacionais.

---

[111] Sobre a relação entre a política fiscal e o equilíbrio externo, um estímulo fiscal que faz uso intensivo de bens e serviços importados pode comprometer a sustentabilidade dessa política em caso de escassez de divisas estrangeiras e necessidade de endividamentos em moeda estrangeira.

Por fim, não há *trade-off* entre responsabilidade fiscal e social. Na verdade, admitindo a garantia dos direitos humanos como finalidade da política fiscal, a responsabilidade social não é algo externo, mas constitutivo da responsabilidade fiscal. O equilíbrio orçamentário, a estabilização da dívida e reduções de gastos públicos não podem constituir objetivos em si. Quando a busca por superávits fiscais condiciona a garantia de direitos humanos, trata-se de uma política fiscal irresponsável. Nesse contexto, uma política fiscal responsável deve respeitar os direitos humanos, garantir a estabilização social e buscar a realização progressiva dos direitos.

Os limites das regras fiscais no Brasil

No Brasil o pêndulo do debate fiscal vai na direção contrária já que não parece haver qualquer movimento no sentido de repensar as políticas econômicas pré-crise, em especial, de rever as regras fiscais brasileiras. O arcabouço institucional da política fiscal no Brasil combina regras constitucionais, como a regra de ouro e a proibição do Banco Central de adquirir títulos públicos no mercado primário, com regras decorrentes da Lei de Responsabilidade Fiscal (LRF), que surgiram no contexto de regras rígidas dos anos 1990. No entanto, até 2016, nenhuma dessas regras determinava o tamanho do Estado brasileiro. Mesmo a LRF, com sua regra pró-cíclica de resultado primário, trazia em si uma lógica de orçamento equilibrado. É com a aprovação da Emenda Constitucional n.º 95/2016 do Teto de Gastos (EC 95) que se consolida a maior ofensiva aos compromissos assumidos na Constituição de 1988.

Conforme destacam Dweck e Rossi (2016), a aprovação da EC 95 prejudica o financiamento dos direitos sociais e coloca a redução do tamanho do Estado na economia como um imperativo. As propostas apresentadas na LRF de contingenciamento automático diante de queda de arrecadação já se deparavam com certas obrigações sociais presentes na Constituição, mas, com a aprovação da EC 95, alterou-se de forma decisiva esse contrapeso e as responsabilidades sociais ficaram subordinadas à necessidade de redução do gasto público per capita imposta pelo teto.

Em meio ao que pode vir a ser a maior crise econômica já experimentada pela sociedade brasileira, o Governo Federal decidiu afastar *temporariamente* as amarras fiscais que, artificialmente, o impedem de atuar de forma mais contundente para estimular a atividade econômica e distribuir renda. Essa autonomia na condução da política fiscal, no entanto, não foi estendida aos entes subnacionais, que permanecem subjugados às medidas de austeridade. Ainda assim, a morosidade para utilizar as cláusulas de escape da EC 95 e da LRF levou a uma resposta tardia e insuficiente ao enfrentamento da crise. Além disso, a todo momento, a equipe econômica procura enfatizar que essa maior flexibilidade da política fiscal terá curta duração e será de curto alcance.

A própria proposta da PEC 10/2020, que dispõe sobre a separação do orçamento da pandemia do restante do orçamento federal, pressupõe que, passado o período da calamidade pública, retoma-se a política de austeridade com os cortes de gastos sociais e a redução do Estado de Bem-Estar Social. Essa lógica está explícita na mensagem do Projeto de Lei de Diretrizes Orçamentárias (PLDO) 2021 de retomada da austeridade para os anos de 2021 a 2023, tendo o Teto dos Gastos como principal âncora fiscal.

Diante da indefinição quanto ao cenário econômico de 2021, a lógica do PLDO 2021 é de flexibilizar a necessidade de cumprir o resultado primário e, ao mesmo tempo, manter o compromisso com o Teto de Gastos. Apesar da clara demonstração quanto à dificuldade de lidar com regras fiscais que se sobrepõem e impedem uma ação mais efetiva do Estado brasileiro, o Governo Federal mantém-se fiel à medida mais desastrosa em relação aos compromissos assumidos na Constituição de 1988.

Não é difícil perceber que todas as medidas adotadas durante a crise da pandemia da Covid-19 dependem de instituições e instrumentos ameaçados pelas reformas estruturais em curso. Mas, ao invés de fortalecê-los, o Governo Federal mostra que pretende aprofundar sua destruição. Em particular, a emenda do Teto de Gastos já afetou o funcionamento da máquina pública e o financiamento de atividades estatais básicas, e esse quadro tende a se agravar nos próximos anos.

Portanto, considerando a redefinição do conceito de responsabilidade fiscal, a política fiscal praticada no Brasil é irresponsável. Nesse sentido, é imprescindível substituir o conjunto de regras fiscais atrasadas, sobrepostas e anacrônicas. Precisamos de instrumentos que permitam uma atuação estabilizadora do ciclo econômico, viabilizem o aumento dos investimentos públicos e garantam a prestação de serviços públicos de qualidade que garantem direitos e as políticas de transferência de renda.

Referências

Blanchard et al. Rethinking Macroeconomic Policy. IMF Paper. Washington D.C.: IMF, 2010.

Bohoslavsky, J.P. *Guiding Principles on Economic Reforms and Human Rights*. Genebra: UN, 2019.

Burger; Marinkov. Fiscal Rules and Regime Dependent Fiscal Reaction Functions: The South African case. *OECD Journal on Budgeting*, 2012.

CESR. Governments' Obligation to Invest "Maximum Available Resources" in Human Rights. NY: CESR, 2020.

Chalk, N.; Hemming, R. Assessing fiscal sustainability in theory and practice. IMF Working Paper. Washington D.C.: IMF, 2000.

Corti, H.G. *Derecho constitucional presupuestario*. Buenos Aires: Abeledo Perrot, 2011.

Eyraud et. al. Second-Generation Fiscal Rules: Balancing Simplicity, Flexibility, and Enforceability. IMF Staff Discussion Note. Washington D.C.: IMF, 2018

Fagnani et al. Desenvolvimento social e estrutura produtiva. *Cadernos de Debate Projeto Brasil Popular*. 2018.

Friedman, M. *The Supply of Money and Changes in Prices and Output*. Chicago: Adeline, 1969.

Guidolin, A.P. Crise, austeridade e o financiamento da saúde no Brasil. Monografia. Campinas: Universidade de Campinas, 2019.

Heller. Fiscal Policy Management in an Open Capital Regime., Washington, IMF, 1997.

Iniciativa PD/DH/PF. Princípios e diretrizes de direitos humanos para política fiscal. Derechos y Política Fiscal, 2020. Disponível em: www.derechosypoliticafiscal.org

Lagarde, C. Committee on Economic and Monetary Affairs Appointment of the President of the European Central Bank Public Hearing with Christine Lagarde,

Candidate for the Post of President of ECB. Brussels: The European Central Bank, 2019.

Lerner, M. The Idea of American Civilization. *Journal of Social Issues*, 1951.

Lopreato, F.L.C. *Crise econômica e política fiscal: os desdobramentos recentes da visão*. Campinas: IE/Unicamp, 2014.

Lopreato, F.L.C. *O papel da política fiscal: um exame da visão convencional*. Campinas: IE/Unicamp, 2006.

Mazzucato, M. *Missions. Mission-Oriented Research & Innovation in the European Union. A problem-solving approach to fuel innovation-led growth*. Brussels: European Commission, 2018.

Mazzucato, M.; Skidelsky. *Towards a New Fiscal Constitution*. Project Syndicate, 2020.

Musgrave, R; Musgrave, P. *Public Finance in Theory and Practice*. Singapore: McGraw-Hill Book Co, 1973.

Rossi, P.; Biancarelli, A.M. Do industrialismo ao financismo. *Revista Política Social e Desenvolvimento*, p. 14-17, 2015.

Rossi, P.; Dweck, E. Impactos do novo regime fiscal na saúde e educação. *Cadernos de Saúde Pública*, Rio de Janeiro, v. 32, n. 12, 2016.

17. Nova economia global e o futuro da tributação

Rodrigo Orair[112]

Os sistemas tributários estão tendo de se adaptar a um mundo que muda velozmente em resposta a um conjunto de megatendências: progresso tecnológico, globalização, mudanças demográficas e crise climática. As mudanças terão repercussões profundas sobre as nossas vidas, culturas e sociedades. No plano tecnológico, está em curso um processo de destruição criadora impulsionado por fenômenos como digitalização, desenvolvimento da inteligência artificial e robotização. A percepção que se tem é que a nova onda de mudança tecnológica possui maior potencial de difusão (e de disrupção) do que em períodos passados. Não somente pela flexibilidade das tecnologias da era digital, como também porque a economia global está mais integrada. Outros fenômenos ligados à globalização são a reestruturação das economias ao longo de cadeias produtivas globais, com deslocamento de empregos para economias de baixo custo de trabalho, e a emergência de novos *players* na vanguarda tecnológica, mais notavelmente a China.

---
[112] Especialista em Política Fiscal e Mestre em Teoria Econômica pela Unicamp.

A título de exemplo, a telefonia fixa levou três décadas e meia para se difundir por metade dos domicílios brasileiros. Já a telefonia móvel em 25 anos alcançou três quartos dos domicílios e os *smartphones* percorreram este mesmo percurso em menos de 15 anos. Atualmente, cerca de dois terços dos brasileiros com mais de dez anos de idade acessam a internet via *smartphones* com a principal finalidade de se comunicar por aplicativos digitais, sendo que o mais popular deles, o WhatsApp, conta com 120 milhões de usuários ativos.

Neste mundo em rápida transformação estrutural, os modelos de negócios e o mercado de trabalho estão tomando uma nova configuração. A velocidade de difusão das inovações ampliou exponencialmente os ganhos de economias de escala e favoreceu uma dinâmica do tipo "os ganhadores ficam com (quase) tudo". As firmas inovadoras que saem na frente conseguem capturar parcelas extraordinárias do mercado global, deixando a parcela residual em disputa por numerosas empresas com dificuldades de adaptação. Os nichos de mercado estão cada vez mais concentrados nas mãos de poucas firmas, sediadas em um número ainda menor de países, as chamadas *super-stars*.

As transformações estruturais tendem a afetar os trabalhadores de maneira heterogênea. A transição tecnológica possui um viés que torna os trabalhadores de maior qualificação mais propensos a se beneficiarem das oportunidades, enquanto concentra sobre os trabalhadores de qualificações médias os maiores riscos de terem seus empregos eliminados. Parcela considerável desses empregos tende a desaparecer porque eles estão se tornando obsoletos ou serão substituídos. Os mais vulneráveis são aqueles baseados em tarefas rotineiras não-cognitivas, mais facilmente codificáveis em um conjunto de instruções passíveis de serem conduzidas por processos automatizados ou por trabalhadores localizados no exterior. Os avanços tecnológicos – e, mais especificamente, o desenvolvimento de tecnologias de automação baseadas na inteligência artificial – estão ampliando o leque de tarefas executáveis por robôs e máquinas, com potencial de promover mudanças sem precedentes nos processos produtivos.

Há, ainda, uma importante frente de expansão de oportunidades de trabalho menos demandantes de qualificações dos trabalhadores. É o caso da emergente economia de plataforma digital, na qual as empresas proprietárias de aplicativos e sítios de internet conectam os fornecedores de bens e serviços aos clientes. Para se ter uma ideia do seu alcance, uma única plataforma de serviços de transporte de passageiros, a Uber, após cinco anos de atuação no Brasil, contava com mais de 600 mil motoristas cadastrados – cerca de seis vezes o número de funcionários da empresa dos Correios, tradicionalmente a maior empregadora do país.

As novas tecnologias têm potencial de gerar amplas oportunidades acessíveis aos trabalhadores de menor qualificação, mas levantam questionamentos sobre a qualidade do trabalho. Um traço comum nos negócios da era digital é sua organização por redes de prestadores e subprestadores de serviços (ou, no caso da economia de plataforma digital, meras triangulações das transações entre fornecedores e clientes), em substituição à força de trabalho permanente. Isto induziu à proliferação de novas modalidades de trabalho que estão numa espécie de "zona cinzenta", entre assalariado convencional e conta própria, o que deixa o trabalhador em posição de baixo poder de barganha. Tal situação se agrava em muitos dos novos mercados com estrutura de poder desbalanceado em favor das empresas digitais (isto é, monopsônica): poucas e grandes empresas se deparam com um enorme contingente de trabalhadores competindo ferozmente entre si.

Essas novas modalidades de trabalho da era digital, juntamente com outros fenômenos, estão contribuindo para uma tendência mais geral de expansão de formas de trabalho não convencionais (por exemplo, contratos temporários de duração muito curta, sem garantia ou com garantia imprevisível de horas de trabalho) e geram questionamentos quanto à precarização do mercado de trabalho. Questões similares se aplicam a uma economia emergente como a brasileira, porém com um elemento adicional, que é sua elevada informalidade.

A economia de plataforma, por exemplo, oferece oportunidades de formalização para pessoas que antes estavam excluídas ou atuavam na informalidade, sem afastar preocupações quanto à precariedade dos vínculos laborais. Os novos desenvolvimentos trazem à tona velhos desafios, como desemprego, subemprego e proteção ao trabalhador.

De certo modo, as repercussões das megatendências globais se reforçam umas às outras. Alguns desafios são aprofundados pelo envelhecimento populacional decorrente das mudanças demográficas. No Brasil, a expectativa de vida ao nascer, que era de 54 anos em 1960, aumentou para 70 anos na virada para o século XXI e deve superar 80 anos em meados desse século. Aqui, como em boa parte do mundo, as pessoas estão vivendo e trabalhando por mais tempo. Na medida em que trabalhadores estendem sua permanência no mercado de trabalho, eles estarão mais vulneráveis às mudanças tecnológicas: os mais velhos podem se deparar com maiores riscos de obsolescência de qualificações e dificuldades de requalificação.

Uma última megatendência está ligada à crescente preocupação em mitigar a crise ambiental, que vem levando países a se comprometerem com estratégias de transição para uma economia de baixo carbono e de práticas menos predatórias. Estas estratégias também impactam as expectativas de empregos nos próximos anos, em termos de perdas de postos nos setores intensivos em emissões de carbono (por exemplo, as indústrias extrativas e a indústria de transformação mais tradicional) e criação nos segmentos de produção de energia verde e conservação de energia.

Não há consenso entre os especialistas sobre o balanço das forças que destroem empregos *vis-à-vis* as que os criam. Os mais pessimistas apontam para um futuro distópico de desemprego tecnológico em massa e grandes disparidades entre poucos ganhadores e o grosso da população deixada para trás. Outros, mais otimistas, enfatizam as oportunidades abertas nos novos segmentos tecnológicos e os impactos indiretos do aumento de produtividade, no sentido de dinamizar a economia como um todo e melhorar a qualidade de vida da população.

Até então, as experiências dos países que mais avançaram no processo de automação provêm evidências de que os empregos criados estão compensando e até superando ligeiramente aqueles destruídos. Tais evidências enfraquecem os cenários mais pessimistas de um mundo sem empregos, pelo menos no horizonte mais próximo. Por outro lado, elas tampouco subsidiam um cenário muito otimista.

Uma fonte adicional de preocupações é a ampliação das desigualdades sociais. As forças criadoras e destrutivas em curso agem por três linhas de ação que são indutoras de polarização no mercado de trabalho. Primeiramente, o padrão de progresso tecnológico enviesado tende a ampliar os rendimentos no topo da distribuição, em favor daqueles que concentram qualificações e capital. A segunda linha é o declínio relativo dos trabalhos de qualificações médias, sob maior risco de serem eliminados. Por fim, muitas das novas modalidades de trabalho, mais acessíveis aos trabalhadores de menor qualificação, estão associadas a desequilíbrios no poder de barganha dos trabalhadores, que colocam uma pressão baixista sobre suas remunerações.

Para além das disparidades entre os rendimentos do trabalho, há elementos potencialmente amplificadores da desigualdade entre a renda do capital e do trabalho, como a aceleração da substituição de trabalho por capital, impulsionada pelas novas tecnologias, e as dinâmicas das novas empresas inovadoras que operam com alta lucratividade e baixos custos do trabalho. Se os riscos de maior concentração da renda e da riqueza e de restrição da mobilidade social despertam preocupações nos países desenvolvidos, a questão assume tons dramáticos numa sociedade de desigualdade extrema como a brasileira[113].

O ponto central é que os desdobramentos das profundas mudanças estruturais que estão no horizonte são inerentemente incertos: elas trazem oportunidades e riscos que serão moldados pelas instituições e políticas de cada país. As pessoas terão de se adaptar ao mundo que muda velozmente com ônus (e bônus) maiores para uns do que para outros. É natural que um quadro como este desperte grande ansiedade. Porém, em última instância, nosso sucesso ou fracasso enquanto país dependerá das decisões políticas tomadas para administrar a transição, mitigando-se riscos e criando-se condições para capitalizar as oportunidades abertas pelas mudanças tecnológicas.

---

[113] Para uma análise mais aprofundada sobre as megatendências globais e as perspectivas para o futuro do trabalho, ver OCDE (2019).

Na ausência de respostas adequadas, o mais provável é que se ampliem as disparidades entre os que ganham e os que perdem, com graves repercussões sobre a população mais vulnerável. A percepção de injustiça social que pode emergir de uma situação como esta, de que os mais vulneráveis foram deixados para trás, configura um terreno fértil para florescerem descontentamentos com nossos sistemas políticos, populismos e extremismos, que magnificam as tensões sociais, o que alguns resultados eleitorais recentes em diversos países parecem ter começado a mostrar. Trata-se de um quadro sombrio, com implicações perniciosas sobre a coesão social, o crescimento econômico e o bem-estar da população. O ideal, portanto, é que os países se antecipem e preparem suas políticas para lidar com os desafios vindouros. Olhando para esse objetivo, há pelo menos quatro motivos para se repensar o sistema tributário.

O primeiro diz respeito à *necessidade de se redesenhar os sistemas de proteção social* e, entre uma série de questões, passa por readequar suas fontes orçamentárias. Haverá uma crescente pressão sobre os gastos com proteção social, seja do processo de envelhecimento populacional sobre as políticas de previdência e saúde, seja dos padrões de carreiras mais instáveis em evolução no mercado de trabalho sobre as políticas assistenciais, de apoio ao desempregado e de requalificação profissional. Ao mesmo tempo em que a mais tradicional fonte orçamentária, a tributação sobre folha salarial, está erodindo com o declínio do emprego assalariado. Não é razoável imaginar que este descasamento será todo absorvido por revisões das despesas. Daí a necessidade de fontes adicionais de financiamento. As soluções passam desde ampliações da base de arrecadação dos atuais tributos para alcançar a nova economia digital, até modificações mais substantivas na composição da carga tributária, deslocando-a da folha salarial para a tributação sobre renda ou sobre bens e serviços, de acordo com a opção política de cada país.

Um segundo motivo para se repensar o sistema tributário está ligado aos *desafios da economia digital*. A emergência dos modelos de negócios altamente digitalizados, apoiados fortemente sobre ativos intangíveis de extrema mobilidade e processos virtuais sem presença física nos mercados locais, colocou em xeque princípios básicos que fundamentam os sistemas tributários convencionais. Será necessário redefinir tais princípios para viabilizar a efetiva coleta de impostos sobre a economia digital.

O terceiro motivo é a preocupação com o *acirramento das desigualdades sociais* que reforça o papel distributivo do sistema tributário. Isso se dá em contraposição ao paradigma predominante no último quarto do século XX, que preconizava que a tributação deve se abster de objetivos distributivos. Esta diretriz guiou um movimento de reorientação da tributação em favor do capital e dos mais ricos, verificado em diferentes doses por quase todas as economias desenvolvidas e boa parte das emergentes. Pelo menos desde o pós-crise de 2008, no entanto, os modelos teóricos e pressupostos subjacentes estão passando por reexames para considerarem desenvolvimentos mais recentes, como as evidências de elevação da concentração de renda e riqueza no topo da pirâmide[114]. Neste novo contexto, um crescente número de países vem introduzindo reformas voltadas ao resgate da progressividade do imposto de renda e à revisão do tratamento diferencial dado à renda do capital. Diante do risco de acirramento das de-

---

[114] Gobetti e Orair (2017) e OCDE (2018) discutem as revisões dos modelos de tributação de renda.

sigualdades, os renovados focos sobre estas dimensões de equidade tributária e sobre o papel do sistema tributário de regular as relações de renda e riqueza tendem a ganhar mais vigor nos próximos anos.

Por último e não menos importante, a *preocupação com a preservação do meio ambiente global* remete ao papel que o sistema tributário pode desempenhar no salto para uma nova economia com matriz energética mais eficiente e descarbonizada e de práticas menos predatórias. É urgente que os países comecem a pensar mais seriamente no desenho de um sistema de impostos ambientais que auxilie nesta tarefa, ao invés de meras ações pontuais e desconexas. Se bem desenhados e articulados com as demais políticas ambientais, os impostos cobrados sobre bases de incidência de relevância ambiental (emissões de carbono, energia, transporte, agroquímicos, captação e poluição das águas, resíduos sólidos etc.) podem desempenhar a dupla função de desincentivo a comportamentos danosos e de financiamento das ações de desenvolvimento de tecnologias alternativas menos poluentes, conscientização e recuperação ambiental.

Em suma, o mundo está atravessando profundas transformações estruturais que colocam desafios-chave para os sistemas tributários: *a readequação das fontes de financiamento da proteção social; a tributação da economia digital; a mitigação das desigualdades sociais;* e o *suporte às estratégias de transição para uma economia de baixo carbono*. Vários países já estão reformando seus sistemas tributários para lidar com tais desafios. Resta saber quando o Brasil começará.

Referências

Gobetti, S. W. e Orair, R. O. Taxation and distribution of income in Brazil: new evidence from personal income tax data. *Brazilian Journal of Political Economy*, 37(2), p. 267-286, 2017.

OCDE. *OECD Employment Outlook 2019: The Future of Work*. Paris: OCDE Publishing, 2019.

OCDE. *Taxation of Household Savings*. OCDE Tax Policy Studies, n. 25, OCDE Publishing, 2018a.

18. O Estado de Bem-Estar Social para o século XXI

Eduardo Fagnani[115,116]

Vários analistas de diferentes matizes veem semelhanças entre a crise atual e as grandes crises vividas no século XX. É emblemático que o secretário-geral da OCDE, por exemplo, afirme que o momento requer "nível de ambição semelhante ao do Plano Marshall", bem como visão "inspirada no New Deal, mas em escala planetária", referindo-se à política intervencionista lançada pelo presidente dos EUA, Franklin D. Roosevelt, entre 1933 e 1938, para superar a "Grande Depressão" de 1929, e o plano lançado após a Segunda Guerra Mundial para reconstruir países europeus (Ayuso, 2020). Também é emblemático que Martin Wolf, comentarista-chefe de economia do tradicional *Financial Times*, tenha admitido o fim da "era Friedman" (1970/2020), apontando que, a partir de agora, a "cidadania" deveria ser a "ideia política" em torno da qual devem girar "a sociedade e a economia". Segundo ele, "a primeira preocupação dos Estados democráticos é o bem-estar

---

[115] Professor colaborador do Instituto de Economia da Unicamp. Autor de *Previdência: o debate desonesto*, São Paulo, Contracorrente, 2019

[116] Baseado em artigo preparado para coletânea organizada por João Sicsú e Gilberto Bercovici (no prelo).

de todos seus cidadãos" (Wolf, 2020). Outro editorial do *Financial Times* fez referência à atualidade do Beveridge Report, documento clássico, publicado em 1942, que lançou as bases do moderno *Welfare State* inglês (Financial Times, 2020). Como se sabe, a finalidade grandiosa do informe era "abolir a necessidade", pelo estabelecimento de um "mínimo nacional" sobre o qual se pudesse desenvolver a prosperidade. Em última instância, o plano era, apenas, "parte da luta contra os cinco gigantes malditos": a necessidade física, a doença, a ignorância, a miséria e o ócio (Beveridge, 1942, p. 454-6).

No Brasil, a pandemia da Covid-19 chega ao país após sete anos de recessão e baixo crescimento econômico, que se mantinham em 2020, já antes da crise sanitária. Com ela, o país entra em "recessão profunda", alertam os organismos internacionais, que preveem aumento expressivo do desemprego, da pobreza e da desigualdade. Neste cenário, as utopias de Beveridge têm atualidade, para que se repense a proteção social brasileira, objeto deste artigo. A Constituição Federal de 1988 encerra um ciclo inédito de democracia, ampliação dos espaços públicos e avanços na construção da cidadania social. Entretanto, o Estado Social nascente apresenta, desde o nascedouro, pelo menos duas limitações decisivas.

A primeira dessas limitações é que, a despeito das vertentes universalistas do novo Estado Social, ele acabou por proteger, especialmente, os trabalhadores do mercado formal com capacidade contributiva. A Previdência Social e o seguro-desemprego, por exemplo, são direitos garantidos exclusivamente aos trabalhadores com carteira assinada, salários iguais ou superiores ao piso do salário-mínimo e, portanto, com capacidade contributiva. Em grande medida, esse desenho refletia a etapa do capitalismo regulado no contexto da Segunda Revolução Industrial, marcada por relações de produção com elevada utilização de força de trabalho, em cenário de fortalecimento do papel dos sindicatos. Com a globalização e a hegemonia da doutrina neoliberal em escala global a partir dos anos de 1980, as relações de produção modificaram-se substancialmente, o que trouxe por consequência, dentre outras, o avanço progressivo das ocupações laborais precárias, informais e com baixo rendimento, que excluem da proteção ofertada pelo Estado Social a maior parte da classe trabalhadora. No plano interno, a reforma liberal do Estado, o ajuste macroeconômico ortodoxo e os retrocessos nos direitos trabalhistas e sociais impostos entre 1990-2005, e retomados a partir de 2015, também contribuíram para ampliar a exclusão – agravada, de forma exponencial, pela crise decorrente da pandemia.

A segunda limitação do Estado Social na concepção original é a sua base de financiamento muito restrita. A despeito de fatores históricos e estruturais específicos de cada formação social, os países capitalistas que obtiveram maior êxito relativo em seu processo de desenvolvimento combinaram tributação progressiva com regimes de *Welfare State*. A transferência da renda, pela tributação progressiva sobre altas rendas e grandes patrimônios, tornou-se requisito inafastável para financiar os programas de bem-estar. Mas no Brasil, ao contrário do que se viu nas nações desenvolvidas, o Estado Social, criado tardiamente, não veio acompanhado por tributação progressiva.

O Estado Social brasileiro e a proteção ao trabalhador inserido em ocupações precárias

Antes da pandemia, a situação do mercado de trabalho era dramática. Observe-se que no trimestre de dezembro de 2019 a fevereiro de 2020, o contingente da *força de trabalho* (pessoas ocupadas e desocupadas) totalizava cerca de 106,1 milhões de pessoas. Desse montante, 59,6 milhões eram desempregados ou ocupados em empregos precários (além de 4,7 milhões de trabalhadores desalentados, que estavam fora da força de trabalho) (IBGE, 2020). Após a pandemia, esse quadro agravou-se exponencialmente. Pela primeira vez, mais da metade da População Economicamente Ativa (PEA) ficou sem emprego no Brasil. Em maio de 2020, havia mais pessoas fora do mercado de trabalho e desempregadas (87,7 milhões de brasileiros), do que trabalhando (85,9 milhões). "É o pior momento em termos de pessoas fora do mercado de trabalho", disse a analista da Coordenação de Trabalho e Rendimento do IBGE[117].

A tarefa que se impõe é introduzir novos mecanismos que protejam os trabalhadores da insegurança laboral, num contexto prospectivo do desemprego estrutural de longa duração, da corrosão dos empregos e da base salarial (Belluzzo, 2020) e da obsolescência da mão de obra, em razão das sucessivas revoluções tecnológicas (Lavinas, 2018). Nessa perspectiva, a reforma do Estado Social brasileiro deve avançar no sentido de se introduzir um novo benefício de transferência de renda que complemente ou substitua temporariamente os rendimentos do trabalho, mitigando a pobreza e a desigualdade, pela maior proteção à massa trabalhadora desempregada ou inserida de forma precária no mercado de trabalho.

---

[117] Em meio à pandemia, País nunca teve tantos brasileiros fora do mercado de trabalho. Por Daniela Amorim e Thaís Barcellos, *O Estado de S.Paulo*, 1/7/2020. https://economia.estadao.com.br/noticias/geral,em-meio-a-pandemia-pais-nunca-teve-tantos-brasileiros-fora--do-mercado-de-trabalho,70003350025

Um falso consenso entre liberais e progressistas

A discussão sobre a "renda da cidadania" é discussão complexa, dado que nessa discussão confrontam-se desenhos antagônicos, a depender do matiz ideológico que inspire cada proposta. De um lado, a visão progressista considera os desafios trazidos pela revolução robótica e pela inteligência artificial, ao propor uma renda básica (Lavinas, 2018). De outro, a visão liberal põe fim às políticas sociais universais e propõe uma renda básica, mas para substituir aquelas políticas. Nessa corrente, destacam-se os trabalhos de Hayek (1944) e Friedman (1962). Como se sabe, esses autores influenciaram a escalada da doutrina neoliberal em âmbito global, a partir de meados dos anos de 1970. Influenciada por Milton Friedman, a ideia do "imposto de renda negativo" foi adotada no programa Chile Solidário (1982); e o país passou a ser considerado modelo a ser seguido pelas demais nações subdesenvolvidas. No Brasil, essa alternativa ganhou impulso na década de 1990; neste contexto, começa a cruzada em favor da renda mínima iniciada pelo senador Eduardo Suplicy (PT-SP) em 1991 – ideia certa, surgida em momento errado. A luta incansável do ilustre senador petista faz crer aos setores progressistas desinformados que renda básica seria proposta progressista em quaisquer circunstâncias.

Mas, especialmente no caso brasileiro, a implantação da renda básica traz com ela a perigosa ameaça de aprofundar e acelerar o desmonte do Estado Social – projeto acalentado pelas classes dirigentes desde 1988, que ganhou força a partir de 2016, e caminha em marcha forçada desde 2019 (Fagnani, 2019). Hoje, o novo benefício pode vir a ser um "cavalo de Troia" a favor da destruição do Estado Social. Esse espectro de destruição, presente desde 1988, ressurgiu no documento "Uma Ponte para o Futuro" (PMDB,

2016), às vésperas do golpe parlamentar. O mesmo espectro ressurge em documento do Banco Mundial (2017), cujo principal "achado" é a "ideia" segundo a qual alguns programas governamentais, como a Previdência Rural e o Benefício de Prestação Continuada (BPC), "beneficiam os ricos mais do que os pobres". No pós-pandemia, diversos economistas liberais vêm ressuscitando propostas inspiradas em moldes do Banco Mundial, já repetidas há décadas (Siqueira; Nogueira, 2020).

Transferir renda para enfrentar o trabalho-zero

Na perspectiva progressista, a implantação da renda mínima para proteger os trabalhadores inseridos em ocupações precárias deve ter como ponto de partida as bases financeiras e institucionais da proteção social, concebidas nos anos de 1970, inscritas na Constituição em 1988 e continuamente aperfeiçoadas nas décadas seguintes. São mais de 50 anos de construção de institucionalidade, que não podem ser desconsiderados ou jogados na lata do lixo. As bases da assistência social, por exemplo, foram plantadas na década de 1970, referendadas pela Carta de 1988, regulamentadas pela Lei Orgânica da Assistência Social (LOAS, 1994) e aperfeiçoadas pela Política Nacional de Assistência Social (PNAS) e pelo Sistema Único de Assistência Social (SUAS, 2005), responsável pela gestão dos maiores programas do país e do mundo de transferência de renda para combater a pobreza: o Benefício de Prestação Continuada (BPC) e o Programa Bolsa Família (PBF). Do ponto de vista operacional, conta com o Cadastro Único para Programas Sociais do Governo Federal e com a Caixa Econômica Federal, seu braço financeiro.

Uma avaliação técnica isenta de paixões aponta que o formato atual do PBF contém em si os elementos fundantes para o desenho da renda mínima aqui proposta. Basta subir a linha de definição da pobreza, hoje fixada em R$ 170 per capita, de modo a que mais brasileiros pobres sejam reconhecidos como tal. É o que se propõe, corretamente, no programa Mais Bolsa Família (PL 4.086/2020) formulado pelo Partido dos Trabalhadores. Pela proposta, todas as famílias com renda até R$ 600/mês por pessoa, e que incluam gestantes, nutrizes, crianças ou jovens, teriam direito a um benefício fixo de R$ 300 para cada um deles, limitados a cinco benefícios por família. Para as famílias com renda de até R$ 300/mês por pessoa também seria assegurada uma complementação mensal de renda, adicional aos benefícios para crianças, jovens nutrizes e gestantes, de forma a garantir que nenhum brasileiro tenha de viver com menos que uma renda mínima de R$ 300[118].

Também se deve pensar na introdução de uma espécie de "seguro-desemprego" para o trabalhador submetido a ocupações precárias, o qual terá de incluir mecanismos automáticos que permitam o contínuo fluxo de entrada e saída desses trabalhadores da situação de ocupados para a desocupação protegida, e a volta ao trabalho.

Reforma tributária progressiva para financiar o novo Estado Social

Como mencionado, os países capitalistas que obtiveram maior êxito relativo em seu processo de desenvolvimento combinaram tributação progressiva com regimes de *Welfare State*. No Brasil, ao contrário, a correlação de forças presente no processo constituinte foi insuficiente para empreender uma reforma tributária que corrigisse o secular caráter regressivo do sistema de impostos. Com a pandemia, a superação dessa anomalia tornou-se imperativa.

---

[118] https://ptnacamara.org.br/portal/2020/08/05/bancada-do-pt--apresenta-projeto-de-lei-para-ampliar-alcance-do-bolsa-familia/

Somos um dos países mais desiguais do mundo, e o nosso sistema tributário é um dos mais regressivos do mundo. Tributamos pouco a renda e o patrimônio. Na Dinamarca, esses dois itens, em conjunto, representam 67% da arrecadação total de impostos; nos EUA, 60%; na média dos países da OCDE, 40%; no Brasil, apenas 23%. Por outro lado, somos vice-campeões mundiais em tributação do consumo. No Brasil, a participação relativa dos impostos que incidem sobre o consumo, na arrecadação total, atinge 50%; a média da OCDE é de 32,4%; e nos EUA, 17%.

A alíquota máxima do IRPF praticada nos países da OCDE é de 41,0%, em média; no Brasil, 27,5%. Essa alíquota é superior a 50% em nações como Bélgica e Holanda, e entre 40% e 50% na Alemanha e Portugal, por exemplo. A alíquota máxima praticada no Brasil é inferior à praticada em muitos países da América Latina, como Argentina (35%), Chile (40%) e Colômbia (33%). Em decorrência das baixas alíquotas que incidem sobre as altas rendas e dos mecanismos de isenção tributária dessas camadas, a arrecadação do IRPF no Brasil é excessivamente reduzida, na comparação internacional. Em 2015, a arrecadação média do IRPF na OCDE era de 8,5% do PIB; no Brasil, 2,5% do PIB.

O paradoxo é que o sistema ainda possui diversos mecanismos que isentam de tributação as camadas de altas rendas e grande parte das rendas do capital. A isenção da tributação de lucros e dividendos distribuídos aos sócios e acionistas é um desses mecanismos. Por conta desses dispositivos, quem ganha mais de 240 salários-mínimos mensais, por exemplo, tem quase 70% dos seus rendimentos isentos de tributação.

Outra anomalia é a baixa tributação do patrimônio. O Imposto sobre Grandes Fortunas (IGF), aprovado pela

Constituição Federal de 1988, até hoje não foi regulamentado; o Imposto Sobre Propriedade de Veículos (IPVA) não incide sobre aeronaves e embarcações; a alíquota máxima (8%) legalmente autorizada para o Imposto Sobre a Transmissão *Causa Mortis* e Doação (ITCMD) é muito inferior às praticadas por países da OCDE, as quais, frequentemente, ultrapassam o patamar de 30%; a arrecadação do Imposto sobre a Propriedade Territorial Rural (ITR) representa 0,1% da arrecadação tributária federal.

Agenda injusta e anacrônica

A agenda prioritária da Reforma Tributária que tramita no Congresso Nacional está desconectada da realidade. Antes da Covid-19, essa agenda já era injusta e limitada, porque as duas propostas hegemônicas em tramitação[119] não enfrentam a principal anomalia da tributação brasileira – seu caráter regressivo; não reduzem – e podem ampliar – a desigualdade; e são profundamente insuficientes, porque não fortalecem financeiramente o Estado para que cumpra o papel dele exigido em crises dessa envergadura. Ambas as propostas são omissas quanto à tributação da alta renda e da riqueza e contemplam, exclusivamente, a tributação do consumo. Na mesma perspectiva, está o projeto de lei encaminhado pelo Executivo ao Congresso Nacional em julho de 2020. Após a pandemia, a agenda da reforma da tributação do consumo tornou-se anacrônica.

A Reforma Tributária desenvolvimentista

Diante desse cenário, os partidos da oposição formularam proposta alternativa que também tramita no Congresso

---

[119] Propostas de Emenda Constitucional n.º 45/2019 (Câmara dos Deputados) e n.º 110/2019 (Senado).

Nacional. A chamada "Reforma Tributária Solidária, Justa e Sustentável" (Emenda n.º 178/2019 da PEC 45/2019) corrige a injustiça tributária, preserva o financiamento da seguridade e da educação, restaura o equilíbrio federativo, contempla a questão ambiental, aperfeiçoa a tributação sobre o comércio internacional e corrige dois mecanismos que historicamente transferem renda, das camadas mais pobres para as camadas de maior renda da sociedade: as isenções fiscais e a sonegação.

Essa é a única, dentre as propostas que tramitam no Congresso Nacional, que, de fato, enfrenta o caráter regressivo da tributação – mas poucos sabem da sua existência, pois ela tem sido deixada de fora do debate nacional. Dois estudos serviram de ponto de partida para a elaboração da proposta da oposição. O primeiro apresenta amplo diagnóstico sobre a totalidade dos problemas crônicos da tributação brasileira (Fagnani, 2018). O segundo faz propostas para mudar (Fagnani, 2018). Conclui-se que, do ponto de vista técnico, não há nenhuma limitação para a justiça fiscal no Brasil: "É tecnicamente possível que o Brasil tenha sistema tributário mais justo e alinhado com a experiência dos países mais igualitários, preservando o equilíbrio federativo e o Estado Social inaugurado pela Constituição de 1988".

Tributar os super-ricos para reconstruir o país

O contexto da pandemia da Covid-19, e da crise econômica sem precedentes que se projeta para o curto e médio prazo, levou os formuladores dos estudos que subsidiaram a proposta dos partidos da oposição a elaborarem novas propostas baseadas na elevação da tributação sobre as altas rendas e os grandes patrimônios[120]. Com a retomada do crescimento, estima-se que essas medidas possam gerar recursos adicionais da ordem de R$ 291,8 bilhões por ano. A maior parte desse acréscimo de receitas virá do tratamento isonômico na tributação das rendas e da maior progressividade do IRPF (R$ 158 bilhões), seguida pelo Imposto sobre Grandes Fortunas (IGF) (R$ 40 bilhões).

Muito considerável também o potencial redistributivo das medidas propostas. No caso do IRPF, a nova tabela progressiva aumenta o limite de isenção para renda líquida próxima de três salários-mínimos mensais (10,1 milhões de trabalhadores, 34,1% dos contribuintes) e amplia as alíquotas para rendas mais altas (cerca de 600 mil contribuintes, 0,3% da população). O Imposto sobre Grandes Fortunas (IGF), por exemplo, só incidirá sobre patrimônios superiores a R$ 10 milhões, privilégio de cerca de 60 mil contribuintes (0,028% da população).

Além dos R$ 290 bilhões de acréscimos de receitas tributárias, o estudo aponta para a necessidade de se reverem os "gastos tributários" e combater a sonegação de impostos. Estima-se que as isenções fiscais concedidas somente pelo Governo Federal[121] e a sonegação fiscal[122] totalizem aproximadamente R$ 900 bilhões anuais (12,8% do PIB),

---

[120] Consultar: Tributar os Super-ricos para Reconstruir o País. https://plataformapoliticasocial.com.br/tributar-os-super-ricos-para-reconstruir-o-pais/

[121] Consultar Silveira e Passos (2018).

[122] Consultar levantamento feito pelo grupo internacional Tax Justice Network, com base em dados de 2011 do Banco Mundial. http://www.valor.com.br/brasil/3333552/no-mundo-brasil-so-perde-para-russia-em-sonegacao-Fiscal-diz-estudo. Ver também estimativas do Sindicato Nacional dos Procuradores da Fazenda Nacional (Sinprofaz). http://www.quantocustaobrasil.com.br/artigos/sonegacao-no-brasil-uma-estimativa-do-desvio-da-arrecadacao-do-exerc%C3%ADcio-de-2013

que representava, em 2015, 64% do total da receita tributária anual arrecadada pela União (R$ 1,4 trilhão) e quase metade do total da receita tributária arrecadada pelos três níveis de governo (R$ 1,9 trilhão). Supondo que após a avaliação da eficácia das renúncias fiscais contabilizadas pela Receita Federal (R$ 331 bilhões)[123], fosse possível reduzir 40% do "gasto tributário", essa redução resultaria em recursos adicionais da ordem de R$ 132 bilhões anuais, montante próximo do custo de um programa ampliado de transferência de renda obtido pela expansão dos critérios de elegibilidade do Programa Bolsa Família. Da mesma forma, supondo-se que seja possível reduzir a sonegação em 30%, já haveria acréscimo de receita da ordem de R$ 180 bilhões anuais.

Considerações finais

Analistas de diferentes matizes apontam que estamos diante de crise tão severa quanto as principais crises do capitalismo no século XX. Diante dessa realidade, argumenta-se em favor de reforma do Estado Social brasileiro no sentido de se superarem dois limites estruturais. O primeiro limite estrutural pode ser superado mediante a introdução de novos mecanismos que protejam os trabalhadores da insegurança laboral, num contexto prospectivo do desemprego estrutural de longa duração e de corrosão dos empregos e da base salarial. Para superar o segundo limite estrutural, deve-se prover o Estado Social de mecanismos fiscais adequados e progressivos. A história econômica ensina que a tributação progressiva sobre as altas rendas e a riqueza teve papel importante no

---

[123] http://receita.economia.gov.br/dados/receitadata/renuncia-fiscal/previsoes-ploa/arquivos-ploa/ploa-2020/dgt-ploa-2020-base-conceitual-v1-1.pdf

reforço da capacidade financeira dos Estados nacionais, exigido para que se enfrentassem as crises do capitalismo do século passado, bem como para financiar os regimes de *Welfare State*.

Referências

Anfip/Fenafisco. *A Reforma Tributária Necessária – Justiça fiscal é possível: subsídios para o debate democrático sobre o novo desenho da tributação brasileira*. Eduardo Fagnani (organizador). Brasília: Anfip; Fenafisco; São Paulo: Plataforma Política Social, 2018. Disponível em: http://plataformapoliticasocial.com.br/justica-fiscal-e-possivel-subsidios-para-o-debate-democratico-sobre-o-novo-desenho-da-tributacao-brasileira/

Ayuso, Silvia. La OCDE pide un Plan Marshall para afrontar la crisis del coronavirus. *El País*, 21/03/2020. Disponível em: https://elpais.com/economia/2020-03-21/la-ocde-pide-un-plan-marshall-para-afrontar-la-crisis-del-coronavirus.html

Banco Mundial. *Um ajuste justo: análise da eficiência e equidade do gasto público no Brasil*. Novembro de 2017. Disponível em: https://www.worldbank.org/pt/country/brazil/publication/brazil-expenditure-review-report

Belluzzo, L.G. O trabalho tem futuro? Carta Capital, 20/07/2020. Disponível em: https://www.cartacapital.com.br/artigo/o-trabalho-tem-futuro/#.Xxg4inyelKW.whatsapp

Beveridge, W. H. *La seguridad social en Inglaterra. Plan Beveridge*. Traducción del texto oficial inglés por Vicente Peris. Espanha: Centro Interamericano de Estudios de Seguridad Social (CIESS), (1942) 2008.

Fagnani, E. (2005). *Política social no Brasil (1964-2002): entre a cidadania e a caridade*. Tese de Doutorado. Campinas: IE-UNICAMP, 2005.

Fagnani, E. Destruição da cidadania social: um projeto acalentado desde 1988. In. Sader, E. (org.). Rio de Janeiro: UERJ, LPP 2019.

Financial Times. Vírus desnuda a fragilidade do contrato social. Conselho editorial do *Financial Times*. Tradução de César Locatelli. *Carta Maior*, 05/04/2020. Publicado originalmente em *Financial Times*. Disponível em: https://www.cartamaior.com.br/?/Editoria/Economia-Politica/Virus-desnuda-a-fragilidade-do-contrato-social/7/47055

Friedman, M. *Capitalismo e Liberdade*. São Paulo: Nova Cultural, série "Os Economistas", (1962) 1988.

Hayek, F.A. *O Caminho da Servidão*. Rio de Janeiro: Editora Globo, (1944) 1977.

IBGE. PNAD Contínua: taxa de desocupação é de 12,9% e taxa de subutilização é de 27,5% no trimestre encerrado em maio de 2020. Rio de Janeiro: IBGE: Agência de Notícias, 30/06/2020. https://agenciadenoticias.ibge.gov.br/agencia-sala-de-imprensa/2013-agencia-de-noticias/releases/28110-pnad-continua-taxa-de-desocupacao-e-de-12-9-e-taxa-de-subutilizacao-e-de-27-5-no-trimestre-encerrado-em-maio-de-2020

Lavinas, L. *Renda Básica de cidadania: a política social do século XXI? Lições para o Brasil*. São Paulo: Fundação Friedrich Ebert, Análise n. 47, 2018.

PMDB. *Uma ponte para o futuro*. Fundação Ulysses Guimarães, outubro de 2015. Disponível em: https://www.fundacaoulysses.org.br/wp-content/uploads/2016/11/UMA-PONTE-PARA-O-FUTURO.pdf

Silveira, F.G. e Passos, L. Renúncias fiscais e tributação da riqueza: as capturas pelas elites econômicas e classe média tradicional. In: Fagnani, E. (org.). *A Reforma Tributária Necessária: diagnóstico e premissas*. Brasília: Anfip; Fenafisco; São Paulo: Plataforma Política Social, 2018.

Siqueira, R.B.; Nogueira, J.R. Porta está aberta para a Renda Básica Universal. *Valor Econômico*, Eu &, 9/4/2020. Disponível em: https://valor.globo.com/eu-e/noticia/2020/04/09/artigo-rozane-bezerra-de-siqueira-e-jose-ricardo-bezerra-nogueira-porta-esta-aberta-para-a--renda-basica-universal.ghtml

Wolf, Martin. A democracia vai fracassar se não pensarmos como cidadãos. *Folha de S.Paulo*, 07/07/2020. Disponível em: https://www1.folha.uol.com.br/mundo/2020/07/a-democracia-vai-fracassar-se-nao-pensarmos-como-cidadaos.shtml

19. A hora e a vez do verde
Camila Gramkow[124]

A emergência climática e o papel do Estado para a retomada da economia

Há dois aspectos principais da conjuntura atual que configuram uma janela de oportunidade sem precedentes para que as políticas ambientais sejam definitivamente incorporadas à agenda de desenvolvimento.

Primeiro, a agenda ambiental nunca esteve tão quente. Se a década de 2010 a 2019 foi a mais quente já registrada na história (OMM, 2020), o ano de 2020 marca um início de nova década caracterizado por recordes de temperaturas e eventos extremos. Da maior estiagem em décadas no Pantanal, ao ciclone-bomba e tornados que atingiram Santa Catarina, ao recorde histórico de calor em janeiro e à massa de ar polar que chegou a Manaus, temos visto em 2020 amostras de eventos que se tornarão mais frequentes e mais intensos, se nada for feito para conter o aquecimento global em até 2ºC, conforme acordado por 175 países no Acordo de Paris

---

[124] Oficial de Assuntos Econômicos do Escritório no Brasil da Comissão Econômica para a América Latina e o Caribe (Cepal). As opiniões e visões aqui expressadas são de responsabilidade exclusiva da autora não necessariamente coincidem com aquelas da Cepal.

(CQNUMC, 2015). Esses eventos trazem enormes custos, muitas vezes irreparáveis, que vão desde a perda de vidas humanas até quebra da produção agrícola e animal e destruição da infraestrutura e das habitações. À medida que emissões de gases do efeito estufa (GEE) continuam a aumentar, também se acumulam as evidências sobre os crescentes custos da inação e a rápida aproximação do chamado ponto sem retorno. Não se trata mais de um problema do longo prazo, mas uma realidade que já se impõe agora. Não à toa, o tema tem sido cada vez mais tratado como *emergência* climática.

No Brasil, o aquecimento global poderá aumentar as já significativas desigualdades sociais e regionais. Culturas relevantes para a dieta cotidiana dos brasileiros, tais como mandioca, milho e feijão (PBMC, 2013) serão afetadas, agravando a pobreza e a insegurança alimentar, particularmente no Nordeste e no Norte do país. Também serão impactadas culturas exportadoras, tais como soja, café e algodão (ibid.), o que agravará a vulnerabilidade externa do país, que apresenta uma pauta exportadora cada vez mais concentrada em produtos primários e manufaturas intensivas em produtos naturais (Gramkow; Gordon, 2015; Nassif et al., 2015). O aquecimento global aprofundará, portanto, as características estruturais que definem o desenvolvimento periférico brasileiro, segundo o pensamento cepalino, quais sejam: a desigualdade, associada à heterogeneidade estrutural, e vulnerabilidade externa, associada ao alto grau de especialização externa em produtos de baixa intensidade tecnológica – ou, na terminologia mais recente da Cepal, as chamadas brechas internas e externas (Cepal, 2018). Prebisch já alertava, na década de 1980, sobre os problemas ambientais: "não estamos na presença de novos problemas, mas de problemas velhos que têm se tornado mais graves" (Prebisch, 1980).

O segundo aspecto está relacionado a uma valorização do papel do Estado na retomada da economia. Se antes da pandemia o tom que definia as ações governamentais era o da austeridade, a crise provocada pela pandemia de Covid-19 torna explícitas as contradições entre a austeridade e a necessária atuação do Estado para conduzir a economia, os empregos e a renda à recuperação. Essa mudança brusca se deve, entre outros aspectos, à visibilização que a crise promoveu às brechas estruturais de desenvolvimento no Brasil e em outros países da América Latina e Caribe. A Cepal (2020a) projeta para o Brasil uma redução de 9,2% do Produto Interno Bruto (PIB) em 2020, que é uma queda sem precedentes no último século no país. Essa é uma situação muito grave, porque, na realidade, o Brasil e a região já estavam em uma trajetória de muito baixo dinamismo econômico, mesmo antes da chegada da crise provocada pela pandemia de Covid-19. O último quinquênio, de 2014 a 2019, foi o de menor crescimento desde a década de 1950, com expansão média anual de -0,4% no Brasil (IPEA, 2020). Essas magnitudes comparam-se à retração da economia devido ao aquecimento global infrene, estimada entre -5% e -20% ao ano (Stern, 2007).

Desde 2014, antes da pandemia, o país e a região experimentavam um processo de deterioração da situação social. Desde 2016, a taxa de desocupação vem se mantendo em dois dígitos (acima de 10,2%) e a informalidade alcança quase a metade (48,6%) dos ocupados no Brasil (IBGE, 2020). Trata-se de um contingente de milhões trabalhadores sem o amparo das condições formais de emprego. Segundo dados da Cepal, a pobreza aumentou de 11,2% em 2014 para 13,7% em 2018 e a pobreza extrema saltou de 2,3% em 2014 para 3,9% em 2018 no Brasil. As projeções da mesma instituição apontam que a retração da atividade econômica neste ano levará a um aumento da pobreza de pelo menos 4,9 pontos percentuais (de 19,4% em 2019 para 24,3% em 2020) no Brasil, o que representa 5,9 milhões de pessoas a mais vivendo na pobreza. Esses dados ilustram as duras consequências da crise atual e demonstram as vulnerabilidades estruturais do atual estilo de desenvolvimento do país. A visibilização dessas deficiências estruturais, acentuadas pela crise provada pela pandemia da Covid-19, é um dos determinantes centrais para que hoje haja um consenso sobre a necessidade de mais ações de parte do Estado, especialmente aquelas para a retomada da economia e geração de empregos.

Somadas, a emergência climática e a valorização do papel do Estado na retomada, configuram uma circunstância única na qual o Estado encontra-se em posição privilegiada para fortalecer a agenda de proteção ambiental, tornando-a parte integral das políticas de recuperação da economia, da renda e dos empregos em bases sustentáveis no curto e no longo prazo. Se por um lado não agir sobre o aquecimento global pode se tornar um obstáculo adicional ao desenvolvimento econômico brasileiro, por outro lado a política climática pode se tornar um motor do desenvolvimento (Gramkow, 2019).

O verde no centro de propostas globais para recuperação da crise

Muitas das propostas de recuperação "verde" foram concebidas no contexto da Grande Recessão de 2008/2009. Elas tinham o ponto de partida comum de que a economia deveria mudar para um modelo mais sustentável, que deveria garantir não apenas a proteção climática, mas também encorajar a recuperação econômica. Foi nesse contexto que surgiram as primeiras formulações de *Green New Deal* (Green New Deal Group, 2008; Barbier, 2009), recuperação verde (Pollin et al., 2008), crescimento verde (OCDE, 2011), economia verde (PNUMA, 2011), entre outros (ver Gramkow, 2019, para uma revisão).

Essas propostas em si mesmas representam uma ruptura com a visão de que o meio ambiente seja um entrave ao desenvolvimento. Há um crescente consenso de que, pelo menos no curto prazo, as mudanças estruturais, rápidas e profundas que são necessárias para proteger o planeta devem resultar em crescimento econômico (Barbier, 2009; Barker et al., 2012; Gramkow; Anger-Kraavi, 2019; Huberty et al., 2011). Isso porque essas mudanças amplas se traduzem em investimentos massivos, que são o componente mais dinâmico da economia. No caso do Brasil, estima-se que os investimentos de baixo carbono necessários para cumprir com as metas estabelecidas pelo país em sua Contribuição Nacionalmente Determinada (Brasil, 2015) podem chegar a US$ 1,3 trilhão até 2030 (IFC, 2016).

Propostas para o enfrentamento simultâneo das crises econômica e climática se traduziram, pela primeira vez na história, em pacotes de estímulos para conter a crise econômica por todo o globo que incluíram explicitamente um componente fiscal verde, compreendendo investimentos em energias renováveis, eficiência energética, transporte público, ferrovias, infraestrutura hídrica, proteção ambiental etc. (Barbier; Markandya, 2013; Robins et al., 2009). Governos (quase exclusivamente membros do G20) alocaram mais US$ 520 bilhões para a recuperação verde, o que representou 15,7% do total de estímulos fiscais e 0,7% do PIB global (Barbier; Markandya, 2013). Contudo, de forma geral, a maior parte dos países do mundo foi cautelosa em aderir à recuperação verde à época. Globalmente, os estímulos verdes totais ficaram abaixo da meta de se investir 1% do PIB sugerida pelo *Global Green New*

Deal. Uma das causas possíveis pode estar relacionada à grande expressão das políticas de natureza monetária, como por exemplo o *quantitative easing*, nas políticas de enfrentamento à Grande Recessão de 2008/2009, com menor espaço para política fiscal. Ademais, as economias do G20 falharam em coordenar suas medidas de estímulos verdes, particularmente ao não remover os subsídios aos combustíveis fósseis. Finalmente, o G20 não aumentou o apoio aos países em desenvolvimento, o que dificultou o engajamento desses países na agenda de crescimento verde (Barbier; Markandya, 2013).

Com a irrupção da atual crise provocada pela pandemia da Covid-19, as propostas de retomada com ênfase no verde ganharam novo fôlego e as primeiras medidas de estímulos verdes para enfrentar a Grande Recessão de 2008/2009 forneceram um aprendizado e uma base sobre a qual essas propostas amadureceram e em muitos países já estão em fase de implementação. Segundo o índice de esverdeamento dos estímulos (Vivid Economics, 2020) baseado no estudo de caso de 17 grandes economias, incluindo o Brasil, foram anunciados estímulos da ordem de US$ 3,5 trilhões diretamente para setores que teriam um impacto grande e duradouro para a natureza. Esse montante representa cerca de 30% dos estímulos totais desses países. A União Europeia (UE) aprovou o UE Nova Geração (*Next Generation EU*), o maior e mais amplo pacote de estímulos verdes apresentado até o momento. Em linha com o *Green Deal* europeu, trata-se de um pacote de recuperação de US$ 830 bilhões (€ 750 bilhões) para melhorar a sustentabilidade na agricultura, financiar energias renováveis e apoiar vendas de veículos elétricos e infraestrutura. Na França, o resgate a empresas é condicional a requisitos ambientais. No Canadá, o financiamento emergencial a empresas grandes é condicional ao aumento da transparência de seus compromissos climáticos. Na Alemanha, o Pacote para o Futuro (*Package for the Future*) de US$ 45 bilhões prevê apoio a projetos verdes específicos, principalmente na área de energia e de transporte. O *New Deal* da Coreia do Sul foi fortalecido com uma injeção de US$ 48 bilhões dedicados a projetos nas áreas de veículos elétricos e híbridos, energia renovável e eficiência energética.

Apesar desses estímulos verdes representarem um passo importante na direção correta, em 14 das 17 economias analisadas os estímulos considerados danosos ao meio ambiente superam os estímulos verdes. Similarmente, outro levantamento aponta que os países do G20 alocaram US$ 204 bilhões para combustíveis fósseis, o que representa mais da metade (52%) dos recursos públicos para o setor energético (Energy Policy Tracker, 2020). Por um lado, esses dados indicam que os desafios à frente não são desprezíveis e que é possível que regulações e políticas ambientais sejam flexibilizadas sob o pretexto da recuperação econômica, gerando risco de uma movimentação na direção oposta àquela da sustentabilidade. Por outro lado, pode-se esperar um aumento do peso dos estímulos verdes à medida que cada vez mais eles estarão dedicados a ações de recuperação de longo prazo ao invés do enfrentamento emergencial no curto prazo. Líderes de todo o mundo têm à sua frente uma oportunidade histórica para se transformar estilos de desenvolvimento rumo a economias mais igualitárias e inclusivas, mais resilientes diante de ameaças de pandemias, dos impactos das mudanças climáticas e de muitos outros desafios que o futuro guarda.

Um grande impulso para a sustentabilidade no Brasil

Se o antigo "normal" não foi capaz de resolver as grandes questões do desenvolvimento, hoje a crise apresenta-se como uma estreita janela de oportunidade para criar um novo estilo de desenvolvimento em cujo centro estejam a sustentabilidade e a igualdade. Mudar o estilo de desenvolvimento é urgentemente necessário, não apenas porque os custos da inação são muito altos e a janela de oportunidade para atingir o compromisso de manter o aquecimento global bem abaixo de 2°C e evitar ultrapassar os limites planetários é estreita. A razão mais importante é que há diversas oportunidades para que uma nova geração de políticas pró-sustentabilidade e pró-igualdade seja propulsora de um novo ciclo de desenvolvimento econômico.

A Comissão Econômica para a América Latina e o Caribe (Cepal) vem desenvolvendo uma abordagem renovada, chamada *"Big Push* (ou Grande Impulso) para a Sustentabilidade", para apoiar os países da América Latina e do Caribe na construção de estilos de desenvolvimento sustentáveis. Em termos simples, a abordagem do *Big Push* para a Sustentabilidade representa uma coordenação de políticas (públicas e corporativas, nacionais e subnacionais, setoriais, fiscais, regulatórias, financeiras, de planejamento etc.) para mobilizar investimentos transformadores do estilo de desenvolvimento. Nessa abordagem, o conjunto de investimentos complementares e em escala necessários para a transição para um modelo econômico saudável, resiliente, de baixo carbono, inclusivo e sustentável são motores de um grande impulso (*big push*) para o crescimento econômico e a promoção da igualdade, contribuindo para a construção de um desenvolvimento mais sustentável no seu tripé econômico, social e ambiental (Cepal/FES, 2019; Gramkow (org.), 2020).

Na abordagem do *Big Push* para a Sustentabilidade, os investimentos transformadores devem ser orientados para o estilo de desenvolvimento que se busca construir. Não há um único estilo de desenvolvimento sustentável, mas sim uma ampla gama de opções possíveis. Em muitos países, existem processos estabelecidos que jogam luz sobre o estilo almejado, incluindo as estratégias de planejamento, os planos setoriais, as prioridades para o gasto público e os objetivos e as diretrizes estabelecidas para as políticas públicas. As vocações dos países também são um pilar importante a se ter em consideração, incluindo o tipo e a disponibilidade de recursos naturais, a abundância e a qualificação do capital humano e as competências tecnológicas e produtivas. Além disso, tomam-se em conta os mecanismos de coordenação internacional e de internalização das respostas da comunidade internacional a desafios globais comuns, tais como a Agenda 2030 e seus 17 Objetivos de Desenvolvimento Sustentável (ONU, 2015).

Outra "luz" para a construção da estilos de desenvolvimento sustentáveis é a eficiência tríplice do *Big Push* para a Sustentabilidade: (i) a eficiência schumpeteriana, segundo a qual uma matriz produtiva mais integrada, complexa e intensiva em conhecimento gera externalidades positivas de aprendizado e inovação que se irradiam para toda a cadeia de valor; (ii) a eficiência keynesiana, que destaca que há ganhos de eficiência (de escala e de escopo) da especialização produtiva em bens cuja demanda cresce relativamente mais, gerando efeitos multiplicadores e impactos positivos na economia e nos empregos; e (iii) eficiência de sustentabilidade, que diz respeito à viabilidade econômica, justiça social e sustentabilidade ambiental. O estilo de desenvolvimento aspirado e a eficiência tríplice conformam os princípios orientadores dos investimentos transformadores a serem mobilizados.

Segundo a abordagem do *Big Push* para a Sustentabilidade, é preciso articular e coordenar políticas em torno dos princípios do novo estilo de desenvolvimento para se destravarem investimentos nacionais e estrangeiros, não apenas em práticas, tecnologias, cadeias de valor e infraestrutura sustentáveis, mas também em capacidades científicas, tecnológicas e inovativas e educação para equipar a força de trabalho com as habilidades necessárias para o futuro. A coordenação é simultaneamente o desafio crítico e a principal oportunidade do *Big Push* para a Sustentabilidade. Se uma ampla gama de políticas (públicas e corporativas, nacionais e subnacionais, setoriais, tributárias, regulatórias, fiscais, financeiras, de planejamento, etc.) estiver alinhada e coesa com os princípios de um novo estilo de desenvolvimento, um ambiente favorável para mobilizar os investimentos necessários será estabelecido, ancorado em incertezas reduzidas, sinais de preços corrigidos e um *mix* de políticas adequado. O consequente aumento dos investimentos sustentáveis leva, então, a um ciclo virtuoso de crescimento econômico, criação de empregos, desenvolvimento de cadeias produtivas, redução da pegada ambiental e impactos ambientais, ao mesmo tempo em que recupera a capacidade produtiva do capital natural.

No Brasil, há oportunidades e desafios para um *Big Push* para a Sustentabilidade (Cepal/FES, 2019). Dentre as oportunidades, destaca-se o grande potencial para os investimentos de baixo carbono no país, na ordem de US$ 1,3 trilhão até 2030 em setores tais como energias renováveis, infraestrutura urbana (mobilidade, edificações, resíduos etc.) e indústria (IFC, 2016). Ressaltam-se também, os ganhos competitivos das firmas no Brasil que já investem em tecnologias sustentáveis (em termos de redução de custos, aumento de qualidade, aumento de *market share*, acesso a novos mercados etc.), a maior facilidade de acesso a financiamento para empresas que possuem uma governança ambiental e social e a existência de uma ampla base de capacidades produtivas e tecnológicas voltadas à sustentabilidade. Ademais, considera-se o momento atual oportuno para este debate, no qual se está discutindo caminhos para a recuperação da economia brasileira. Esse contexto pode ser uma oportunidade para o país direcionar esforços para acelerar os investimentos sustentáveis. Contudo, há também desafios para o Brasil, que incluem custos relativos ao *carbon lock-in* (relacionados à transição de paradigma tecnológico, especialmente nos setores mais poluentes), reduzido espaço fiscal para formulação de novas políticas – particularmente no contexto da Emenda Constitucional n.º 95/2016 – e o contexto federativo do país, que impõe necessidade de ampla coordenação entre os entes federativos.

Foram identificados mais 60 casos concretos de ações que tiveram êxito na promoção de investimentos com impactos positivos nas três dimensões do desenvolvimento sustentável (social, econômico e ambiental) no Brasil. Esses casos estão reunidos no "Repositório de casos sobre o *Big Push* para a Sustentabilidade no Brasil" (Cepal, 2020b), que tem como objetivo dar visibilidade e oportunidade de *showcase* às experiências e iniciativas que geraram resultados concretos em direção à sustentabilidade do desenvolvimento. Os estudos de caso ilustram as amplas possibilidades de realizar investimentos sustentáveis em várias escalas (em empresas, comunidades, a nível municipal, regional e nacional), em várias práticas e tecnologias sustentáveis (de sistemas agroflorestais e novos produtos industriais verdes, até técnicas novas para saneamento básico rural e o desenvolvimento de energias renováveis) e por meio de uma rica pluralidade de medidas, políticas, arranjos de governança e fontes de financiamento. Esses estudos de caso são luzes que podem nos guiar para um futuro sustentável e igualitário, caso esses investimentos ganhem escala em linha com o *Big Push* para a Sustentabilidade.

Chegou a hora e a vez de o verde ser considerado como parte integral de uma estratégia de recuperação com base em um *Big Push* para a Sustentabilidade. Os desafios à frente não são insignificantes, mas os benefícios potenciais esperados ao final desse processo certamente superam esse esforço.

Referências

Barbier, Edward. *A Global Green New Deal: executive summary*. Nairobi, Programa das Nações Unidas para o Meio Ambiente, 2009.

Barbier, Edward; Markandya, Anil. *A New Blueprint for a Green Economy*. Nova Iorque: Routledge, 2013.

Barker, Terry et al. A new economics approach to modelling policies to achieve global 2020 targets for climate stabilization. *International Review of Applied Economics*, v. 2, n. 26, 2012.

Brasil. Pretendida Contribuição Nacionalmente Determinada para a Consecução do Objetivo da Convenção-Quadro das Nações Unidas sobre Mudança do Clima. Brasília, 2015.

Cepal. "Enfrentar los efectos cada vez mayores del COVID-19 para una reactivación con igualdad: nuevas proyecciones" *Informe Especial COVID-19* No. 5, Santiago, CEPAL, 2020a.

Cepal. Repositório de casos sobre o Big Push para a Sustentabilidade no Brasil. Repositório online. Santiago: Cepal, 2020b. Disponível em: https://biblioguias.cepal.org/bigpushparaasustentabilidade.

Cepal. *A ineficiência de desigualdade* (LC/SES.37/4), Santiago: Cepal, 2018.

Cepal/FES. *Big Push* Ambiental: Investimentos coordenados para um estilo de desenvolvimento sustentável. *Perspectivas*, n. 20, (LC/BRS/TS.2019/1 e LC/TS.2019/14), São Paulo, Comissão Econômica para a América Latina e o Caribe/Fundação Friedrich Ebert (Cepal/FES), 2019.

CQNUMC. *Acordo de Paris*. Paris: Convenção-Quadro das Nações Unidas sobre a Mudança do Clima (CQNUMC), 2015.

Gramkow, Camila (org.). *Investimentos transformado-*

res para um estilo de desenvolvimento sustentável: Estudos de casos de grande impulso (Big Push) para a sustentabilidade no Brasil (LC/BRS/TS.2020/1). Santiago: Cepal, 2020.

Gramkow, Camila. De obstáculo a motor do desenvolvimento econômico: o papel da agenda climática no desenvolvimento. In: Leite, Marcos Vinicius Chiliatto (org.) *Alternativas para o desenvolvimento brasileiro: novos horizontes para a mudança estrutural com igualdade* (LC/TS.2019/27 e LC/BRS/TS.2019/3). Santiago: Cepal, 2019.

Gramkow, Camila; Gordon, José Luis. Aspectos estruturais da economia brasileira: heterogeneidade estrutural e inserção externa de 1996 a 2009. *Cadernos do Desenvolvimento*, v. 9, n. 15, 2015.

Gramkow, Camila; Anger-Kraavi, Annela. Developing Green: a Case for the Brazilian Manufacturing Industry. *Sustainability*, v. 6783, n. 11, 2019.

Green New Deal Group. *A Green New Deal*. Londres: New Economics Foundation, 2008.

Huberty, Mark et al. *Shaping the Green Growth Economy: a Review of the Public Debate and Prospects for Green Growth*. Copenhague: Green Growth Leaders, 2011.

Energy Policy Tracker. *Energy Policy Tracker*. International Institute for Sustainable Development, 2020. Disponível em: https://www.energypolicytracker.org/

IFC. *Climate investment opportunities in emerging markets: an IFC analysis*, Washington, D.C.: International Financial Corporation (IFC), 2016.

IBGE. Estatísticas. IBGE, 2020. Disponível em: www.ibge.gov.br.

IPEA. Ipeadata. IPEA, 2020. Disponível em: www.ipeadata.gov.br.

Nassif, André et al. Structural change and economic

development: is Brazil catching up or falling behind?. *Cambridge Journal of Economics*, n. 39, 2015.

PBMC. *Impactos, vulnerabilidades e adaptação: contribuição do grupo de trabalho 2 ao primeiro relatório de avaliação nacional do Painel Brasileiro de Mudanças Climáticas*, Brasília: Painel Brasileiro de Mudanças Climáticas (PBMC), 2013.

Pollin, Robert et al. *Green Recovery: a program to create good jobs and start building a low-carbon economy*. Washington, D.C.: Center for American Progress and Political Economy Research Institute, 2008.

Prebisch, Raul. Biosfera y desarrollo. In: Sunkel, O.; Gligo, N. (eds.). *Estilos de desarrollo y medio ambiente en la America Latina*. Santiago: Cepal, 1980.

ONU. *Transformando Nosso Mundo: a Agenda 2030 para o Desenvolvimento Sustentável* (A/RES/70/1). Nova Iorque: Organização das Nações Unidas (ONU),2015.

OMM. WMO Statement on the State of the Global Climate in 2019. Genebra: Organização Meteorológica Mundial (OMM), 2020.

OCDE. Towards Green Growth. Paris: Organização para a Cooperação e Desenvolvimento Econômico (OCDE), 2011.

PNUMA. Towards a Green Economy: Pathways to Sustainable Development and Poverty Eradication, Paris: Programa das Nações Unidas para o Meio Ambiente (PNUMA), 2011.

Robins, Nicholas et al. *A Climate for Recovery: the Colour of Stimulus Goes Green*. Londres: HSBC, 2009.

Schneider et al. Crisis or opportunity? Economic degrowth for social equity and ecological sustainability Introduction to this special issue. *Journal of Cleaner Production*, v. 6, n. 18, 2010.

Stern, Nicholas. *The Economics of Climate Change: the Stern Review*. Cambridge: Cambridge University Press, 2007.

Vivid Economics. Greenness of Stimulus Index. 2020. Disponível em: https://www.vivideconomics.com/casestudy/greenness-for-stimulus-index/

20. Uma agenda econômica para todos[125]

Pedro Rossi[126], Marco Antonio Rocha[127], Esther Dweck[128], Ana Luíza Matos de Oliveira[129] e Guilherme Mello[130]

Até aqui este livro trouxe uma perspectiva crítica ao pensamento econômico dominante e apontou a necessidade de pensar outro paradigma para a atuação do Estado na economia. A primeira parte discutiu aspectos teóricos e desmistificou

---

[125] Esse capítulo se beneficia dos debates do Projeto Brasil Popular, da Frente Brasil Popular, sistematizado em Fagnani, Dweck, Mello, Rocha, Rossi e Teixeira (2018).

[126] Professor Doutor do Instituto de Economia da Unicamp e pesquisador do Centro de Estudos de Conjuntura e Política Econômica (CECON).

[127] Foi coordenador e atualmente atua como pesquisador do Núcleo de Economia Industrial e Tecnológica (NEIT - IE/Unicamp) e professor do Instituto de Economia da Unicamp.

[128] Professora Associada do Instituto de Economia da Universidade Federal do Rio de Janeiro (IE/UFRJ), Coordenadora do Curso do Grupo de Economia do Setor Público Gesp-IE/UFRJ, Ex-Secretária do Orçamento Federal (2015-2016)

[129] Economista (UFMG), mestra e doutora em Desenvolvimento Econômico (Unicamp). Professora visitante da FLACSO – Brasil

[130] Professor do Instituto de Economia da UNICAMP e diretor do Centro de Estudos de Conjuntura do IE/UNICAMP.

falácias associadas à agenda da austeridade fiscal. A segunda parte avaliou os impactos da política fiscal na desigualdade e em diversas áreas sociais e apontou para a necessidade de alternativas e de inverter a lógica da política fiscal de forma a que esta sirva como um instrumento para a garantia de direitos e não para o constrangimento dos mesmos. Por fim, a terceira parte do livro traz reflexões para outro paradigma de política econômica. Neste último capítulo, trazemos as linhas gerais para uma outra agenda de desenvolvimento que é a antítese da agenda da austeridade: uma agenda econômica para todos, que aponte o caminho para a recuperação econômica e para transformação da sociedade brasileira rumo à igualdade.

Essa agenda pressupõe reafirmar a necessidade do crescimento e do desenvolvimento econômico, mas ao mesmo tempo repensar suas características atuais (Oliveira, 2014). O crescimento, entendido como o aumento da produção de bens e serviços, pode ter características perversas (padrões de consumo insustentáveis, exclusão social, degradação ambiental etc.) mas também positivas e necessárias (construção de moradias, expansão dos serviços de saúde, aumento das atividades culturais etc.). O problema não é o crescimento, mas qual crescimento. Mais do que conciliar crescimento econômico com preservação ambiental e transformação social para atacar as múltiplas dimensões da desigualdade (social, racial, de gênero, regional etc.) da sociedade brasileira, é necessário transformar essas agendas no objetivo do processo de desenvolvimento. Para isso, é necessário recuperar uma tradição econômica que pensa o desenvolvimento a partir de um lugar periférico e que articula/integra as estruturas de demanda e de oferta, o mercado de trabalho, os padrões de consumo, estrutura produtiva e o emprego. Há, portanto, uma dimensão macroeconômica do desenvolvimento que esse capítulo propõe discutir.

O modelo de desenvolvimento aqui proposto é movido por dois motores principais do crescimento econômico: i) a distribuição de renda e a inclusão social; e ii) a expansão da infraestrutura social. De um lado, a distribuição de renda é fundamental para a consolidação de um mercado interno dinâmico que, por sua vez, pode proporcionar emprego de qualidade para os trabalhadores e ganhos de escala e produtividade para as empresas. De outro lado, a inclusão social não pode ocorrer apenas pela ampliação do acesso aos bens privados, mas pela ampliação dos direitos de cidadania. É necessário pensar a esfera pública, ampliando o acesso e melhorando a qualidade das instituições de serviços públicos, o que remete ao segundo motor do crescimento.

A expansão da infraestrutura social tem efeitos dinâmicos de curto prazo, por meio dos multiplicadores de gasto e da geração de empregos, e efeitos de longo prazo, por meio da melhora da qualidade de vida das pessoas e da produtividade do sistema. Diante do grau de desigualdade no Brasil e da carência na oferta pública de bens e serviços sociais, esses motores podem conferir ao país anos, talvez décadas, de crescimento econômico.

Além dos dois motores do crescimento, outra característica central da proposta é a ideia de política pública orientada por missões socioambientais, que apontam para as finalidades do processo de desenvolvimento e para a solução de problemas e gargalos históricos da sociedade brasileira como a mobilidade urbana, saúde, educação etc., mas também para uma nova lógica de organização do planejamento econômico. Além de apontar para as finalidades, as missões devem articular as demandas sociais com uma base produtiva e tecnológica necessária para atendê-las, contribuindo assim para a sustentação do modelo de crescimento e para a transformação estrutural da economia.

Considera-se que o conjunto das políticas públicas deve ser pensado de baixo para cima, a partir da necessidade dos diferentes territórios e regiões e das demandas socioambientais que cada um apresenta. Não é possível elaborar um projeto de desenvolvimento único, constituído "de cima para baixo", para um país continental e heterogêneo como o Brasil. Ou seja, é preciso identificar os problemas e as soluções a partir as especificidades locais e regionais e da demanda pelos bens e serviços finais e os insumos necessários para o seu provimento. A solução de muitos dos problemas sociais poderá ser encontrada em mecanismos de solidariedade e tecnologias sociais que podem ser desenvolvidas no âmbito local, em comunidades, bairros ou cidades (Dagnino, 2014). A tarefa de pensar o bem comum é, portanto, uma tarefa de base. No entanto, o Estado tem um papel fundamental no âmbito nacional para organizar as diversas demandas, planejar os esforços para seu enfrentamento e encontrar as formas de coordenar as ações dentro da esfera pública (e em âmbito federativo), assim como entre o setor público e privado.

A articulação do provimento de infraestrutura social com uma política de desenvolvimento produtivo requer a coordenação de investimentos e incentivos para a capacitação em tecnologias estratégicas e para o fortalecimento da estrutura de fomento ao desenvolvimento, na proposta das "missões" apresentada mais adiante. A centralização das ações coordenadas a partir de cada eixo de demanda social selecionado poderá contribuir para a construção de uma agenda que tenha alcance nacional e que, ao mesmo tempo, procure dialogar com ações regionalizadas e no âmbito local.

1) Dois principais motores para o crescimento

O conceito de desenvolvimento pode ser definido como um processo histórico marcado pelo crescimento econômico e por mudanças estruturais. A mudança estrutural é crucial para indicar a direção do processo de desenvolvimento. Essa aponta as mudanças na paisagem econômica e social, na estrutura produtiva, no mercado de trabalho, na distribuição da renda e da riqueza, nos indicadores sociais e ambientais. Pode haver desenvolvimento com industrialização intensa, concentração de renda e degradação ambiental, como ocorreu no período da ditadura militar no Brasil. Por outro lado, é possível buscar um modelo de desenvolvimento em que a finalidade do crescimento econômico seja a igualdade e a garantia de direitos e que isso se reflita nos indicadores sociais, nas condições de trabalho, na distribuição da renda e da riqueza, na preservação ambiental e na melhoria dos indicadores de qualidade de vida nas cidades, em particular nos grandes centros urbanos.

O trabalho de Bielschowsky (2014) nos ajuda a pensar estrategicamente o desenvolvimento brasileiro por meio do conceito de frentes de expansão, que constituem motores do crescimento econômico. O autor identifica três frentes de expansão para a economia brasileira: i) um amplo mercado interno; ii) uma forte demanda interna e externa por nossos recursos naturais; e iii) perspectivas favoráveis quanto à demanda estatal e privada por investimentos em infraestrutura (econômica e social). Nesse desenho conceitual, cabe ao Estado atuar sobre os motores de crescimento para garantir o crescimento e o desenvolvimento.

A partir da ideia de frentes de expansão, é possível pensar uma nova lógica de operação da economia brasileira no longo prazo que garanta simultaneamente dinamismo econômico e uma profunda transformação da estrutura produtiva e social. Para essa estratégia de desenvolvimento, a atuação pública deve estar voltada para dois motores essenciais do crescimento econômico (ou frentes de expansão): a distribuição de renda e a oferta de infraestrutura social. Isso não significa negligenciar outros motores do crescimento, como aqueles apontados por Bielschowsky (2014), mas concentrar a atuação do Estado e as políticas públicas nesses importantes eixos do desenvolvimento.

O intuito da requalificação do debate sobre as frentes de expansão da economia brasileira é, sobretudo, de discutir o sentido do desenvolvimento e, simultaneamente, pensar a estrutura produtiva necessária para dar sustentação ao projeto e assim atender as demandas sociais.

1º motor: a distribuição de renda

A distribuição da renda é entendida como um motor do crescimento uma vez que a ampliação da renda das famílias fomenta o mercado interno de consumo, induzindo os investimentos privados na ampliação da produção e impulsionado a geração de emprego e renda, o que se reverte em mais consumo, investimento e renda. Este motor é fundamental em uma sociedade tão desigual quanto a brasileira, fundada na exploração da população negra e indígena, das mulheres, e com expressivas desigualdades regionais.

A constituição de um mercado de consumo de massas foi uma estratégia econômica deliberada dos governos do Partido de Trabalhadores, explicitada no programa de governo do partido em 2002 e nos planos plurianuais (PPA) elaborados ao longo do governo Lula (Bielschowsky, 2014). Segundo Carvalho e Rugitsky (2015), a aceleração do crescimento brasileiro a partir de 2004 teve contribuição crucial do processo redistributivo, assim como do crédito, o que reforça o elo entre redistribuição e consumo. Esse fato decorre de uma aceleração do circuito da renda impulsionada pela transferência de recursos para uma parcela mais pobre da população, com uma propensão a consumir maior. Ao longo do processo de inclusão no mercado consumidor, a ampliação da demanda gera aumento do volume de vendas, o que pode proporcionar aumento de escala das empresas domésticas, aumentos de produtividade e crescimento econômico.

As políticas de aumento de salário mínimo e as políticas de transferência da seguridade social e dos programas de combate à pobreza são fundamentais para a melhora relativa na renda da parcela mais pobre da população. No entanto, também é preciso endereçar estruturas que reproduzem as desigualdades e a exclusão social no Brasil em termos raciais, regionais e de gênero, como a carga tributária que reforça e institucionaliza a forte concentração de renda e riqueza: por exemplo, estudo publicado por Inesc e Oxfam (Salvador, 2014) mostra que as mulheres negras são as que mais pagam impostos proporcionalmente à sua renda. Portanto, uma reforma tributária progressiva é imprescindível para amplificar os efeitos redistributivos da política fiscal e reduzir a desigualdade social.

Como já discutido por Furtado (1983), também é preciso repensar a articulação dos padrões de consumo com outros aspectos do desenvolvimento econômico, favorecendo formas coletivas de consumo. A ampliação da oferta de serviços públicos universais, que atendam com qualidade a maioria das classes sociais, não apenas tem a capacidade de ampliar o consumo coletivo, como pode coadunar-se com políticas voltadas para a economia local e regional, alterando a cesta de consumo da população, promovendo o desenvolvimento local e regional e privilegiando os micro e pequenos empreendimentos.

Dessa forma, a consolidação de um forte mercado interno de consumo por meio da distribuição de renda deve ser acompanhada por uma discussão em torno da qualidade do consumo, tanto de bens privados quanto de bens públicos. Segundo Medeiros (2015), no ciclo distributivo recente, apesar da difusão de padrões de consumo privado, persistiu a precariedade do acesso de uma parte da população aos bens e serviços sociais básicos como moradia, transportes, saúde e educação, o que nos remete ao segundo motor do desenvolvimento.

2º motor: o investimento em infraestrutura social

O investimento em infraestrutura social permite a ampliação da capacidade de oferta de bens e serviços sociais e de consumo coletivo pela sociedade. Este investimento pode ter um enorme efeito dinâmico de curto prazo por meio dos multiplicadores de gasto e da geração de empregos, sendo, portanto, um vetor de saída para a atual crise econômica. Além disso, o investimento social também tem amplos efeitos positivos sobre o crescimento econômico no longo prazo, por meio da melhora da qualidade de vida das pessoas e da produtividade do sistema e de uma redistribuição de renda e riqueza, por exemplo, se os trabalhadores demoram menos tempo para ir e voltar do trabalho, com serviços de transporte de maior qualidade. Trata-se de uma força de trabalho com mais saúde, mais educação, mais lazer e mais cultura, decorrentes de uma maior oferta de serviços sociais.

O investimento social não deve ser tratado como um fardo para as contas públicas. É falsa a ideia de que o gasto social reduz a eficiência do sistema econômico. Para Peter Lindert (2004), que traz farta evidência estatística e econométrica e uma análise histórica minuciosa, o gasto social, ao contrário da intuição de alguns economistas, pode trazer estímulos ao crescimento econômico. No caso brasileiro, Castro (2013) aponta que os investimentos sociais têm impactos positivos tanto para a redução da desigualdade quanto para o crescimento econômico e a geração de emprego. Segundo o IPEA (2010 e 2011), um incremento de 1% do PIB nos gastos com educação e saúde, por exemplo, gera crescimento do PIB de 1,85% e 1,70%, respectivamente. Ademais, o gasto social reduz a desigualdade da renda: um aumento de 1% do PIB nos gastos com Saúde Pública e no programa Bolsa Família reduz a desigualdade, medida pelo índice de Gini, em -1,50% e -2,20%, respectivamente.

Para além dos efeitos econômicos, como argumenta Castells (1989), a falta de provimento de bens de "consumo coletivo" está no cerne da crise urbana em sociedades capitalistas: a exigência do fornecimento de infraestrutura para permitir a expansão da população urbana não encontra adequação, em geral, à lógica de investimento capitalista, porém é condição para a ampliação da própria produção capitalista, o que cria uma contradição que tende a resultar em deterioração das condições de vida e crise de sociabilidade. A defesa da melhoria e ampliação da infraestrutura social, nesse sentido, procura criar condições de construção da legitimidade da política de desenvolvimento produtivo em bases populares.

Mais recentemente, a OCDE, em seu documento *The Future of Work*, também aponta para a necessidade de construir uma agenda de transição para o novo paradigma tecnológico – conhecido como "4.0" (Pfeiffer, 2017; Schwab, 2019) – que inclua intervenções estratégicas do Estado no provimento de bens e serviços como forma de redução da desigualdade. Essa agenda deve incluir uma política educacional, tecnológica e industrial para a expansão de bens e serviços ligados à proteção social, infraestrutura pública e direitos básicos fundamentais (OECD, 2019). Segundo a instituição, adaptar-se a um mundo 4.0 não significa ampliar a precarização. No Brasil, país com alta desigualdade, baixo custo relativo do trabalho pouco qualificado e baixa automação, é preciso tratar o tema de forma a não ampliar ainda mais as desigualdades pré-existentes. Dessa forma, os dois objetivos de redução da desigualdade de renda e aumento do investimento social são fundamentais ao crescimento econômico. Além da maior justiça social e reparação histórica, a implementação de um projeto de desenvolvimento social tem enorme potencial de dinamizar a economia brasileira dada: i) a enorme concentração de renda; ii) a carência de infraestrutura social.

2. Missões sociais e ambientais

Esse modelo econômico de desenvolvimento concentrado em dois motores sociais supera visões estreitas de política social, como aqueles apontados por Saad-Filho (2016), e almeja a melhora na qualidade de vida da população, a expansão da cidadania e a quebra do ciclo da pobreza e da desigualdade. Para além de gerar emprego e renda e corrigir mazelas crônicas na oferta de serviços públicos de qualidade, pode ser funcional ao desenvolvimento tecnológico e produtivo. A ideia de missões socioambientais dá tração a esses dois motores ao promover o desenvolvimento de tecnologias e soluções para objetivos específicos definidos pela sociedade. As missões podem atribuir novas finalidades para as instituições públicas e direcionar as políticas públicas em geral, em especial, a política fiscal, como já discutido no capítulo 16.

Essas missões podem se organizar em torno dos eixos do "investimento social" – como mobilidade urbana e transporte, saneamento básico, meio ambiente e tecnologia verde, habitação popular, saúde, educação e desenvolvimento regional. Além disso é necessário pensar em dimensões transversais que devem estar presentes de forma estrutural em cada uma das missões como a questão ambiental, de gênero e racial, conforme apontado ao longo desse livro nos capítulos 10, 11 e 19.

As missões socioambientais devem articular uma transformação da estrutura produtiva de forma a garantir a base produtiva necessária para assegurar as demandas sociais. A concepção de Celso Furtado (1959) de desenvolvimento regional vai nessa direção de transformar a política produtiva e tecnológica em um eixo de integração e coesão das diversas políticas setoriais e regionais, a fim de se unificar as diretrizes de atuação, as instâncias hierárquicas e os recursos disponibilizados. Esse mesmo autor apontava como o padrão de crescimento brasileiro requer desigualdade e exclusão e que, para transformar esse padrão, é necessário transformar a estrutura produtiva e o mercado de trabalho.

A ideia básica é reconstruir a estrutura de oferta brasileira e fornecer meios para sua modernização a partir de demandas sociais específicas. Por exemplo, a saúde movimenta o que Gadelha (2003) conceitua de complexo econômico e industrial da saúde (CEIS), onde setores prestadores de serviço (como hospitais, ambulatórios, serviços de diagnósticos e tratamentos) articulam-se com dois principais setores industriais: i) a indústria de base química e biotecnológica, que fornece fármacos, medicamentos, vacinas, hemoderivados, reagentes para diagnósticos e equipamentos; e ii) as indústrias de base mecânica, eletrônica e de materiais, que fornecem equipamentos mecânicos e eletrônicos, próteses e órteses e materiais de consumo (Gadelha, 2003). Uma política voltada para o desenvolvimento do CEIS pode: i) reduzir a vulnerabilidade do sistema diante de crises sanitárias como a atual, mas também amenizar efeitos de crises econômicas quando a desvalorização cambial aumenta o custo de importação de medicamentos, equipamentos e outros bens fundamentais; ii) do ponto de vista das contas externas, reduzir o déficit comercial e a dependência externa; iii) aumentar os efeitos dinâmicos do gasto público com saúde na estrutura produtiva, no emprego e no crescimento doméstico; e, por fim, iv) dar sustentação a um padrão de desenvolvimento no qual a infraestrutura social tenha centralidade.

No eixo de saneamento básico também ocorrem encadeamentos produtivos importantes a partir dos investimentos sociais. Além de consideráveis efeitos multiplicadores de emprego, o investimento em saneamento possui fortes encadeamentos diretos e indiretos com materiais elétricos, química e serviços de informação (Hiratuka et al., 2008). Considerando o fornecimento de água e esgoto, temos grupos tecnológicos que envolvem o fornecimento de bens e serviços em torno de bombeamento, processos físicos e químicos de tratamento, recuperação e reuso da água, controle de odores e disposição de lodos, todos com forte potencial demandante de novas tecnologias. A tendência tecnológica é que no médio prazo tenhamos cada vez mais estações de tratamento envolvendo sistemas automatizados, bioprocessos e biofiltros, biorreatores com membranas e tecnologias voltadas à reutilização dos lodos. Assim, o investimento no fornecimento da infraestrutura de saneamento pode estar diretamente ligado ao desenvolvimento de tecnologias. Com isso, não só a melhoria da qualidade de vida da população seria contemplada, como também uma política de capacitação da indústria brasileira em torno de uma série de tecnologias chave dentro da "Indústria 4.0". Dessa forma, entende-se que é possível realizar política produtiva e tecnológica através do fomento da demanda interna de insumos tecnológicos ligados às atividades envolvidas no fornecimento de infraestrutura social.

A organização a partir de tais eixos procura construir novas formas de apoio popular às políticas para o setor produtivo a partir da geração de benefícios sociais diretos, de médio e de longo prazo. Parte-se do princípio de que a finalidade social juntamente com a ampliação do debate e do apoio da opinião pública sobre desenvolvimento produtivo e tecnológico podem criar as condições para a execução de uma política de grande porte necessária para fazer frente às mudanças previstas na estrutura produtiva mundial.

Essa forma de pensar a política industrial é adequada à superação da longa crise estrutural em que se encontra a indústria brasileira, que ampliou o imenso hiato tecnológico da indústria nacional frente aos padrões de competitividade dos países desenvolvidos. Nesse contexto, a incapacidade de penetrar na Terceira Revolução Industrial não permitiu que a indústria local desenvolvesse os mecanismos necessários de disseminação tecnológica e a privou das capacitações mínimas para internalizar parte considerável da chamada "Indústria 4.0". Nesse contexto, a intensificação tecnológica dos serviços públicos e das cadeias produtivas ligadas a esses serviços é um caminho factível para a modernização e transformação da nossa estrutura produtiva. O Estado é, portanto, um demandante e um promotor de tecnologias a serem incorporadas em bens públicos.

Ao associar a política científica e tecnológica à modernização dos serviços públicos e da infraestrutura urbana, a política de desenvolvimento buscaria construir e fortalecer empresas regionais de médio porte, de base tecnológica, voltadas à customização das aplicações do novo paradigma tecnológico a problemas específicos, com o setor público, agindo como demandante através de políticas de compras e financiamento (Rocha, 2020). Para isso, seria acionada a rede existente de universidades, agências de pesquisa e de institutos técnicos, que contam com razoável penetração no território nacional.

Por fim, é necessário retomar um projeto nacional e abandonar as crenças de que o desenvolvimento será resultado natural do recuo das fronteiras do Estado e da eficiência do mercado. Direcionar o desenvolvimento para a transformação social e a preservação ambiental implica distribuir renda e alocar recursos para atender as demandas sociais e a preservação do meio ambiente, o que, por sua vez, permite diversificar a estrutura produtiva, aumentar produtividade, garantir empregos de qualidade e criar as condições para a própria sustentação do modelo proposto.

Referências

Accenture. *América Latina: Competências para o trabalho na era das máquinas inteligentes*. Accenture, 2018. Disponível em: https://accntu.re/3jAToWG

Biancarelli, A.; Rosa, R.; Verganhini, R. New Features of the Brazilian External Sector Since the Great Global Crisis. In: Arestis, Philip; Baltar, Carolina Troncoso; Prates, Daniela Magalhães (org.). *The Brazilian Economy Since the Great Financial Crisis of 2007/2008*. 1ed. Springer International Publishing, 2017, p. 101-129.

Bielschowsky, R. Estratégia de desenvolvimento e as três frentes de expansão no Brasil: um desenho conceitual. In: Calixtre, A.; Biancarelli, A.; Cintra, M. A.. (org.). *Presente e Futuro do Desenvolvimento Brasileiro*. 1a. ed. Brasília: IPEA, 2014, p. 195-225.

Carvalho, L. Rugitsky, F. Growth and Distribution in Brazil the 21st Century: revisiting the wage-led versus profit-led debate. Working Paper Series n. 2015-25, Department of Economics, FEA/USP, São Paulo, 2015.

Castells, M. *Cidade, Democracia e Socialismo*. Rio de Janeiro: Paz e Terra, 1989.

Castro, J. Política social, distribuição de renda e crescimento econômico. In: Fagnani. E.; Fonseca, A. (org.). *Políticas sociais, universalização da cidadania e desenvolvimento: economia, distribuição da renda, e mercado de trabalho*. São Paulo: Fundação Perseu Abramo, 2013.

Cepal. Panorama Fiscal de América Latina y el Caribe 2015 – Dilemas y espacios de políticas. Cepal; Nações Unidas, 2015.

Dagnino, R. *Tecnologia Social: contribuições conceituais e metodológicas*. Campina Grande: EDUEPB, 2014.

Fagnani, E. Dweck, D. Mello, G. Rocha, M. Rossi, P., Teixeira, R. *Desenvolvimento social e Estrutura Produtiva,*

Cadernos de debates n.3, Projeto Brasil Popular, São Paulo, março de 2018.

Fagnani, E. Mobilidade urbana e subdesenvolvimento: soluções paliativas para problemas estruturais. Texto para Discussão n. 302. Campinas: Instituto de Economia, 2017. Disponível em: http://www.eco.unicamp.br/docprod/downarq.php?id=3531&tp=a

Fundação João Pinheiro. Déficit habitacional no Brasil 2013-2014. Belo Horizonte: Centro de Estatística e Informações – Fundação João Pinheiro, 2016. Disponível em: http://www.fjp.mg.gov.br/index.php/docman/cei/informativos-cei-eventuais/634-deficit-habitacional-06-09-2016/file

Furtado, C. *O Mito do Desenvolvimento Econômico*. Rio de Janeiro: Paz e Terra, 1983.

Furtado, C. Operação Nordeste. In: Furtado, C. *O Nordeste e a saga da Sudene: 1958-1964*. Rio de Janeiro: Contraponto, (1959) 2009.

Gadelha, C. O complexo industrial da saúde e a necessidade de um enfoque dinâmico na economia da saúde. *Ciência e Saúde Coletiva*. n. 2, p. 521-35, 2003.

Heller, L. Saneamento básico: a dívida social crônica e persistente. In: Fagnani. E.; Fonseca, A (org.). *Políticas sociais, universalização da cidadania e desenvolvimento: educação, seguridade social, infraestrutura urbana, pobreza e transição demográfica*. São Paulo: Fundação Perseu Abramo, 2013.

Hiratuka, C. et al. Importância Socioeconômica da Cadeia de Serviços de Saneamento Básico no Brasil. Encontro da Anpec, 2008.

IPEA. Os efeitos econômicos do gasto social no Brasil. In: *Perspectivas da Política Social*. Brasília: IPEA, 2010.

IPEA. Gastos com a Política Social: alavanca para o

crescimento com distribuição de renda. Comunicado n. 75. Brasília: IPEA, 2011.

Leite, M.V. (org.). *Alternativas para o desenvolvimento brasileiro – Novos horizontes para a mudança estrutural com igualdade.* 1a ed. Santiago: Publicação das Nações Unidas; Cepal, 2019.

Medeiros, C. *Inserção Externa, Crescimento e Padrões de Consumo na Economia Brasileira.* Brasília: IPEA, 2015.

Neto, J.; Ribeiro de Jesus, G.; Karuno, C.; Andrade, D. Uma escala para medir a infraestrutura escolar. UnB/UFSC, 2013. Disponível em: http://www.fe.unb.br/noticias/a-infraestrutura-escolar-brasileira.

OECD. *The Future of Work: OECD Employment Outlook 2019.* Paris: OECD Publishing, 2019.

Oliveira, A.L.M. Crítica ecológica al concepto de Desarrollo y nuevas alternativas desde América Latina. *Revista de Investigación Agraria y Ambiental*, v. 5, p. 41, 2014.

Pffeifer, S. The Vision of "Industrie 4.0" in the Making – a Case of Future Told, Tamed, and Traded. *Nanoethics*, n. 11, p. 107-121, 2017.

Rocha, M.A. Uma proposta para política de desenvolvimento produtivo e tecnológico: uma via para o Brasil no próximo paradigma tecnológico. *Revista Cadernos de Campo*, n. 27, p. 17-38, 2020.

Rossi, P.L. *Taxa de câmbio e política cambial no Brasil: teoria, Institucionalidade, papel da arbitragem e da especulação.* 1a ed. Rio de Janeiro: FGV Editora, v. 1, 2016.

Rugitsky, F. Questão de estilo: a mudança estrutural para a igualdade e seus desafios. In: Leite, M.V. (org.). *Alternativas para o desenvolvimento brasileiro – Novos horizontes para a mudança estrutural com igualdade.* 1a ed. Santiago: Publicação das Nações Unidas; Cepal, 2019.

Saad-Filho, A. Social Policy Beyond Neoliberalism:

From Conditional Cash Transfers to Pro-Poor Growth. *Journal of Poverty Alleviation and International Development*, 7(1), 2016.

Salvador, Evilasio. As Implicações do Sistema Tributário Brasileiro nas Desigualdades de Renda. Brasília: Inesc; Oxfam, 2014. Disponível em: https://www.inesc.org.br/wp-content/uploads/2019/04/Sistema_tributario_e_desigualdades_evilasio.pdf

Schwab, K. *A quarta revolução industrial*. São Paulo: Edipro, 2019.